U0621497

向佐春／著

企业人力资源管理的
系统理论研究

中国财经出版传媒集团

经济科学出版社
Economic Science Press

图书在版编目（CIP）数据

企业人力资源管理的系统理论研究/向佐春著. —
北京：经济科学出版社，2017. 12
ISBN 978 - 7 - 5141 - 8873 - 8

Ⅰ. ①企…　Ⅱ. ①向…　Ⅲ. ①企业管理-人力资源管
理-系统理论-研究　Ⅳ. ①F272. 92

中国版本图书馆 CIP 数据核字（2017）第 320317 号

责任编辑：杜　鹏　刘　瑾
责任校对：王肖楠
责任印制：邱　天

企业人力资源管理的系统理论研究

向佐春/著

经济科学出版社出版、发行　新华书店经销
社址：北京市海淀区阜成路甲 28 号　邮编：100142
总编部电话：010-88191217　发行部电话：010-88191522
网址：www. esp. com. cn
电子邮件：esp_ bj@ 163. com
天猫网店：经济科学出版社旗舰店
网址：http：// jjkxcbs. tmall. com
固安华明印业有限公司印装
880 × 1230　32 开　7. 75 印张　210000 字
2018 年 5 月第 1 版　2018 年 5 月第 1 次印刷
ISBN 978 - 7 - 5141 - 8873 - 8　定价：45. 00 元
（图书出现印装问题，本社负责调换。电话：**010-88191510**）
（版权所有　翻印必究　举报电话：**010-88191586**
电子邮箱：**dbts@esp. com. cn**）

目　　录

第1章　绪论 ……………………………………………………… 1

　　1.1　引子 …………………………………………………… 1

　　1.2　国内外相关研究述评 ………………………………… 4

　　1.3　本书研究内容与研究方法 …………………………… 26

第2章　企业人力资源管理及其理论研究发展方向 …………… 29

　　2.1　现代意义上的人力资源 ……………………………… 29

　　2.2　现代人力资源管理的含义 …………………………… 31

　　2.3　人力资源管理理念的演变 …………………………… 36

　　2.4　人力资源管理理论发展展望 ………………………… 40

第3章　中国古代有关人力资源管理的系统思维 ……………… 42

　　3.1　概述 …………………………………………………… 42

　　3.2　中国古代有关人力资源管理的朴素系统观 ………… 43

　　3.3　中国古代有关人力资源管理的耗散观 ……………… 46

　　3.4　中国古代有关人力资源管理的混沌思维 …………… 51

　　3.5　古代人力资源管理系统思维的现代意义 …………… 59

第4章　西方有关人力资源管理系统思维的沿革
　　——从线性思维到复杂性思维 ································· 61

4.1　概述 ··· 61

4.2　古希腊时期——直观、朴素的线性思维方式 ·········· 62

4.3　古罗马时期——线性思维方式仍占统治地位，
　　间或有一点系统思维的火花 ································· 66

4.4　中世纪前后时期——线性思维仍占主导地位，
　　但对人性的认识已渐趋复杂性 ····························· 67

4.5　工业革命前后时期——以机械论为主的线性思维
　　开始走上舞台，而复杂性思维不仅在理论，而且
　　在实践中也初露端倪 ··· 70

4.6　科学管理理论时期——以机械论为主的线性思维
　　占据主导地位，而复杂性思维已在实践中得以体现，
　　并散见于许多文献中，但未形成理论体系 ············· 76

4.7　"社会人"时期——随着"社会人"时代的到来，
　　复杂性思维方式正式进入了企业人力资源管理
　　领域 ·· 80

4.8　"管理理论丛林"时期——随着时间的推移，
　　以线性思维为主的流派和以复杂性思维为主的
　　流派各占一席之地 ·· 82

4.9　当代管理理念的复杂性特征 ······························· 88

4.10　当代人力资源管理理论带有浓厚的
　　　复杂性思辨色彩 ··· 90

4.11　结论 ·· 99

第5章　企业人力资源管理的一般系统理论 ················· 101

5.1　概述 ·· 101

5.2　相关概念 ·· 102

5.3　企业人力资源管理的一般系统特性 ·············· 108

5.4　企业薪酬管理的一般系统思维 ····················· 124

第6章　企业人力资源管理的信息理论 ·············· 129

6.1　概述 ·· 129

6.2　管理理论丛林中的人力资源管理信息论思维 ··· 131

6.3　组织网络理论中的人力资源管理信息论思维 ··· 136

6.4　信息时代企业人力资源管理的信息论思维 ········ 138

第7章　企业人力资源管理的耗散结构理论 ········· 146

7.1　概述 ·· 146

7.2　相关概念 ·· 147

7.3　人力资源管理系统与耗散结构理论 ··············· 155

第8章　企业人力资源管理的协同理论 ··············· 174

8.1　协同学的产生 ··· 174

8.2　协同学的基本内容 ····································· 175

8.3　人力资源管理的协同效应原理 ····················· 178

8.4　人力资源管理系统的自组织原理 ·················· 190

8.5　人力资源管理系统的序参量 ························ 193

8.6　当前几种企业人力资源管理的协同理论简介 ··· 198

第9章　企业人力资源管理的混沌理论 ··············· 201

9.1　混沌及其特征 ··· 201

9.2　企业人力资源管理系统的混沌本质 ··············· 206

9.3　人力资源管理系统——确定性中蕴涵着随机性 ··· 209

9.4 人力资源管理系统——对初值的敏感依赖性 ············ 216

9.5 人力资源管理系统的分形理论 ················· 220

第10章 总结及研究展望 ················· 227

10.1 全书总结 ················· 227

10.2 研究展望 ················· 228

参考文献 ················· 230

后记 ················· 240

第 1 章

绪　　论

1.1　引　　子

1.1.1　人力资源开发与管理的重要意义

人是一切社会活动的主体,是众多资源中最重要、最宝贵的资源。对人力资源的管理始终是管理的重要组成部分。在目前市场竞争异常激烈的情况下,人力资源开发与管理的优劣,直接关系到企业的成败。任何一家成功企业都十分重视人力资源的开发与管理。因为人力资源开发与管理最重要的意义就在于使现代企业能适应当前企业环境的变化。正如美国现代行为科学家利克特(Rensis.Likert)在其名著《管理的新模式》一书中所写道的:随着内外环境的变化,正促使美国企业转向更适应新潮流的管理系统,其核心就是如何有效地管理企业的人力资源。另外,在对人力资源开发与管理的方法上,随着科学技术和社会文明的进步,企业对员工素质的要求也越来越高。与此相适应,企业管理者或其他企业领导者把员工视为"生财工具"或"机器上的齿轮"的观点必将被淘汰,机械式的管理模式将越来越没有市场,系统的、有机的管理模式将越来越得到青睐。①

---

①　[美]利克特.管理的新模式 [M].西方管理学名著提要 [C].南昌:江西人民出版社,1995:210.

现代人力资源开发与管理的理论发源于西方发达国家，它是现代社会化大生产的发展和市场经济高度发达的产物。在这些理论推动下，发达国家人力资源开发与管理在实践上也突飞猛进，其在管理中的地位日益上升。美国经济学家舒尔茨的"人力资本投资"研究报告证实：美国的经济成就与其 20 世纪上半叶在人力资本上的大量投资是密不可分的。如今，通过人力资源的开发而建立国家和企业的竞争优势已成为一种共识。我国学者赵曙明在《企业人力资源管理与开发国际比较研究》一书中指出：美国正以人力资源开发（HRD）迎接未来的挑战；日本工商界提出人力资源开发是"国家生存的关键"；西欧把人力资源开发作为西欧经济统一与发展的关键；非洲、拉丁美洲的许多经济极端落后的国家和地区也在纷纷实施人力资源开发计划。

中国是世界上人口第一大国，约占世界总人口的 1/4，集中了人口资源的很大比重，中国人力资源的开发和利用程度，对世界人力资源开发将会产生重大影响。今天，尽管改革开放为我们改变人力资源开发与管理的落后状态开辟了光明的前景，但我们必须看到我国人力资源开发管理水平与发达国家相比，还有巨大的差距。从教育上来看，我国在教育上长期投入不足，高等教育的普及率远远低于发达国家，因此技术人员和管理人员的总体素质受到限制。在职业技术教育方面，我国与发达国家相比，也相差悬殊，这就决定了我国工人队伍素质不高的局面也难于短期改变。为解决这一问题，我国正在大力推行素质教育，以把中国经济改革推进到一个崭新的阶段。凡此种种，都表明对人力资源管理的研究已成为世界范围内的先导学科选题之一。

1.1.2 人力资源开发与管理是一项社会系统工程，必须运用系统理论来进行研究

传统的劳动人事管理的指导思想是对人进行外部的、孤立的和静止的管理，而现代人力资源开发与管理则是从系统论的思想出

发，强调对人进行内在的、整体的和动态的管理，高度重视对人的管理的相关性、目的性、全面性和开发性。它把人员的录用、培训、考核、使用、升降、奖惩等，作为一个有机联系的系统工程，进行全过程管理；同时，它的视角跨越了部门分割的局限，将全部人员作为一个整体进行统一管理。强调综合运用各种行之有效的劳动人事开发和管理手段及现代系统管理思想，辩证地处理正式群体和非正式群体，团队建设和人员流动，刚性和柔性等相互关系，最大限度地提高人员素质，发挥人员潜力。

我国系统科学家李建华在其著作《现代系统科学与管理》一书中写道：从起源上说，系统科学和管理科学都起源于泰罗的"科学管理"方法和理论。系统科学认为，泰罗创立了最早的系统工程学，而管理科学则认为，泰罗创立了经典管理理论。在各自的发展中，每当系统科学有突破性的研究时，管理科学也就相应地形成变革性的理论发展，而管理科学的不断发展又给系统科学提出了许多的课题。如系统科学的运筹学和系统动力学等学科的发展，都是在解决种种社会组织的管理问题时形成的理论和方法。我们知道，系统科学的理论主要来自自然科学的理论研究，但是它最终解决问题的重点却总是落在与管理科学基本一致的社会科学、社会管理和人与人复杂关系的社会系统上来。

然而，令人遗憾的是，迄今为止，人力资源管理的研究与系统论的研究联系还不够紧密。

遍查有关人力资源管理的书籍，其着重点都放在人力资源管理的具体实务上，如职位如何分类，人员录用的原则等，诸如此类。总之，就事论事。而有关系统理论的研究，则从哲学方面谈论的多，具体到实际管理方面，往往是几句话带过，缺乏系统地研究，更不用说研究现代系统论与现代人力资源管理之间的联系了。如果说有的话，也只是组织理论方面的只言片语。

所以，选择本课题进行研究，不仅对丰富和完善人力资源管理理论有着重要的作用，同时，也有助于探讨和开拓系统理论新的应用视野。鉴于本人水平，虽然本书并不一定能构建起企业人力资源管理的系统理论的完整框架，但通过本项目的研究，无疑会对企业人力资源管理的系统理论的构建和发展起到应有的作用。

1.2 国内外相关研究述评

1.2.1 西方相关研究

1.2.1.1 西方有关系统理论的研究

系统论是 20 世纪 40 年代由贝塔朗菲创立的一门新学科。目前，一般认为它应包括系统概念、一般系统论、系统理论分论、系统方法论以及系统方法的应用。其中，系统理论分论主要有控制论、信息论、集合论、网络理论等。系统方法论主要有系统工程及系统分析等。

贝塔朗菲曾多次发表文章，强调应该把有机体当作一个整体或一个系统来考虑，认为科学的主要目标在于发现种种不同层次上的组织原理。早在 20 世纪 30 年代，在他所发表的《现代发展理论》中，就提出一切有机体都是一个系统，任何活的系统都与环境发生物质和能量交换。1945 年 4 月，他在《德国哲学周刊》第 18 期上发表《关于普通系统论》，标志着系统论的诞生。目前，它们已被广泛应用于各种科学理论研究与现实社会实践中。正如贝塔朗菲在《一般系统论》一书中所说："系统论是一个广泛的概念，它远远超出了技术问题和技术需要的范围。它适应一般科学，以及从物理、生物、行为科学、社会科学到哲学等学科的需要而对它们进行的重新定向。它已经在许多领域中取得了不同程度的成功和成果，并预示了影响重大的新的世界观。"①

控制论是关于对事物的变化发展进行定性、定量和定向控制的

---

① ［美］贝塔朗菲. 一般系统论［M］. 北京：社会科学文献出版社，1987：4.

理论，其创始人维纳认为：控制论是"关于在动物和机器中控制和通信的科学"。以往的传统观念认为，动物是活的机体而机器是死的东西，两者界限分明。控制论正是打破了这一界限，它从功能行为的相似性出发，把动物和机器内部的控制机制进行类比，从中找出一切通讯和控制系统的共同特征，然后进行概括。另外，关于控制论的应用范围，维纳写道："从我对控制论感觉兴趣的一开始，我就已经完全领会到，我发现的那些可以用在工程学和生理学上的有关控制和通讯的想法，也可以用在社会学和经济学方面。"①

信息论由美国数学家申农于 1948 年所创立，当时主要是应用数理统计方法，研究通信和控制中普遍存在的信息传输系统的有效性和可靠性问题。近年来，随着电子计算机技术的发展和广泛应用，信息论已突破申农当年所研究的狭小范围，几乎渗透到各个学科和各个领域。具体到人力资源管理领域，H. A. 西蒙在《管理行为》中特别强调了组织中信息沟通的重要性。他写道："信息沟通系指一个组织成员和另一个组织成员传递决策前提的过程。没有信息沟通，显然就不可能有组织。因为，如果没有信息沟通，集体就无法影响个人行为了。因此，信息沟通对组织来说是绝对必要的。……组织中的信息沟通是一个双向过程：它既包括向决策中心传递命令、建议和情报，也包括把决策从决策中心传递到组织的其他部分。此外，信息沟通是一个向上沟通，向下沟通，并最终遍布组织的过程。"②

突变论是近年来发展起来的一门新的数学分支学科。1972 年，法国数学家托姆在其《结构稳定性和形态发生学》一书中，首次运用拓扑学、奇点理论和结构稳定性等数学工具，研究自然界中不连续的突变现象，创立了这一具有划时代意义的数学理论。而"突变

① 转引自：李建华. 现代系统科学与管理［M］. 北京：科学技术文献出版社，1996：44.
② 转引自：李建华. 现代系统科学与管理［M］. 北京：科学技术文献出版社，1996：29.

理论"这一名称的确立和这一理论的归属是由齐曼完成的。他根据这一特定内容命名了突变理论，并将其归属于系统科学。

耗散结构理论是关于耗散结构形成、性质、稳定度和演变规律的理论。它由比利时理论物理和化学家普利高津于 1969 年发表的《结构、耗散和生命》一文中首次提出。所谓耗散结构，是指一个开放系统在达到远离平衡态的非线性区域时，一旦某个参量达到一定的阈值，通过涨落，系统便可能发生突变，即非平衡相变，由原来的无序混乱状态转变为一种在时间上、空间上或功能上有序的新状态。在与外界不断有物质和能量交换的条件下，系统的这一新状态能够保持一定的稳定性，不会因外界的微小干扰而消失。一个企业的人力资源管理系统也是一个耗散结构，它必须与外界环境保持不断的人员和信息交流，这个企业才会具有活力。

协同学一词来自希腊文，意思是"一门关于协作的科学"，它是继耗散结构理论之后又一门揭示各种系统中从无序到有序转变的共同规律的科学，是贝塔朗菲之后对系统论的进一步发展。贝塔朗菲的成就主要是建立了科学的系统概念，但对于系统如何形成，怎样发展，从简单到复杂的转变特征和内在机制等尚未给出很好的回答，而协同学正是继续了这方面的工作。其创始人哈肯认为：一个系统从无序向有序转化的关键并不在于热力学平衡还是不平衡，也不在于离平衡态有多远，只要是一个由大量子系统构成的系统，在一定条件下，它的子系统之间通过非线性相互作用就能够产生协同现象和相干效应，在宏观上就能够产生新的有序态。1973 年，哈肯首次提出了"协同"概念，并于 1976 年出版了《协同学》一书，创建了协同学。对人力资源管理系统来讲，研究个人之间、团队之间、个人与集体之间如何通过非线性相互作用来取得他们之间的"协同"效果，一直是人力资源管理的主要课题，在此，协同学为我们提供了理想的理论工具。

超循环理论的主要创始人是德国生物化学家艾根。他认为：从有机大分子到第一个细胞的产生，是一个漫长的多阶段的进化过程。这个过程之所以最终形成复杂而统一的生物遗传机器，是受到一种特殊自组织机理的支配，即"超循环"的作用。尽管超循环主要涉及的是生命的起源，但同时也是一种关于系统的自组织和进化机理的理论，所以引起了系统学家的广泛注意，认为它是系统科学理论的重要成果之一。

混沌学是广义系统理论的又一分支。1961 年，气象学家洛伦兹在研究天气现象时，发现在混沌状态下，终值对初始条件的敏感性，1975 年，约克和他的学生李天岩发表了《周期 3 意味着混沌》一文，第一次使用混沌一词描写现代科学所揭示的现象。从此，混沌便进入科学界而成为一门新的学科。直观上看，混沌似乎是一片混乱。然而，混沌理论的研究发现："混沌决不是简单的无序，而更像不具备周期性和其他明显对称特征的有序态。"它是看起来杂乱无章的"有序"状态，而且是一种高级有序态。总之，混沌现象的奇妙之处在于它把无序与有序巧妙地融为一体。关于混沌学的意义，詹姆斯·格莱克在《混沌开创新科学》一书中写道："越来越多的人认识到，这是相对论和量子力学问世以来，对人类整个知识体系的又一次巨大冲击。这也是 20 世纪后半叶数理科学所做的意义最为深远的贡献。"① 混沌学以独特的视角为我们观察和认识世界提供了一套崭新的思想和观点，必将对包括管理学在内的一切科学的发展产生深远的影响。

自组织概念在哲学中出现得较早，早在康德、谢林的著作中就有所研究。在科技领域中，自组织问题的研究较晚，是由英国科学家艾什比在 20 世纪 40 年代末提出的。它着重研究那些动态的复杂系统，这是以往的科学从未涉足的领域，这不仅对自然科学来说是一个重要的发展，而且也大大推动了社会科学理论的科学化。人力资源管理系统是一种极其复杂的系统，自组织理论将为其提供有力

---

① ［美］詹姆斯·格莱克. 混沌：开创新科学［M］. 北京：高等教育出版社，2004：1－3.

的分析工具。

德国的克劳斯·迈因策尔对复杂性和非线性问题进行了深入的研究。在《复杂性中的思维》一书中，他指出："我们生活在一个复杂的非线性世界上，处在有序和混沌的边缘。复杂性和非线性是物质、生命和人类社会进化中的显著特征，甚至我们的大脑也表现为受制于我们大脑中复杂网络的非线性动力学。"① 在该书中，他考察了物理科学和生物科学、认知科学和计算机科学、社会科学和经济科学以及哲学和科学史中的复杂系统，引入了一种跨学科的方法论，以解释在自然界和精神领域以及经济和社会中有相同原理的有序的形成。

系统动力学是由美国麻省理工学院的福瑞斯特教授于 1956 年所创立的。迄今，国内外在其理论与应用研究方面已发表、出版了数以千计的论文和约近半百部的专著。② 它是一门分析研究信息反馈系统的学科，是一门探索如何认识和解决系统问题的科学，是一门交叉、综合性的学科。它特别强调系统的整体性和复杂系统的非线性特征。因此，从本质上它是对线性分析方法的否定和对还原论的批判。福瑞斯特认为，系统动力学模型可作为各类系统的实验室，特别是社会—经济—生态等复杂大系统的实验室。③

1.2.1.2 西方有关人力资源管理的系统理论的研究

国外有关人力资源管理方面的专著大多从业务角度出发，论述如何操作人力资源管理的具体业务问题。而有关人力资源管理方面的系统思想则散见于其他有关书籍中，如管理理论方面的著作、行为科学方面的著作及其他相关方面的著作中。

1. 传统管理理论中有关人力资源管理的系统理论的研究

哈罗德·孔茨是管理过程学派的主要代表人物之一，他在其名

---

① [德]克劳斯·迈因策尔.复杂性中的思维 [M].北京：中央编译出版社，1999：1-2.

② 王其藩.高级系统动力学 [M].北京：清华大学出版社，1995：3.

③ Forrester J. W. Industrial Dynamics. Combridge. Mass：The MIT Press. 1961：2-4.

著《管理学》一书中指出：一家有组织的企事业单位的生存和发展是依赖外界环境的，它是许多较大系统里的一个部分。在谈到信息交流系统时，他指出，信息交流贯穿管理过程的方方面面，特别是在挑选、评估和培训管理人员时，信息交流是不可缺少的，同样地，富有成效地领导和创造有利于调动积极性的工作环境，也都有赖于信息交流，只有信息交流才能使管理成为可能。孔茨特别指出，协调是管理工作的核心，把每个人的力量协调起来，以完成集体目标，这是管理的宗旨，每一项管理职能都是为了促进协调。①

经验主义学派的主要代表人物彼德·德鲁克认为：工商企业（或其他任何机构）只有一项真正的资源——人。它必须使职工有成就以便激励他们完成工作，并通过完成工作来使企业富有活力。在谈到管理人员的工作时，他强调：管理人员有两项特殊的任务：第一项任务是创造出一个大于其各个组成部分之和的真正的整体；第二项任务是：在其每一项决定和行动中协调当前要求和长期要求。管理人员的工作中有 5 项基本作业，它们合起来就是把各种资源（当然包括人力资源）综合成为一个活生生的、成长中的有机体。每一个管理人员，上至"大老板"下至生产工长或主管办事员，从一开始就应把重点放在集体配合和集体成果上。他指出，任何一种组织机构都应满足一些必要条件，如稳定性和适应性、明确性等。他对明确性的解释带有浓厚的混沌思维。他说："明确性同简单性不是一回事，有些看来简单的组织机构却缺乏明确性，而有些似乎复杂的组织机构却有高度的明确性。"② 他强调在组织内部和外部进行信息交流的必要性，特别在高层管理成员间应进行系统而密切的信息交流。

他最后还提到，在用人方面，大企业必须防止对外隔绝和近亲

---

① ［美］哈罗德·孔茨. 管理学［M］. 北京：经济科学出版社，1993：2 – 4.

② Drucker. Management：racks，responsibilities，practices. London. Heinenen. 1974：10.

繁殖，应经常注入新的、不同的、外界的力量。这和当今耗散结构理论的开放系统观念是一致的。

欧内斯特·戴尔认为：杜邦公司取得成功的主要原因是建立了系统化的组织和管理，并可以把杜邦公司的目标近似地比喻为"各个组成部分的有机统一"。"把杜邦公司的集体经营及其效率比作生物学上集体生活的效率可能是恰当的。"①

系统管理学派的主要著作有：约翰逊、卡斯特、罗森茨韦克三人合著的《系统理论与管理》；卡斯特、罗森茨韦克合著的《组织与管理：系统与权变的观点》。他们把一般系统理论应用于工商企业管理，系统阐述了系统观点、系统分析、系统管理三者的关系。该学派提到了社会心理系统是由企业成员的行为动机、地位角色关系、团体动力、影响力等组成，其发展变化又受到外界环境力量、企业任务及内部组织结构的影响。②

社会协作系统学派从社会学的观点来研究管理，把企业组织中人们的相互关系看作是一种协作系统，这种思想可以追溯到意大利的社会学家维尔弗雷多·帕雷托（1848～1923）。但该学派的创始人却是美国的高级管理人员和管理学家切斯特·巴纳德（1886～1961）。巴纳德在《经理人员的职能》一书中给组织下的定义：组织是一个协作的系统。并指出，一个协作系统是由许多个人组成的，但个人只有在一定的相互作用的社会关系之下，同其他人协作才能发挥作用。在谈到权威问题时，他认为，"权威"是存在于正式组织内部的一种"秩序"，一种信息交流的对话系统，每个人都置于这种系统之中。而且，早在20世纪30年代，巴纳德就提出了一个组织的生存和发展有赖于组织内部平衡和外部适应的思想。③

① Dele, E., The Rreat Organizers, McGraw-Hill, 1960：68.

② Kast, F. E. And Rosenzweig, J. E., Organization and Management, New York：McGraw-Hill, 1979：128－130.

③ Chesler Barnard：The functions of the Executive, New York：The Free Press, 1938：20－23.

社会技术系统学派的创始人是特里斯特及其在英国塔维斯托克研究所的同事。他们发现，企业中的技术系统（如机器设备和采掘方法）对社会系统有很大的影响。个人态度和群体行为都受到人们在其中工作的技术系统的重大影响。因此，他们认为，必须把企业中的社会系统同技术系统结合起来考虑。而管理者的一项主要任务就是要确保这两个系统相互协调。①

管理科学学派的主要代表人物有布莱克特、丹克齐、伯法等人。他们认为：组织是由"经济人"组成的旨在追求经济利益的系统，又是由理性技术设备和决策网络组成的人机系统和决策系统，在这个系统中双重性格的人会受到经济的激励为实现最大经济收益目标而努力，同时本身也会得到最大的满足。②

权变理论学派是从系统观点来看问题的，权变的意思就是权宜应变，其理论基础是洛希与莫尔斯合著《超 Y 理论》一文。在文中我们可以看出：作者主张，企业人力资源管理的方式要因人、因事而异。即人力资源管理系统要有动态适应性。③ 决策理论学派的代表人物西蒙等人的决策理论是以社会系统理论为基础的，他们吸收了行为科学、系统理论、运筹学等学科的内容而发展起这一理论。④ 西蒙在《管理决策的新科学》中指出：组织就是作为决策的个人所组成的系统，而信息联系在决策过程中具有重要作用。⑤

2. 组织行为理论中有关人力资源管理的系统理论的研究

梅奥曾运用完形心理学的概念解释产业工人的行为，认为影响

---

① Chesler Barnard：Organization and Management，Houston：Gulf Publishing co.，1948：79 - 82.

② Harold Koontz：The management Theory Jungle，Journal of the Academy of Management，Vol. 5，No. 2，1980：20 - 25.

③ 郭咸刚．西方管理思想史 ［M］．北京：经济管理出版社，1999：243 - 247.

④ Jay Lorsch：Structural Design of Organization，Oxford Univ. Press，1996：432 - 433.

⑤ Herbert A. Simon：The New Science of Management Decision，Prentice Hall，Inc. 1977：103.

因素是多重的，没有一个单独的要素能够起决定作用，以后这成为他将组织归纳为社会系统的理论基础。在其著作《工业文明的社会问题》一书中，他批评了"群氓"假设的线性思维方式，他认为，必须对实际生活中人际关系的复杂性进行深入探求。他指出，一旦抛弃"群氓"观念，就能获得惊人的效果。他最后提到，遗憾的是，迄今为止，如何协调好适应性社会中的人际关系仍然是文明世界面临的一项重大问题。①

利克特是群体行为学派的主要代表人物之一，他在其名著《管理的新模式》中，就其所称的新型管理系统，强调要以人力资源的管理为核心，强调创建管理人的行为的新体系，并突出地阐述了著名的"支持关系理论"和"工作集体理论"。他同时又指出，普遍适用的"领导规则"是不存在的，实际研究表明：管理过程极为复杂，有些领导方式在一定场合非常有效，在其他场合就未必有效。他指出，新型管理模式最核心的特征是：将组织转变成高度协调、高度激励和合作的社会系统，而下属和职工，不只是"机器上的齿轮和螺丝钉"。②

本尼斯在《组织发展与官制体系的命运》一文中指出，官制体系以前给我们提供了"理想"而又实用的组织形式，但谢泼德、伯恩斯和斯托克等人提出了"有机结构理论"，他们认为，韦伯的官制体系最严重的缺陷是把组织当作毫无生命的机器，所以内部结构处处表现出"机械"式的特点。有机系统是取代机械式系统的最自然的结论。其特征是同时满足组织内部系统和外部环境的需要，强调群体关系而非个人技能，强调协作而非等级层次或严格分工。本尼斯指出，科学技术革命引起的环境变革要求组织具有很强的适应能力，其结果必然是官制体系的逐渐崩溃。他认为，在未来的有

---

① ［美］梅奥. 工业文明的社会问题［M］. 西方管理学名著提要［C］. 南昌：江西人民出版社，1995：118.

② ［美］利克特. 管理的新模式［M］. 西方管理学名著提要［C］. 南昌：江西人民出版社，1995：217.

机——适应性组织里，由于工作任务变得更有意义，更令人满足，从而导致组织目标和个人目标的吻合，可从根本上解决内部协调问题。①

袁闯在《混沌管理》一书中对威廉·大内的 Z 理论进行了研究，他认为，Z 理论所提出的最重要的东西是：对企业人力资源的管理，应当保持清晰与混沌的平衡，从而已经在相当程度上涉及了混沌管理的精华。②

学习行为理论的倡导者彼德·圣吉在其名著《第五项修炼》一书中指出：系统思考是学习型组织的灵魂。在学习型组织中，以系统思考为核心和脑力模型、共同远景、团队学习、个人进取相互融会贯通，成为浑然一体的"修炼"艺术与技能。

卡斯特、罗森茨韦克在他们合著的《组织与管理：系统与权变的观点》一书中指出：组织是由心理、社会、技术和经济等要素构成的复杂系统，传统理论采用了封闭系统的思想，现代理论则转向把组织作为与环境相互作用的开放系统来研究。开放系统显示了通过内部复杂变化而发展的情况。各种开放系统往往向更大的差异化和更高级的组织活动。最后，开放系统具有的特征是同等结果，即目标可以通过不同的投入和不同的方法来实现。

洛希在《组织结构与设计》一书的导言中一开始就明确指出：一个企业的组织机构绝不是什么一成不变的东西。相反，它是一个复杂的变量。另外，基层劳动组合的小目标也不可能自动地汇合而成为企业的大目标，即非加和性。在关于组织结构设计的构想方面，洛希提出了两个基本概念，一是"差异"或"差别化"（非平衡是有序之源），二是"综合"或"整体化"。继《超 Y 理论》之后，夏恩又提出了"复杂人"假设。"超 Y 理论"对人的认识是因

① ［美］本尼斯. 组织发展与官制体系的命运［M］. 西方管理学名著提要［C］. 南昌：江西人民出版社，1995：277.

② 袁闯. 混沌管理［M］. 杭州：浙江人民出版社，1997：230.

人而异，人和人不同。"复杂人"假设则认为一个人在不同年龄段、不同时间和地点会有不同的表现，所以还应因时、因地而异。

3. 当代管理理论中有关人力资源管理系统理论的研究

亨利·明茨伯格在其名著《经理工作的性质》一书中指出：经理同三个方面维持信息联系：上级、外界、下属。其中，与下属进行联系所花费的时间占相当大的比重，约占他们全部口头联系时间的 1/3 ~ 1/2。体现了人力资源管理中信息沟通的重要性。他说，经理担当的角色共有 10 种。其中，与人力资源管理的系统理论有关的角色有：①领导者角色（激励、引导、发号施令——信源）；②信息接受者角色（信宿）；③信息传播者角色（信道）。在谈到如何提高经理工作的效率时，他提到了几个要点：①与下属共享信息，必须在失密的风险与下属掌握信息而使效率提高之间权衡利弊；②在共享信息的基础上，组成领导集体，以分担不同的角色；③在对人的管理上，既要掌握具体情况，又要有全局观念。①

由福瑞斯特（Forester）创立的系统动力学理论指出：社会系统是在非平衡状态下运动、变化发展的，应按照非平衡动态的观点来研究这一类系统的问题。他认为，人力资源管理系统是兼有自组织系统特性与人造系统特性、而以前者为主导的复杂系统。一个企业的人力资源管理系统具有复杂系统的全部特性。如反直观性、全局与局部利益的矛盾、长短期效果的矛盾、向低效益发展的倾向等。②

英国的玻特·马金等人在《组织和心理契约》一书中指出：总的来说，雇佣的正式契约（组织契约）是相当稳定的。变更较少。而心理契约却处于一种不断变更与修订的状态，这是由于心理契约大多是非正式的，并且是隐含的。对员工的管理应注意将这两者相

---

① ［加］明茨伯格. 经理工作的性质［M］. 西方管理学名著提要［C］. 南昌：江西人民出版社，1995：513 – 517.

② Forrester J. W. Industrial Dynamics. Combridge. Mass：The MIT Press，1961：60.

结合来进行。这含有当代混沌思维的特点。[①]

1.2.2　我国的相关理论研究

1.2.2.1　我国古代的相关理论研究

我国古代学术流派众多，但总的来说，只有儒、道两家影响最大，足以代表我国古代学术的主流。

1. 儒家学说中的相关理论

《混沌管理》的作者袁闯认为：与西方社会的科学传统比较，中国传统文化在本质上是混沌的、综合的、整体的。[②] 刘长林在《中国系统思维》一书中指出：中国管理哲学的主流是一种充满东方情调的系统哲学，如果说中医学是世界上最早的人体系统论，那么儒学可说是世界上首先问世的社会系统论。[③] 孔子一生的主张和见解，其实都围绕如何使社会由无序变为有序这个问题。田盛颐在为《中国系统思维》一书所作的序中写道：儒家学说的中心是"礼乐"和"仁"。礼的原则是别异，把人们区分成上下贵贱等级。乐的原则是合同，使不同身份的人和谐一致。这两个原则是对立的，但儒家认为可以统一，其途径就是"仁"。只要"仁者爱人"，那么社会就会处于和谐而有秩序的稳定之中。按荀子的话说，儒家希望被划分为等级的人能像构成音乐的不同音调那样办调起来。魏桃初在《论中国古代整体思维》一文中认为，儒家对人的研究，其最大特点是他们从社会的整体出发，认为社会是一个等级结构体，最上面的结构是"天下"，其下依此为"国"、"家"、"人"。而管好个人是管理好社会的起点，故有"修身、齐家、治国、平天下"之说。

---

① Perter, Makin, Cary. Cooper and Charles Cox, Organizations and the Psychological Contract, 7 – 8.

② 袁闯. 混沌管理（自序）[M]. 杭州：浙江人民出版社，1997：2.

③ 刘长林. 中国系统思维 [M]. 北京：中国社会科学出版社，1990：204.

儒家认为，人过多的物质欲望是维持等级社会良好秩序，实现群体平衡统一的主要威胁，因此他们提出用伦理规范给人以约束，为了使"道德"战胜"人欲"儒家提出了一套修养方法。如"心即理也，此心无私欲之蔽。即是天理，不须外面添一分"（王阳明《传习录》上）。归结起来一句话，丢掉维持生命以外的一切物欲，就可与天理合一，成为圣人。儒家的宗旨是以教为本，以刑为末，使社会成为一个"不令而自行，不禁而自止"的、整体和局部都呈自组织的理想系统。但与此同时，黎红雷在《儒家管理哲学》一书中指出，儒家并不否认法制的作用。所谓"政宽则民慢，慢则纠之以猛；猛则民残，残则施之以宽。宽以济猛，猛以济宽，政是以和"。（"左传·昭公二十年"）。即是主张交替使用软硬两手来安定社会的秩序。这和现代混沌思维方式不谋而合。

2. 道家学说中的相关理论

道家学说中，最有名的当属老子提出的"人法地，地法天，天法道，道法自然"。对于这么一个"人——地——天——自然"的循序渐进的公式，我们可以简化为"人——自然"，即"人法自然"。从对人的管理角度讲，就是要求管理者必须遵循社会管理的客观规律，一切顺其自然，才能取得良好的管理效果。对这种"无为而治"的管理思想，魏晋玄学的代表人物之一的郭象认为："无为"并不是什么都不做，他提出：无为就是每个人各尽其职，而不干自己职责以外的事，只要在生活中找到自己的位置，安守本分，就算无为而得了道，也就是说，老子的无为是一种听其自然而不要过多干预下属的比较宽松的管理方式。中国历史上曾经将"无为而治"的管理思想用于实践中，其中最有影响的是以黄老哲学为理论基础的汉初"文景之治"。①

"无为而治"的管理思想是中国古代管理哲学中极具特色的著名思想，被认为是管理的最高境界。在以后的章节里可以看到，

---

① 袁闯. 混沌管理 [M]. 杭州：浙江人民出版社，1997：61.

"无为而治"虽然被认为是道家的观点，但儒家对"无为而治"也是非常推崇的。

1.2.2.2 中国现代相关理论研究

1. 我国现代有关系统理论的研究

我国著名学者钱学森在谈到超循环理论时指出："艾根把生命起源、生物进化的达尔文学说在分子生物学的水平上，通过巨系统高阶环理论，数学化了，提出了一个言之成理的自组织系统模型，并从这个模型推导生物的一些生殖、遗传、变异、进化的性状，这就使得贝塔朗菲 40 多年前提出的问题有了解决的明确途径。"在谈到社会系统这个特殊复杂巨系统问题时，钱学森认为，一个人本身就是一个复杂巨系统，研究人这个复杂巨系统可看作是对社会系统的微观研究①。由此我们可以推出，企业人力资源管理系统是一个复杂巨系统，应该由定性与定量相结合的综合集成方法来进行研究。

广东工业大学的蔡文于 1983 年创立了物元分析学。这是一门研究解决矛盾问题的规律和方法的新学科，是系统科学、思维科学和数学相互交叉而产生的边缘学科。在物元分析中，物元是描述矛盾问题的最基本的概念，这个概念把事物的质与量联系在一起，突出了客观事物的质与量的辩证关系。物元的内部结构具有可拓性，在此基础上展开的物元变换为人们解决矛盾问题提供了有效手段。②

灰色系统理论是对灰色系统进行分析、建模、预测、决策和控制的理论，这一由华中科技大学的邓聚龙教授提出的理论创立于1982 年，曾于 1985 年荣获国家教委颁发的科技进步一等奖，目前

---

① 钱学森等. 一个科学新领域——开放的复杂巨系统及其方法论 [J] 自然杂志，13 卷 1 期：4.

② 蔡文. 可拓集合和不相容问题 [J]. 科学探索，1983：第三卷 1 期：83-97.

已被应用于自然科学和社会科学的许多领域，解决了一些应用课题。①

系统辩证论的创始人乌杰在《系统辩证论》一书中写道："系统辩证论把对立统一规律的基本内容作为差异协同律理论的基础。""系统辩证论认为，协同原理适用于客观系统物质世界。它从系统的整体性、协调性、同一性等基本原理出发，揭示系统内部各子系统与要素围绕系统整体目标的协同作用，使系统整体呈现出稳定有序结构的规律性。协同原理适用于整个系统物质世界"。②

泛系理论是吴学谋于1976年正式提出的一种旨在融通、整合、超越古今中外各家各派学说，融哲理、数理、技理于一体的后现代系统科学学说。它侧重于广义系统、广义关系以及它们的种种复合，试图开拓一种融普适性、确切性和具体性为一体的全新的多层网络型的跨学科研究领域。③它自比为无所不及、无所不在的多层立体关系网络，可以连通理、工、农、医、文、史、哲等各领域，但反对用泛系理论去取代其他学科。

非系统理论认为，世界是系统与非系统的辩证统一。认为系统只是事物联系的一种特殊化的有序态，世界上还存在着另一种无序状态即非系统或无系统状态。在非系统理论看来，非系统的内涵包含不同于系统、不能归结为系统、与系统对立三重含义。从一般意义上，它指没有系统，或者失去了系统联系，或者本身就是混乱、模糊、混沌，从而在本质上表现为与系统不同的规律过程。非系统揭示出自然界、人类社会、思维领域中广泛存在的、与系统过程本质不同的物质运动方向、状态和阶段。④在思维上表现为与系统原则不同的非系统原则。

　　曹鸿兴就系统的边界提出了界壳概念，描述了界壳的基本理论框架，充实了系统生命科学的理论与方法，对系统生命科学的深入发展做出了突出贡献。在其所著的《系统周界的一般理论——界壳论》一书中，深刻地论述了系统、系统周界和环境的关系，强调了系统与环境的相互作用及周界对系统的控制作用①。该书向世人提出了系统生命科学的一个重要课题，并为研究生命系统的界壳理论打下了一定基础。我们知道，企业人力资源管理系统是一个有机结构，界壳理论无疑对其研究有重要的参考价值。

　　东北财经大学的战殿学教授等在所著的《管理新论——无为管理学》融会了中国传统的无为论的精华，也吸收借鉴了西方各管理学派的进步理论，具有以人天整体观为基础，以无形组织和无形教育为保证，以人为中心的管理特点。该书认为无为管理的基本内容包括无极主体管理、太极两仪管理等。而无极图则是无极管理的统一模型。② 余长根在《管理的灵魂》一书中，以系统理论为支撑，对管理生命论、管理系统论、管理循环论、管理混沌论等一系列理论与实践问题，做了严谨而又通俗的阐述。郑其绪在《柔性管理》一书中认为，柔性管理的本质是对管理对象施加软件控制；柔性管理的职能是教育、协调、激励和互补；柔性管理的特征在质的方面表现为模糊性，在量的方面表现为非线性，在方法上强调感应性，在职能上表现为塑造性，在效果上表现为滞后性；柔性管理的基本原则是内在重于外在、直接重于间接、心理重于物理、个体重于群体、肯定重于否定、身教重于言教、务实重于务虚、执教重于执纪。清华大学的陈国权在其《并行工程管理方法与应用》一书中，从管理的角度对并行工程这种全新的新产品开发模式进行了系统和

　　① 曹鸿兴. 系统周界的一般理论——界壳论［M］. 北京：气象出版社，1997：14.
　　② 战殿学等. 管理新论——无为管理学［M］. 大连：东北财经大学出版社，1997：1－5.

深入的探讨。其内容包括并行工程的基本原理和总体实施框架、并行工程的组织集成模式、运作管理和社会基础，特别是对在我国十几家制造企业实证调查的基础上总结了企业在并行工程实施时存在的管理问题，并探讨了解决问题的方法。张文焕等在其所编著的《控制论·信息论·系统论与现代管理》一书中认为："'三论'为管理现代化提供了有效方法。现代管理的根本目的，是如何最佳地组织与利用人力、物力、财力以维持人类生存活动空间的最优环境。要实现这样的目的，就必须以系统论的观点，把管理活动作为多因素的动态系统；以信息论的观点，把信息作为分析系统内部和外部联系的基础；以控制论的观点，把控制作为实现系统优化的手段。这三个方面的统一，就是信息管理、过程控制和整体优化的现代一体化管理。"①

2. 中国现代有关人力资源管理理论的研究

刘丽文在《制造业企业人力资源管理系统的因子分析模型》一文中，结合对我国 93 个制造业企业的问卷调查，运用 SPSS 软件包中因子分析的主成分分析法对数据进行了分析，据此建立了制造业企业人力资源管理系统的因子分析模型，并对因子的实际含义作了详细解释。刘俊振在其《企业内人力资源的虚拟管理》一文中指出：企业人力资源的虚拟管理的发展在国外是近几年的事情，在国内更是较新的研究与实践领域。虽然虚拟管理并不是每一个企业都必须经历和运用的经营形式，但其思想却可为任何企业所借鉴。在决策实现企业内人力资源各项职能虚拟管理的时候，是出于成本的考虑，还是经营风险的担忧，抑或出于提升企业核心能力的考虑？该文就这方面进行了探讨，并对人力资源虚拟管理后角色的转换提出了一些看法。杜纲在《企业人才激励影响因素及其强度分析》一文中提出了一种企业人才激励影响因素及其强度分析方法，包括企

① 张文焕. 控制论·信息论·系统论与现代管理 ［M］. 北京：北京出版社，1990：2－4.

业人才激励因素影响状况与激励效度调查问卷、基于调查问卷的激励影响模型和强度计算方法，并将所提出的问卷和方法具体应用于沈阳某国有企业的人才激励影响因素及强度分析。林盛在《企业人才资源开发与配置研究》一文中研究了企业人才需求量预测、人才拥有量调查和人才需求与人才拥有量之间的匹配模型及相关政策。张德在《人力资源开发与管理》一书中，对人事管理原理及人事管理的心理误区作了有独创性的阐述和分析。周文霞在《人力资源管理的理念基础—人性假设》一文中指出：人力资源管理理论的建构和方法的设计，都是以对人性的一定看法为基础的。对人性的假设是否全面合理，直接影响到人力资源管理的效果。因此，人性假设就成为人力资源管理的理念基础。该文从人性的具体内容、人性的特点以及人力资源管理如何向人性回归三方面对人性问题进行了探讨，论证了建立丰富完整的人性观对人力资源管理的必要性，并提出以人为本的人力资源管理的最高境界。李学伟在《试论企业人力资源成本管理》中讨论了人力资源成本管理的新概念，提出了实现人情管理，树立成本管理以人力资源开发为本的成本管理思想。

3. 在系统理论与人力资源管理相结合方面的研究

（1）20 世纪 80～90 年代的相关研究简述。李建华在《现代系统科学与管理》一书中写道：企业组织是一个耗散结构，其开放程度是企业发展能力和潜力的重要标志。在谈到管理中的熵观念时，他指出：人员必须不断学习，管理制度应根据具体情况及时修正，以抵抗熵增。在谈到普里高津的"非平衡是有序之源"论断时，他说企业中群体及员工要权责分明，各负其责。在收入水平上要合理地分出档次。员工在个人发展上也应当是一种非平衡式的发展，有优有劣，有先有后。袁闯在《混沌管理》一书中对 Z 理论进行了研究，他认为，Z 理论是把企业管理中的一些在形式上含蓄的、不确定的因素以明晰的形式表达出来，从而已经在相当程度上涉及了混沌管理的精华。在谈到企业文化对人力资源管理的作用时，他指出，以企业文化建设作为管理的一部分，具有非常明显的混沌管理的方法论特征，即非规范化，非最优化，不确定性。在谈到西方一些企业实行的弹性工作制时，他认为，弹性工作制带有混沌管理的性质。王其藩在《高级系统动力学》一书中指出：社会系统是在非平衡状态下运动、变化发展的，应按照非平衡动态的观点来研究这一类系统的问题。他认为，人力资源管理系统是兼有自组织系统特性与人造系统特性、而以前者为主导的复杂开系统。一个企业的人力资源管理系统具有复杂系统的全部特性。如反直观性、全局与局部利益的矛盾、长短期效果的矛盾、向低效益发展的倾向等。台北中山大学的杨硕英在为《第五项修炼》所作的《序》中指出：人类群体危机最根本的症结何在？在于我们片断而局部的思考方式及由其产生的行为，而学习型组织是解决该问题的有效途径之一。严诚忠在《企业人力资源管理——理论与实务》一书中写道：现代人事管理的领域进一步扩大，由人事管理传统的狭隘内涵延伸到整个社会环境。现代人力资源管理更强调组织的开放性与环境适应性。他进一步指出：组织本身也自成为一个具有整体性和目标性的系统，并由若干分系统组成。组织内部的部门和等级的划分、集权和分权，人员的编制和定额等，都应随着环境的变化而不断修改和调整。卢盛忠等在《组织行为学——理论与实践》一书中，研究了如何把个人的择优选择变成群体决策的问题，即个人之间，个人与组织之间如何协同的问题。该书认为，解决这个问题有两种方法：程式化的方法和非程式化的方法。所谓程式化的方法，是指群体遵循严格的程序，把群体中每个人的择优选择转化为群体决策。所谓非程式化的方法，是指群体成员通过自由讨论，相互影响确定最优的方案。孙剑平在《薪酬管理——经济学与管理学视觉的偶合分析》一书中，分析了外部环境变化对企业薪酬体系的影响。他具体分析了政府法规、社会经济发展水平，人力资源的供求状况、相关企业的薪酬水平等因素的影响。

总体来说，20世纪80~90年代，由于系统理论以及管理学的蓬勃发展，更由于两者之间本身的紧密联系，许多学者对此进行了比较深入的研究。但是由于作为管理学一个分支——人力资源管理理论在我国刚刚兴起，学者们对系统理论与人力资源管理理论之间的讨论很少，相关文献也只是限于片段论述。

（2）21 世纪以来相关研究简述。与 20 世纪 80 ~ 90 年代相比，21 世纪以来，由于管理学相关学科门类数量呈现井喷式爆发，对管理学的研究无论从广度还是深度都有着前所未有的发展。无疑，随着国内外"人本管理"思潮的兴起，人力资源管理理论尤其受到学者们的青睐，对人力资源管理理论的研究日益深入。相对人力资源管理理论而言，系统理论研究热潮逐渐"退烧"。但不管怎样，用系统理论视角，对人力资源管理进行研究，还是引起许多学者的兴趣。而且，在深度和广度上已有长足的发展。

一是在人力资源管理的"老三论"研究方面，陈元生在《简述信息论，控制论，系统论在现代企业人力资源管理中的应用》一文中，介绍了信息论，控制论，系统论在管理领域的一些显著应用。并以人力资源管理为例，分析了其在人力资源管理这种灵活性较大，难以定量分析的学科分支，如何更好地应用，以及对于推进社会发展的重大意义。[①]

二是在人力资源管理的灰色系统理论研究方面，廖飞在《基于灰色系统理论的人力资源预测研究》一文中，认为传统的人力资源预测理论存在预测精度相对较低，数据采集困难等缺点。在该文中，廖飞将灰色系统理论应用于企业人力资源预测当中，并对其精确度进行了检验。[②]

三是在人力资源管理的协同理论研究方面，王晓波从人力资源协同理论的基础出发，通过对国外人力资源管理协同理论的归纳整理，预测了协同理论在人力资源管理领域未来的发展趋势，并就人

[①]　陈元生．简述信息论，控制论，系统论在现代企业人力资源管理中的应用 [J]．时代经贸，2007（6）：108 – 109．
[②]　廖飞．基于灰色系统理论的人力资源预测研究 [J]．商场现代化．2009（12）．

力资源的协同管理实施提出了相关建议。①

四是在人力资源管理的系统动力学理论研究方面，肖惠海等人运用系统动力学理论，分析了影响大型企业人力资源战略规划的因素，并简单构建了大型企业人力资源战略规划机制框架。②

五是在人力资源管理的耗散结构理论研究方面钟育三认为，人力资源管理是一项系统工程。熵增加原理、耗散结构理论是理解开放系统演变的一把钥匙。并以此为出发点建立了人力资源管理的系统观。③

六是在人力资源管理的信息理论研究方面，向佐春等人在《试论西方人力资源管理的信息论思维》一文中认为，人际间信息传递与沟通在企业人力资源管理中具有十分重要的意义。杨宏玲等人从组织内部员工信息隐私关注的角度，研究其对组织信任、组织公民行为和员工满意度的影响。认为员工信息隐私关注对其组织信任有显著的负向影响；信息隐私关注通过组织信任对组织公民行为有一定的影响；信息隐私关注不仅对员工满意度有直接的影响，也通过组织信任对其有间接的影响。④ 而樊友平等人从信息技术的信息处理和分析的本质出发，探讨了信息技术对人力资源管理模式的影响，并构建了信息技术支撑下的现代人力资源管理的闭环模式。同时还分析了信息技术支撑下的现代人力资源管理闭环模式的效果，以及未来对信息技术应用提出的要求，旨在帮助人们从信息技术应

① 王晓波. 人力资源管理系统协同性的理论探究 [J]. 中国市场，2010（31）：15 - 16.

② 肖惠海. 应用系统动力学理论 对大型企业人力资源战略规划的探讨 [J]. 商场现代化，2007（10）：272 -273.

③ 钟育三. 人力资源管理的系统观——基于管理熵、管理耗散结构角度的分析 [J]. 系统辩证学学报，2005（1）：66 -70.

④ 杨宏玲等. 员工信息隐私关注对组织人力资源管理实践的影响 [J]. 预测，2013（5）：15 -20.

用的角度理解人力资源管理①。笔者认为：当前，有关人力资源管理或有关信息论的文献虽然很多，但将两者结合起来的文献却非常少见。针对这一问题，本书以管理史为顺序，对其进行了较为全面的论述。指出了人力资源管理水平是否提高与组织中人们的信息沟通程度是密切相关的。并预见人力资源管理理论与信息理论的结合，将使人力资源管理理论的创新迈向一个新的高度。②

七是在人力资源管理的混沌理论研究方面，王宁等人认为，企业人力资源管理系统可以理解成为一类非线性复杂系统，并在此基础上将混沌理论在社会科学领域的研究成果应用于企业人力资源管理，认为混沌理论中的初值敏感性、混沌吸引子、自组织等思想以及中国古代人力资源管理中的一些思辨思想对于现代企业人力资源管理都有重要的启迪。③ 刘娜等人则用混沌分形理论对人力资源管理系统展开了研究。认为企业人力资源是一个演化着的复杂非线性系统，分形是该系统的主要特性。根据分形理论，分析了企业人力资源中存在的结构分形、过程分形及功能分形特征，探讨了快速变化环境下分形理论在人力资源管理中的实际应用价值和意义。④ 刘存柱运用混沌理论探讨了人力资源管理系统中的若干混沌特性。并指出了混沌理论在人力资源管理系统中的一些研究领域。⑤ 赵曙明认为，近年来，在多元全球化、全球经济危机和低碳化经济的影响下，企业的经营环境呈现高度的动态性、复杂性与不确定性特征，

---

① 樊友平等. 信息技术对人力资源管理模式的影响 [J]. 企业经济，2011（8）：69－71.

② 向佐春. 试论西方人力资源管理的信息论思维 [J]. 武汉理工大学学报·信息与管理工程版，2001（6）：59－63.

③ 王宁、王文思. 混沌理论对企业人力资源管理的启示 [J]. 科技进步与对策，2006（02）：169－171.

④ 刘娜等. 企业人力资源的分形管理研究 [J]. 中国商贸，2011（17）：40－41.

⑤ 刘存柱. 混沌理论在企业人力资源管理中的应用研究 [J]. 科学管理研究，2004（6）：97－99.

这就要求人力资源管理理论对变化了的环境做出相应的反应。[①]

综上所述，依笔者管见，中国古代的系统思想比较丰富，如"修齐治平"等理论比较成体系并在古代实际社会生活中得到了广泛的应用。20世纪，学者们对现代系统理论做了比较深入的研究，但主要是从哲学的角度进行的。近些年来，在系统理论与当今管理理论结合方面的文章已经比较常见，但是罕见把管理理论与"老三论"、"新三论"等诸多系统理论综合阐述的文章。

人力资源管理理论是管理学理论的一个重要分支，但是，把系统理论与其联系起来的文章还比较少见。这些文章都是从系统理论的某一方面为视角，如以耗散结构理论视角、以混沌的分形理论视角或以混沌的"蝴蝶效应"视角出发，对人力资源管理进行分析。而把人力资源管理理论与诸多系统理论联系起来，进行综合阐述的文章，还没有见到，这也正是本书研究的内容。

1.3 本书研究内容与研究方法

1.3.1 研究内容

本书研究内容共包括7个部分（第3章至第9章）：

（1）中国古代有关人力资源管理的系统思维（第3章）。共分3个部分。首先，从一般系统论观点出发，论述了古代有关人力资源管理的整体观、层次观、动态观及有序性；其次，用现代耗散结构理论的观点，从古代社会组织结构、人力资源的素质、君臣关系等方面论述了儒家思想的耗散特性；再次，用现代混沌观点阐述了儒家理论在等级制度、人性假设、管理手段、社会组织结构、管理方法论等方面的混沌特性；最后，论述了古代人力资源管理系统思维的现代意义。

---

① 赵曙明. 人力资源管理理论研究新进展评析与未来展望［J］. 外国经济与管理，2011（1）：1 - 10.

（2）西方有关人力资源管理系统思维的沿革（第 4 章）。以西方管理思想史为主要脉络，论述了西方有关人力资源管理系统思维的发展过程，说明了从古希腊到现代，系统思维由浅入深逐渐在人力资源管理思想中占据主导地位的演变历程。

（3）企业人力资源管理的一般系统理论（第 5 章）。主要论述了现代企业人力资源管理系统的有序性、边界性、系统与环境、超系统、等级层次机理、结构与功能机理等方面的内容。在系统与环境方面，特别强调了系统与环境观念的演变过程；另外，对系统的有序与无序的辩证关系，要素、结构、功能之间的辩证关系也做了较为详尽的阐述。

（4）企业人力资源管理的信息理论（第 6 章）。对传统管理理论，具体分析了这三种理论对企业人力资源管理的信息内容、信息传递路线及信息传递所用媒体的影响。然后，在组织理论研究的基础上，结合现代组织网络理论分析方法，认为现代组织网络理论综合了几种传统方法的特点，更好地描述了人际信息流动的各个方面特征，为系统而又全面地描绘企业内外人际信息的交流提供了一个高效而实用的工具。最后，指出了人力资源管理水平是否提高与组织中人们的信息沟通程度是密切相关的。

（5）企业人力资源管理的耗散结构理论（第 7 章）。首先阐述了非平衡原理在薪酬管理、岗位分工等方面的作用；通过对熵的讨论，论述了人力资源规划的环境适应性、员工招聘的日常性、培训的"终身"性等内容；在非线性机理方面，论述了人力资源管理系统的"反直观性"；在涨落对人力资源管理系统的影响方面，则从组织冲突、整体素质等方面进行了阐述；最后，对"麦克斯韦妖"的自组织性，在人力资源管理系统的角度进行了新的诠释。

（6）企业人力资源管理的协同理论（第 8 章）。运用现代混沌论的观点，从现代人力资源管理中程序管理与情商管理的结合、刚性与柔性的结合、正式契约与心理契约的结合等方面论述了企业人力资源管理系统是确定性与随机性的统一；从理性与直觉、渐变与突变等辩证关系出发，阐述了企业人力资源管理系统对初值的敏感性；最后，从组织设计、委托——代理的角度，论述了现代企业人力资源管理系统的分形特征。

（7）企业人力资源管理的混沌理论（第9章）。在提出现实问题的基础上，论述了职业生涯设计对个人目标和组织目标的协同作用，对系统内部各子系统的协同也做了一定的论述；另外，还论述了外参量的变化及系统内部要素流动对人力资源管理系统自组织的影响；最后，作者认为企业文化是人力资源管理系统的序参量，并论述了其对企业人力资源管理系统的影响。

1.3.2　研究方法

（1）历史分析方法。通过对人力资源管理思想史的探询，力图整理出中西方，特别是西方人力资源管理的系统思维的脉络。

（2）理论分析方法。以系统理论、人力资源管理理论为基础，综合运用组织行为学、社会学、管理史学以及哲学等多学科理论与方法对企业人力资源的招聘、培训、内部流动等方面进行分析。

（3）实证分析方法。运用实地调查所获资料及一些参考资料论证现代系统理论在企业人力资源管理实践中的应用。

第 2 章

企业人力资源管理及其理论研究发展方向

2.1 现代意义上的人力资源

2.1.1 人力资源的概念

1919 年，制度经济学家康芒斯（John R. Com-mons）在《产业政府》一书中，第一次使用了"人力资源"这一名词，但是他更侧重于研究政府和制度的作用。① 而我们目前所使用的人力资源概念的基本内涵来源于德鲁克，他在 1954 年出版的《管理的实践》（*The Practice of Management*）这部经典著作中，首次在管理学领域阐释了人力资源概念的涵义：人力资源——完整的人——是所有可用资源中最有生产力、最有用处、最为多产的资源。

随着对人力资源认识的深化，在概念上已有非常丰富的含义。从社会学角度看，人力资源指的是一定时空范围内的人口总体所具有的劳动能力之总和。它偏重的是数量概念和以人的体能为主的、源自"劳动力"或"劳动力资源"的定义。再从动态的角度看，人力资源的概念既包括现在的人力资源，即符合法定劳动年龄的，正在为社会创造物质和精神文化财富的人们；也包括潜在的人力资

① 刘晓英. 人力资源管理理论发展历程的回顾 [J]. 甘肃省经济管理干部学院学报，2008（06）：9 – 11.

源，即尚未达到进入劳动岗位年龄的或因各种原因退出劳动岗位的人们。人力资源之所以被认为是一种经济资源，是因为人具有运用生产资料直接进行生产和推动社会生产力发展的能力。

现在，让我们转换视野和思路，立足于社会经济的基本细胞——企业组织的角度来认识人力资源的内涵。从企业组织的角度来看，人力资源是指存在于企业内部及外部的与企业相关的人员，也就是各级经理、雇员、各类合作伙伴及顾客等可提供潜在合作与服务及有利于企业预期经营活动的人力的总和。也可以说，人力资源是人类进行生产或提供服务的现在和潜在的活力、技能及知识的总称。

2.1.2 人力资源的基本特性

与自然资源相比，人力资源是最活跃、最具能动作用、最重要的资源，是企业生产领域中最为关键的因素，它的基本特点是：

1. 能动性

自然资源的载体是物质，而人力资源的载体是人的劳动。具体来说，其能动性表现为以下三方面：①自我强化：教育和学习活动，是人力资源自我强化的主要手段。通过正规教育和各种培训，努力学习理论知识和实际技能，刻苦锻炼意志和身体，使自己获得更高的劳动素质和能力，就是自我强化过程。②选择职业：在市场经济环境中，人力资源主要靠市场来调节，人作为劳动力的所有者可以自主择业。③积极劳动：敬业、爱业、积极工作、创造性地劳动，是人力资源能动性的最主要方面，也是人力资源发挥潜能的决定性因素。

2. 资本性

人力资本理论可以追溯到著名的资产阶级古典经济学家亚当·斯密。在其所著的《国富论》中提到，一个国家全体居民的所有后天获得的有用的能力是资本的重要组成部分。近代经济学家马歇尔在他的《经济学原理》一书中十分敏锐地看到，所有资本中最有价值的是对人本身的投资①。

直到 20 世纪中叶人们才开始对人力资本进行系统研究。人们普遍认为人力资本理论的创始人是美国经济学家舒尔茨。人力资本理论认为，资本有两种形式：物质资本和人力资本。劳动者的知识、技能、体力（健康状况）等是人力资本的构成内容，它是通过人力投资形成的，其中主要是教育支出、保健支出等。

3. 再生性

它基于人口的再生产和劳动力的再生产，通过人口总体内不断更替的过程得以实现。当然，人力资源还不同于一般生物资源的再生性，除了遵守一般生物学规律之外，它还受意识的支配和人类活动的影响。

4. 动态性

作为生物的有机体，有其生命周期，劳动能力随时间而变化，显示出人力资源的时效性和动态性。

5. 社会性

从社会经济活动角度看，人类的劳动体现了群体性，不同的劳动者都分别处于各个劳动集体之中，构成了人力资源社会性的微观基础，且总是与一定的社会环境相联系的。从本质上讲，人力资源是一种社会资源，归整个社会所有。

从人力资源的基本特性，我们可以看到，用系统理论对其进行研究有其客观必然性。

2.2　现代人力资源管理的含义

2.2.1　人力资源管理的定义

人力资源管理就是现代劳动人事管理。它是在人力资源的取

---

① 刘仲文. 人力资源会计 [M]. 北京：首都经济贸易大学出版社. 1997：5.

得、开发、保持和使用等方面所进行的计划、组织、激励和控制的活动，是研究组织中人与人之间关系的调整、人与事的配合，以充分开发人力资源，挖掘人的潜力，调动人的积极性，提高工作效率，实现组织目标的理论、思路、方法和技术。现代管理的演进，在很大程度上是环绕着对人力资源的重视和积极利用与开发而展开的。现代人力资源管理"不仅是涉及企业经营的战术问题，而且是个重要的战略问题"的理念已被越来越多的人所接受。

长期以来，西方管理学者从不同角度对人力资源管理的含义进行表述，形成了各抒己见的定义。概括起来有广义和狭义两大类：

1. 广义的人力资源管理

格伦·斯塔尔认为，人事管理是对组织中人力资源的全部有关J的管理活动；达朗·麦克法兰认为，人事管理是对组织机构中工作人员的管理与使用的全部职能[①]；保罗·格林劳认为，人事管理是包括组织中所有有关对人力资源的决策；托马斯·斯帕特斯认为，人事管理是对职工进行组织与管理，期望在工作中运用它们最好的个人才能，以充分满足职工个人和所在组织的需要，为组织和社会提供最优的服务；保罗·皮戈斯认为，人事管理是一种开发职工潜能的方法，使他们从工作中得到最大满足，对事业提供最好的绩效，它既是一种理论观点也是一套技术手段[②]。

这些广义的人事管理定义，实际上置重点于全社会或地区性人力资源的规划、开发性研究和一般化策略的探讨。主要包括三方面：第一，建立和谐的人际关系（包含激励、领导及群体内和群体间的人际关系和行为）；第二，组织理论和组织设计（涉及工作设计、控制幅度和工作流程等）；第三，人与事的恰当配合，使人尽

---

① M. A. Huselid（July 1995），"The Impact of Human Resource Practices on Turnover，Productivity，and Corporate Financial Performance，" Academy of Management，pp. 20 – 31.

② Helga Drummond（March 1993），"Measuring Management Effctiveness，" Personnel Management，pp. 27 – 45.

其才、事得其人（包括人力资源的开发、培训、报酬、保持等）等方面形成一系列措施与对策。

2. 狭义的人力资源管理的定义

狭义的人力资源管理有以下几种主要表述：利昂·梅金森认为，在所有的管理功能中，只要涉及对组织中人力资源的招聘、选拔、录用、开发、使用、报酬及潜能的发挥等方面的规划和实施的活动，都称为人事管理或人力资源管理；理查德·卡尔霍恩认为，人事管理是从事获得、开发和保持有效人力资源的一项工作，它是管理当局每个主管领导的日常工作内容之一，也是人事职能部门的全部职责[①]；蒂德和马考夫认为，人力资源管理的要义，是促进组织机构中员工的合作精神、减少人际摩擦，采取适当的方法和手段，使每一个员工在组织中得到适当的安排，并发挥其潜能[②]；松下幸之助认为，人事管理，就在于得人、知人和用人等，使人的才能得以充分发挥。这种狭义的人事管理定义，以企业组织为主要视野，比较着重强调为人与事的恰当配合而进行的招聘、选拔、录用、调动、提升、培训、考核、奖惩、工资、福利等管理职能的内涵及其发挥，也是人力资源管理的最具体、最实际的形态。

2.2.2　人力资源管理的特点

人力资源管理具有以下几个明显的特点。

1. 综合性

它是一门综合性的学科，需要考虑种种因素，如经济、政治、文化、组织、心理、生理、民族等。它涉及经济学、系统论、社会学、人类学、心理学、管理学、组织行为学等多种学科，是一门综合性学科。

---

① Richard calhoun, "Justice: The Leader's Job" (March 1998), Success, pp. 27 - 45.

② Tom Peter (1992), Liberation Management, (New York: Knopf), pp. 185 - 190.

2. 实践性

人力资源开发与管理的理论，来源于实际生活中对人的管理，是对这些经验的概括和总结，它是现代社会化大生产高度发达、市场竞争全球化、白热化的产物。我们应该从中国实际出发，借鉴发达国家人力资源管理的研究成果，解决我国人力资源开发与管理中的实际问题。

3. 发展性

任何一种理论的形成都要经历一个漫长的时期。各个学科都不是封闭的、停滞的体系，而是开放的、发展的认知体系。作为一门新兴学科，人力资源管理更是这样，随着其他相关学科的发展及人力资源管理学科本身不断出现的新问题、新思想。人力资源管理理论正进入一个蓬勃发展的时期。

4. 民族性

人的行为深受其思想观念和感情的影响，而人的思想感情则受到民族文化传统的制约。因此，人力资源管理带有鲜明的民族特色。以美国和日本为例，他们都是资本主义国家，都搞市场经济，但两国在人力资源管理特色上差别很大。

5. 社会性

作为宏观文化环境的一部分，社会制度是民族文化之外的另一重要因素。在影响劳动者工作积极性和工作效率的诸多因素中，生产关系和意识形态是两个重要因素，而它们都与社会制度密切相关。例如，中国和日本同为东方民族，都具有以儒家文化为主的民族文化传统。在人力资源开发与管理上，都在一定程度上把"家庭"观念移植到企业中，提倡"以厂为家"，以形成团结互助的格局。但由于二者的社会制度不同，中国实行社会主义制度，职工是国家的主人，企业经理（厂长）与职工地位完全平等，是同志式的关系；日本则不同，它实行的是资本主义制度，管理者与被管理者之间是老板与雇员的关系，因而是不平等的。

2.2.3 人力资源管理的内容

人力资源管理是指企业的一系列人力资源政策以及相应的管理。一般认为，现代人力资源管理的内容应包括以下方面：组织设计和组织发展与变革，工作分析与任职人员的条件，人力资源的计划配置与管理，人力资源的招聘、考试、挑选、录用，工作绩效的考核与评价，工作职务的调动与晋升，人员的教育、培训和开发，协调和处理劳资关系，工资薪金和福利，职业安全与卫生，退休抚恤与保险，人事资料的建立和运用，人事机构的设置及工作制度的规定等。以上内容可以概括为以下几方面：

1. 职务分析与设计

对企业各个工作职位的性质、结构、责任、流程，以及胜任该职位工作人员的素质、知识、技能等，在调查分析所获取相关信息的基础上，编写出职务说明书和岗位规范等人事管理文件。

2. 人力资源规划

把企业人力资源战略转化为中长期目标、计划和政策措施，包括对人力资源现状分析、未来人员供需预测与平衡，确保企业在需要时能获得所需要的人力资源。

3. 员工招聘与选拔

根据人力资源规划和工作分析的要求，为企业招聘、选拔所需要人力资源并录用安排到一定岗位上。

4. 绩效考评

对员工在一定时间内对企业的贡献和工作中取得的绩效进行考核和评价，及时做出反馈，以便提高和改善员工的工作绩效，并为员工培训、晋升、计酬等人事决策提供依据。

5. 薪酬管理

包括对基本薪酬、绩效薪酬、奖金、津贴以及福利等薪酬结构的设计与管理，以激励员工更加努力地为企业工作。

6. 员工激励

采用激励理论和方法，对员工的各种需要予以不同程度的满足或限制，引起员工心理状况的变化，以激发员工向企业所期望的目标而努力。

7. 培训与开发

通过培训提高员工个人、群体和整个企业的知识、能力、工作态度和工作绩效，进一步开发员工的智力潜能，以增强人力资源的贡献率。

8. 职业生涯规划

鼓励和关心员工的个人发展，帮助员工制订个人发展规划，以进一步激发员工的积极性、创造性。

9. 人力资源会计

与财务部门合作，建立人力资源会计体系，开展人力资源投资成本与产出效益的核算工作，为人力资源管理与决策提供依据。

10. 劳动关系管理

协调和改善企业与员工之间的劳动关系，进行企业文化建设，营造和谐的劳动关系和良好的工作氛围，保障企业经营活动的正常开展。

2.3　人力资源管理理念的演变

在人类的历史进程中，每一个历史时期的人力资源管理形式总是与当时当地的政治、经济、文化、人口、管理等紧密联系的，尽管"人力资源管理"这一名词还是近半个世纪才通用于全球，为人类所接受和使用，但对人的管理是与人类的产生同时产生的，是所有文化中最古老的文化，是所有管理中最古老的管理。在人力资源管理形成的过程中，有其发展的若干重要阶段。

2.3.1　初始管理阶段

在这一时期，手工业作坊、家庭手工业大量存在，产业的所有者既是管理者，也是手工业工人。在这一时期，没有职业的人事管理人员，只是老板对家庭成员式的管理。

2.3.2　近代管理阶段

第一次工业革命的产生，农村人口涌入城市，雇佣劳动也随之产生，此时出现了工人阶级。而随着资本主义从自由竞争到垄断的发展，泰罗、韦伯等人提出了一系列比较科学、合理的管理方法和管理手段，在有关人力资源管理方面，有如下几个特点：

1. 劳动方法标准化

有了劳动定额等，首次科学而合理地对劳动效果进行计算。

2. 将有目的的培训引入企业

根据标准方法对工人实行了在职培，并依据其特点分配以适当的工作。

3. 明确划分了管理职能和作业职能

出现了劳动人事部门，该机构除负责招工外，还负责协调人力和调配人力以及在职培训。

4. 已经组织起各级指挥系统

各级职务和职位按照职权的等级原则加以组织，对人的管理实行下级服从上级的严格的等级制度。这一时期，最突出的特点是把人视为"经济人"，认为金钱可以指挥一切，老板与管理者可以无视工人的心理需要。

2.3.3　行为科学阶段

这是人力资源管理思想最活跃的时期，这一时期是从"经济人"向"社会人"的管理思想转变的时期，是从"刚性管理"向"刚柔结合"及"柔性管理"接轨的重要时期。是人力资源管理的一个质的飞跃。特别是第二次世界大战以后，人力资源管理作为企业的一个按功能划分的子系统，已具有独立运行的功能并成为系统运行的中枢吧是决策系统中最重要的参谋系统。这个时期人力资源管理的特点有以下几方面：

1. 加强对人的研究这时，人事管理由一般事务性工作扩展到研究人的行为

以往的人事管理只停留在人的一般事务性工作上，如人员的招聘、任用、调动和提升、工资报酬和福利等，而行为科学的人事管理则把人事管理扩展到还要研究员工行为的动机、行为的目标，以便采取有效的措施来充分发挥他们的工作积极性、主动性和创造性。

2. 强调管理的人情味和员工的满意度

传统的人事管理，只求员工对工作有成果，没有涉及员工在工作中的自身要求的实现和对组织管理的满意度评估。行为科学所追求的管理目标不仅要使员工乐于工作，把工作看成一种实现物质需要的合理途径，还要使他们对组织中的人际关系和感情因素觉得满意，对工作的成就感到极大的满足。只有这样，员工才会长期地、主动地为组织做出更大贡献。行为科学的人事管理在凸显人的地位和作用方法上具有可贵的历史性贡献。

2.3.4 现代人力资源管理阶段

现代人力资源管理理论认为：传统管理的法制、科学管理的技术、行为科学的人际关系等，都是解决管理问题所必需的，但关键是看待和评价问题的出发点是否是"以人为本"的同时，在措施上能否做到"制宜"，即"因人而异、因地制宜、因时制宜和因事制宜"。即环境适应性的观点。因此，权变管理的思想在现代受到越来越多的重视①。主要体现在：

1. 现代人力资源管理的内容已延伸到整个社会环境

以往的人事管理的研究范围多限于人事业务本身，所以其视野

---

① Dary. I. R . Corner（2000），Managing at the Speed of Change（New York：Villard），P. 23.

和思路是有限的、封闭的、与外界隔绝的，这样造成人事问题治标不治本。根据现代系统论的观点，认为人事管理工作与社会环境有密切关系，要真正解决人事方面存在的问题，必须同时考虑与人事问题和企业目标相关的其他因素。过去把人事工作总看成为静态的、孤立的，因此把人事制度看成固定不变的，以不变的制度来对付变化着的环境，其效果和负面影响是可想而知的。自从系统理论和权变理论形成以来，特别是在对人的价值观念进步更新的情况下，动态的人力资源管理思想渐趋成熟，认定人事管理会影响到其他因素，而其他因素也会影响到人事管理。由于其他因素在经常变化，因而处理人事工作的程序方法以及原则，也需要随之经常修正和调整。

2. 强调组织的开放性与适应性

现代系统理论认为，组织是社会系统的一部分，它与社会系统结合在一起相互依赖、不断交流、密不可分，组织已从封闭走向开放。另外，组织本身又自成为一个具有整体性和目标性的系统。要求的生存和发展，就必须适应环境的变化而不断变革和发展自己的系统。现代管理强调组织的灵活性，就是指组织目标和组织结构要根据情况的变化而进行调整，组织内部的部门和等级的划分、人员的编制和定额等，都应随着目标的改变而不断修改和调整。

3. 人事管理职能的多元化

人事管理从原来的执行性职能拓展到决策咨询、系统规划、战略研究和科学评价等多元化职能，因而就要求人事管理人员素质不断提高，并向专业化方向发展。只有这样，才能适应不断发展的现代人力资源管理的复杂性。

4. 人力资源管理技术与方法的现代化

首先，是定性分析与定量分析的结合。以往的人事管理，一般只进行定性分析，凭领导人和管理者的智慧经验来判断，忽视定量分析，致使所做的判断较为主观。在人员的选拔和人事决策方面，定性分析和定量分析相结合，不仅可避免管理人员的主观片面性，同时也为考核、检验决策的成效提供客观、切实的标准。

其次，是计算机和现代高新技术在现代人力资源管理方面的应用。其优点在于，能将大量人事管理方面的数据进行很方便地储存和快速准确的检索，从而大大提高管理效能。这使人事管理无论从工作手段到理念视野都进入了一个崭新阶段。

2.4　人力资源管理理论发展展望

随着 21 世纪的到来，企业所面临的经济技术环境与以往相比有了很大的变化。特别是在由美国次贷危机引发的全球经济危机发生后，全球的经济环境和管理情境出现了新的变化。首先，多元全球化的挑战。全球化发展的趋势已经不仅仅是经济的全球化，而是信息、知识和资源等的全面全球化。在多元全球化情境下，高度的动态性、复杂性与不确定性成为一种常态。其次，后经济危机时代的挑战。在此次经济危机之后，作为企业发展支撑性职能的人力资源管理应当如何应对，帮助企业更好地抓住机遇迎接挑战，也是企业管理者和理论研究者应该注意的问题，概括起来有以下几方面：

第一，近年来，在多元全球化、全球经济危机和低碳化经济的影响下，企业的经营环境呈现高度的动态性、复杂性与不确定性特征，这就要求人力资源管理理论对变化了的环境做出相应的反应。当前，人力资源管理研究的新热点集中于胜任素质、员工敬业度、工作—家庭冲突、雇佣关系和跨文化管理这五个方面①。

第二，随着物质文化生活的日益丰富，员工的工作态度、价值观念和思维方式呈分散化的趋势，在员工之间如何有效地沟通，以形成有利于企业目标的"共同愿景"，是摆在所有企业面前的重大课题。

第三，现在，越来越多的企业都把"团队"引入到生产过程

---

① 赵曙明. 人力资源管理理论研究新进展评析与未来展望［J］. 外国经济与管理，2011（1）：1－10.

中，通过"团队"进行组织重构。实践证明，团队是提高组织运行效率的可行方式，现在的问题是，团队建设是否会以抹杀人们的个性为代价而换取人们之间的合作？如何在高素质的专业人员之间树立起协调合作的团队精神，又不影响其创造才能的发挥？

第四，如何把人力资源管理与企业文化建设相结合，以长期维系企业内部凝聚力。当前，由于知识经济的迅猛发展，企业内外环境变化越来越迅速，无论是企业组织学习和个人学习都显得十分迫切。另外，今后产品的生产和消费日渐个性化的趋势，又使得企业的生产越来越依赖于个人。而且，企业组织出现日渐扁平化、网络化的新趋势。我们注意到，所有这些新变化、新趋势，无不与当代系统理论密切相关。

第五，随着企业所要应对的问题增多，企业组织机构有日益增大的趋势，对大型企业来讲，如何合理地调整和精简日趋庞大的企业组织机构，以保证管理效率，已提到企业的议事日程上来。

如前所述，我们可以看到，无论从发展历程来看，还是从当前人力资源管理研究的热点问题来看，抑或从今后的理论发展趋势来看，企业人力资源管理理论所关心的问题，日益集中于个性、团队建设、环境等复杂性问题，它正在走向与当代系统理论的紧密结合。

本章概述了现代人力资源概念、特性、人力资源管理的定义、特点、内容及其发展历程；指出了现代人力资源管理的系统涌变特征；最后，结合人力资源管理发展历程及现代人力资源管理所面临的内外环境的新变化，指出企业人力资源管理必将走向与现代系统理论的紧密结合。

本章新观点：

从西方人力资源管理理念的演变历程来看，人力资源管理实践扩大了系统理论的应用领域，促进了系统理论的进一步发展。人力资源管理理论与系统理论的紧密结合是未来人力资源管理理论的发展方向。

第 3 章

中国古代有关人力资源管理的系统思维

3.1 概　　述

在现代管理科学中，系统科学与管理科学的有机结合，形成了以巴纳德为代表人物的社会系统学派。当我们以系统原理来观察中国古代文化时，就可以发现系统思想同中国古文化一样古老与悠久。可以说，中国古代治国之道其实就是系统思想的实际运用。

现代人力资源的观念是由于当今西方人本主义的兴起而提出的。西方学者及企业家们终于认识到：在所有资源中，人力资源是最宝贵的。而在中国，认为人贵于万物的认识古已有之，所谓"水火有气而无生，草木有生而无知，禽兽有知而无义，人有气有生有知亦且有义，故最为天下贵也。"（《荀子·王制》）这一思想体现在管理活动中，即认为人是社会管理的中心，一切管理活动都是围绕着"治人"而展开的。"文武之政，布在方策。其人存，则其政举，其人亡，则其政息。"（《礼记·中庸》）有人才会有管理，没有人也就无所谓管理了。

儒学自西汉以后，一直是封建统治阶级所主要依靠的思想体系，所以，本章主要以儒学作为论述的中心。值得注意的是，正是在中国封建社会，中国的科技在世界上处于领先地位长达几十个世纪，无可非议，这与儒家社会管理理论有一定的联系。

根据儒家学说，对社会的管理，说到底是对人的管理，因此，对人的研究构成儒家学说的理论基础。孔子以"仁"学作为他全部思想的核心，这是大多数学者所公认的。何为"仁"？孔子自己作了概括地回答："仁者，人也"（《礼记·中庸》）。就是说，仁是关于人的学说。孔子以后，孟、荀及汉代大儒董仲舒，都对人、对人性作了许多研究。诚然，诸子百家普遍关心"人"的问题，但是，比较而言，儒家对人的研究是最深入的。从一定程度上说，儒学本质上就是人学。另外，儒家对人的研究，其最大的特点在于其思维方式充满着当今系统思想的光辉。

3.2 中国古代有关人力资源管理的朴素系统观

3.2.1 有关人力资源管理的整体观

说到整体论在系统论中的地位，正如现代系统论的创始人贝塔朗菲所说的："一般系统论是对'整体'和完整性的科学探索"。[①]所以，从某种意义上讲，系统论就是一种整体论。

包括儒学在内的中国传统哲学把世界看成是相互联系的整体，认为任何事物都不会孤立存在，他们把宇宙、自然、社会、人体乃至动物、植物都看成一个有联系的整体。[②] 如儒家的天、地、人"三材"论，就是把人与自然界视为一个整体，人是自然的一部分。同理，人与社会环境，也是这种关系。儒家对人的研究，是从社会整体出发，而不是像西方传统的社会历史观那样，从个体的人出发。以这种思想为基础，在儒家管理哲学中，整体的稳定性是最重要的，整体是绝对高于个人的。即使显贵如帝王，若是严重违背整体利益，就不再是组织的成员，而成了"独夫"，并且人人得而诛之。在这方面，孟子和荀子的言论颇有代表性。如孟子认为，周伐

---

① 庞元正，李建华编. 系统论控制论信息论经典文献选编 [M]. 北京：求实出版社，1989：142.

② 袁闯. 混沌管理 [M]. 杭州：浙江人民出版社，1997：57.

商而杀了商纣王，只是"闻诛一夫纣矣，未闻弑君也"（《孟子·梁惠王上》）。而荀子的话更直接："诛暴国之君，若诛独夫。"（《荀子·正论》）究其根源，上述言论，正是"整体高于个人"这一儒家组织原则的体现。

同时，儒家的这种整体主义也认识到了人作为元素在整体中的基础地位和重要性，也强调从整体的角度来关心人、爱护人，至少在理论上是如此（"仁者爱人"）。用系统论的语言来说，就是他们认识到了社会整体对其构成要素的依赖。但是，总的来说，他们的立足点在于整体，他们重视个体的人，是为了成就社会整体的管理。正如孟子所说："得其心，斯得民矣。""得其民，斯得天下矣。"（《孟子·离娄上》）认为争取民心是社会管理成败的关键。

在军队管理方面，虽然《孙子兵法》未辟专篇对治军问题进行阐述，但实际上每篇几乎都论及到治军问题。从五德兼备的治将标准，到文武兼施的管教思想；从恩威并用的带兵之道，到赏罚严明的治军原则，形成了系统完整的治军思想。① 如在选择将帅方面，《孙子兵法》认为，"将者，智、信、仁、勇、严"（《计篇》）。从将的作用、地位、条件和要求等方面为视角，提出了将帅必备的综合素质结构。这五个方面相互联系，相互制约，形成一个整体。素质结构中任何一个要素质量的好坏，都会对将帅的素质结构产生影响，进而影响军队的有效管理。

3.2.2　有关人力资源管理系统的层次观

现代系统论表明，系统是有层次的，系统与元素是相对而言的，诸多要素组成子系统，许多子系统组合为一个母系统，而这个母系统本身又是一个更高级更庞大系统的要素或子系统，整个世界就是由多层次系统所组成的。儒家认为，人类社会就是一个等级结

---

① 董丽苹. 我国古代军队系统管理的基本特征 [J]. 社会科学，2001（5）：75 - 78.

构体，最上面的结构是"天下"，其下是"国"，再下是"家"，底层是"人"。这四个层次有同构性，它们都由君臣、父子、夫妇、兄弟、朋友五大关系所维系。每一个"人"都处于这五大关系之中。而又由"人"构成了"家"，由"家"构成了"国"，由"国"组成了"天下"。正如孟子所说："天下之本在国，国之本在家，家只本在身。"（《孟子·离娄上》）这句话代表了儒家对天下、国、家和个人之间关系的总的看法。这就表明，根据儒家理论，社会这个多层次结构的自组织过程由最低一层，也是构成社会系统的最小单位开始，然后一级级地向上升，最后达到全社会的有序。这是一个从局部到整体的综合过程。从这里出发，"修齐治平"作为儒家治国的指导思想就成为非常自然的事情。

3.2.3　有关人力资源管理系统的动态观

儒家认为，在社会系统中，君、臣、民的关系是互动的，君主应主动爱护臣民，才能维持社会系统的稳定。这是因为，君与臣、君臣与民之间都存在深刻的矛盾，事实上常常处于对立之中。儒家管理学的任务，就是设法将这种矛盾关系调整到尽可能协调的状态。儒家认识到，由于人有人格自尊和生理欲求，下层对上层的支配决不会像工具那样漠然接受，要怎样就怎样。在君臣关系方面，孟子指出："君之视臣如手足，则臣视君为腹心；君之视臣为犬马，则臣视君如国人；君之视臣为土芥，则臣视君为寇仇。"（《孟子·离娄下》）在君臣与民众的关系方面，孟子云："乐民之乐者，民亦乐其乐，忧民之忧者，民亦忧其忧。"（《孟子·梁惠王下》）儒家懂得，人和人的关系，由于特殊的心理作用，表现为互为因果的递进关系，人们只会敬爱那些敬爱他们的人。只有对彼此都加以适当约束，才能使等级秩序得到协调和控制。

为了使人际关系更加和谐，儒家还要求君子必须注意待人处世的修养，目的是通过谦恭辞让的态度和良好正直的作风，建立一种亲近和睦的气氛，使人们彼此协同融洽。儒家深知建立良好的感情，相互取得信任和谅解，对于推进事业和维护社会系统的稳定会起到重要作用。在上下级之间如果不能建立信任关系，那么无论什么正常的社会活动都难于开展，以致社会群体失去应有的作用和功能。

3.2.4　有关人力资源管理系统的有序性

在前面所说的整体性、层次性和动态性中，已包含着结构有序性成分。因为没有结构上的有序性，形不成有序的整体，构不成系统的层次，当然其运动只能是混乱的。也就是说，整体是有序的整体。儒家伦理社会的有序性，就是通过一系列等级制度和角色规范来维护的。上至君主宰相，下至黎民百姓，万事万物都有自己相对固定的位置，它们各就其位，各司其职，有条不紊，构成了和谐有序的大小系统和世界，其变化也应是有序的变化而不是无序的变化，否则就会破坏系统的稳定与平衡。荀子指出，只有做到"贵贱有等，长幼有差，贫富轻重皆有称"（《荀子·礼论》），社会才会井然有序。从今天来看，通过强化等级制度、要求人们恪守本分来维护社会秩序的思想已不足取，但从哲学角度，强调系统内要素各当其位、各行其轨，与现代系统论的有序性要求还是吻合的。

3.3　中国古代有关人力资源管理的耗散观

耗散结构理论是比利时化学家，布鲁塞尔学派的领导人普利高津于 1967 年创立的。该理论讲的是发展型系统的一般模型，包括物理的、生命的、社会的和文化的种种系统。事实上是关于一般系统进化发展的内在机制讨论。他所总结出的基本问题和原理，不仅对物理和生命现象有意义，而且对于社会和管理系统也有着深刻重要的意义。①

---

① 李建华，傅立．现代系统科学与管理［M］．北京：科学技术文献出版社，1996：85.

普利高津的耗散系统原理表明，"非平衡是有序之源"，这里的非平衡是指系统内部的差异性，分化性，不均等的状态，而均等的状态，平衡的状态将使系统内部控制能力下降，使系统走向混乱和无序的状态。这种观点给我们理解和认识社会系统的进步和退化带来了很大的启发。

在传统社会模式中，社会管理所追求的理想目标是一种无处不"均匀"，无处不"平等"的"大同社会"。社会产品应当平均分配。"不患穷，只患不均。"这样一来，"均等"成了社会管理的目标。而差异性，社会中的分工差异，甚至脑力劳动和体力劳动的差异都是落后和退步的表现，似乎只有当所有的状态都达到了均等和平衡时才满意。其实，按耗散结构的观点来看，系统的平衡状态，处处均等的状态正是系统结构消退，功能丧失的表现，越是接近这个平衡态，系统的自主控制功能就越差，内部也就越混乱。系统中秩序的产生必须通过非平衡的差异，通过分化才能产生多种多样的稳定结构才能实现系统的特定功能。这个过程是平衡性的破坏过程。系统进步的过程中所要建立的是系统内部的有序化、差异性或非平衡，而不是平衡。

在中国长达数千年的封建社会里，虽然追求"大同社会"曾是许多人的梦想，但在实际管理的过程中，其管理我们应该做一个好孩子，那又怎样做一个好孩子呢？思想却有着浓厚的现代耗散结构理论色彩。笔者就这一问题进行了一些研究。另外，鉴于儒家思想对中国文化的巨大影响，本文所引的古人言论多来自儒家经典。

3.3.1　社会组织结构的耗散观

儒家认为，社会组织的建立是十分必要的，正是有了组织结构，人们才结束了无序状态，社会系统的秩序性才得到进一步的提高，因而"群之可聚也，相与利之也"。于是人类才产生出远远超出他们的个体或混乱的群体所能产生的征服自然的巨大能力。而在野蛮时代，由于没有建立起合理的结构关系以保证社会安定，因而

"少者使长，长者畏壮，有力者贤，暴傲者尊，日夜相残，无时休息，以尽其类。"（《吕氏春秋·恃君》）人们的智慧精力抵消在无谓的争斗之中。[①] 人类由野蛮步入文明，其本质上的变化在于由无人伦过渡到有人伦，由无秩序的群体过渡到有秩序的群体。

关于起初无序的人们何以能形成组织，荀子指出：人"力不若牛，走不若马，而牛马为用，何也？曰：人能群，彼不能群也。人何以能群？曰：分。……以分则和，和则一，一则多力，多力则强，强则胜物。"（《荀子·王制》）这里，荀子所说的"群"。显然不是乌合之众，而是一个有秩序的结构体。另外，荀子还指出，这个结构体的形成前提在于"分"，在于"分"中有"和"。由于有了"分"与"和"，众多的人就形成了一个有序程度更高的系统。从而产生出较无序状态要强大得多的能力。这也就是人之所以能够高于万物的根源。在谈到人们为什么能各守其职时，荀子指出："分何以能行？曰：义。"（《荀子·王制》荀子认为通过"义"的特殊作用，按照伦理规范，使人们形成确定的差别界限，以君臣、父子、夫妇、兄弟、朋友五大原则为支柱，就能在人和人之间产生特殊的相互作用关系，从而建立起一定的管理机构，使混乱一团的人众，变为有秩序的社会群体。这些思想与现代耗散结构理论关于增加系统负熵，提高其有序程度的理论，在认识方向上是一致的。

孟子的"仁政"，仍然是贯彻将人的"分"与"合"统一起来，求得社会整体繁荣的精神，他十分强调等级划分和职业分工的必要性。另外，他也告诫统治者必须"与民同乐"。因为"乐民之乐者，民亦乐其乐，忧民之忧者，民亦忧其忧"。（《孟子·梁惠王下》）

那么，具体如何才能使社会既有所"分"又有所"合"呢？儒家认为"礼"和"乐"是实现这一目标的两大杠杆。一方面，礼是一套标示等级差别的仪节规范和典章制度，每个人的社会地位

---

① 刘长林. 中国系统思维 [M]. 北京：中国社会科学出版社，1990：121－122.

和从属关系，在社会生活中，将通过不同的礼仪表现出来。所以说"礼义立则贵贱分矣，""礼达而分定"。它们有一定的强制性，成为维持等级制社会秩序的手段。而"乐"包括器乐、声乐、诗歌等，它虽然是由众多疾徐、高下、短长各不相同的音调和动作组成，但它们按照一定的音律编排，构成了一个具有统一节奏的协调整体。在儒家看来，乐是最高尚、最典型的分中求和的体现物，儒家希望被划分为等级的人能像构成音乐的不同音调那样协调起来。①

3.3.2　有关人力资源素质的耗散观

我国以氏族为基础的原始社会创造了灿烂的文明，如仰韶、丰坡、马家窑等处出土的精美石器和绘有生动彩色图案花纹的陶器，有力地说明了氏族社会是中国历史上的一个真正的黄金时期。中华民族的祖先具有比四周部族更为健壮的体魄和更高的聪明才智，其原因在于，他们长时期地遵守一个禁忌：即禁止有血亲关系的社会成员通婚。我们的祖先早就认识到，氏族社会必须是开放的，通婚的范围越小、越封闭，后代的优势率就越低，而血缘关系越远，差别越大，遗传基因的互补性就越大，后代的优势率越高。为了一丝不苟地执行这一禁忌，人们对于血缘关系，甚至远隔数代的血统联系，都非常重视。中华汉民族和其他一些民族把姓氏标于名字的前面，具有续家谱的习俗，男女关系在道德上占有重要位置等，都与这一从远古流传下来的禁忌有密切联系。虽然这些东西有一些消极作用，但对于民族的健康繁衍有一定积极影响则是毫无疑问的。

在能力的培养方面，孔子虽说过一句"唯上知与下愚不移"（《论语·阳货》），但他也自称"吾非生而知之也"，可见，真正"上知"者是没有的，相对而言，则"下愚"恐怕也不多。所以，谁都可以通过学习来提高自己的能力，但是，孔子又云："君子学道则爱人，小人学道则易使。"（《论语·阳货》）在孔子的思想中，

---

① 刘长林．中国系统思维［M］．北京：中国社会科学出版社，1990：214－215.

"君子"与"小人"的界限是相当清楚的，孔子的"君子"大体上指知识分子和统治者，"小人"则除了少数例外，一般指被统治者。"君子"通过学习来提高、完善自身，以后将会把"仁"用于管理实践中，更好地治理国家，而"小人"接受教育，只是使之"易使"而已。

可见，儒家教育的目的是保持森严的等级制度，使社会处于远离平衡的有序状态，这样一来，就不至于"礼崩乐坏"，社会生活也就会井然有序。

3.3.3 有关君臣关系的耗散观

关于君主与官吏之间的协调，孔子指出："君子和而不同，小人同而不和。"（《论语·子路》）。这里所谓"和"，是既讲原则又讲团结，是在对立统一基础上的和谐；所谓"同"，则是盲目服从，一团和气。儒家所提倡的是前一种境界，而反对后一种风气。①

儒家和而不同的思想是对史伯、晏婴观点的继承。西周末年，太史史伯在陈述周朝必将衰败的根据时，认为周幽王在君臣关系上"去和而取同"是其中重要一条。他指出，世间万物都是"和实生物，同则不继"。意指不同质的东西相互结合方能化生万物，相同的东西简单相加则必定导致事物灭绝。君臣关系也是如此。君主远离与自己思想不一致的人，而喜欢接近那些处处与自己意味相同的人，国家的事情就办不好。春秋时期的晏婴发展了史伯的这一观点，明确提出"和而不同"，并将其作为君臣和谐的基本原则。他指出：只是一种声调就没有音乐，只是一种滋味就没有美食。以此来说明君臣之间应是"和而不同"。他进一步解释道："所谓和者，君甘则臣酸，君淡则臣咸。"（《晏子春秋·内篇谏上》）由此可见，中国古人在处理君臣关系的思想方面，充满着现代耗散结构理论思想的色彩。

---

① 黎红雷．儒家管理哲学［M］．广州：广东高等教育出版社，1997：180．

中国古人有关人力资源管理的思想带有现代耗散结构理论的色彩，充分说明了中国古代文化对人类社会认识的深刻程度。表明早在古代，中国先人们已在社会管理理论及实践中，自觉或不自觉地把社会系统视为"耗散结构"来进行管理。挖掘整理这份文化遗产，首先，对于克服企业分配中的平均主义，克服岗位分工中的"高贵"与"低贱"思想，真正领会非平衡原理在人力资源管理系统中的作用，是十分必要的；其次，可以站在科学理论的角度，认清"近亲繁殖"及"任人唯亲"的危害，真正认识到开放性原理对于人力资源管理的重要意义；最后，儒家"和而不同"的思想，对于正确认识"一言堂"的危害性，从另一个角度理解耗散结构理论中的非平衡原理，克服我国国有企业中这个根深蒂固的问题，亦有着其重要的指导意义。此外，把中国传统文化中有关人力资源管理的相关思想与现代耗散结构理论相结合，把其中的独等思维加以升华，借用现代耗散结构理论加以阐述，对于弘扬我国传统文化，提高我国人力资源管理的理论与实际水平，有着重大的历史和现实意义。

3.4 中国古代有关人力资源管理的混沌思维

在儒家的人力资源管理思想中，以儒家为代表的我国古代管理思想充满着浓厚的现代混沌思辨色彩。我们知道，当今混沌论的研究表明，在混沌的世界图景中，有序与无序、确定性和随机性、稳定性与不稳定性有机地统一在一起。表现为事物对初值的敏感依赖性和长期行为的不可预测性，具有与无序密切相关的有序性。这些特性，在儒家的人力资源管理思想中都有明显的体现。下面将从等级制度、人性假设、管理手段、管理方法论及社会组织结构等方面论证儒家管理思想的这一特性。

3.4.1 等级制度的混沌观

以组织稳定为目标，是整个中国传统管理哲学的主题，也是中国传统人力资源管理中的人本主义的主题。要维持组织的稳定性，首先就要维持严格的"君君、臣臣、父父、子子"（《论语·颜渊》）的社会等级结构。也就是荀子所说的"贵贱有等、长幼有差、贫富轻重皆有称者也"（《荀子·礼论》）。在荀子的社会等级结构中，上与下、贵与贱、君子与小人之间的界限十分清楚。中国儒家认为等级制度是使人避免争斗而归于有序的唯一方法，其所要达到的效果，不光是对人的限制。在他们看来，这是使人有可能显现自己才能和满足自己欲求所必不可少的条件。另外，我们也看到，和古代西方社会不同，中国古代并没有西方那样不可逾越的等级制度，阶级关系和等级观念也不像西方历史上那样严格。相反，中国文化认为人人都与天道总体为一，人人在自身内都有通向天道的良心。因此"人皆可以为尧舜"。所以，"学而优则仕"成为中国选拔人才的指导思想并在中国盛行几千年也就毫不奇怪了。这一原则对每个人都是适用的。在遵守礼制的前提下，每一个社会成员都有一定的自由度，都可以通过勤奋的学习，改变自己的知识水平、财产状况和社会地位。由于允许个人通过努力来改变社会地位，这样一来，等级制度就有了相对性，社会的人才资源就在一定程度上能够得到开发，使等级制度造成的紧张关系得到某种松弛。正因为如此，相对稳定的社会等级结构和相对变动的这一结构的成员。奠定了此后几千年中国古代社会结构的基本格局。即社会等级结构是稳定性和相对变动性的统一。

即使对森严的君臣关系，儒家思想中亦存在着混沌观念。我们知道，"三纲"中的第一"纲"，就是"君为臣纲"，臣民绝对忠于君主成了天经地义的永恒法则。可见儒家严等级、分尊卑、尊君忠君思想之一斑。但是，我们也知道，在早期儒家思想中，君臣关系并不是不可以变化的。早在两千年前，孟子就深刻地指出："君之视臣如手足，则臣视君为腹心；君之视臣为犬马，则臣视君如国人；君之视臣为土芥，则臣视君为寇仇。"（《孟子·离娄下》）儒家承认，在稳态的君臣关系中，随着双方的相互作用，存在着不稳定性。

3.4.2　人性假设的混沌观

人性假设是人力资源管理的理念基础。[①] 即人力资源管理理论的建构是以一定的人性假设为基本前提的。正如美国管理哲学家麦格雷戈所指出的那样，在实际的人力资源管理活动中，管理者的决策都包含着他们对人性本质及人性行为的假定，其中若干假定曾经是相应时代管理理论的基本指导思想。如"经济人"假设与古典管理理论；"社会人"假设与人际关系理论以及"复杂人"假设与权变理论等。

在西方管理科学史上，将人性纳入管理视野并给予哲理上的思考，是从 20 世纪 20 年代行为科学的出现开始的。而中国古代的人性理论很早就有系统论述，仅在先秦时期，就有孟子的"性善论"、荀子的"性恶论"、告子的"性无善无不善论"以及世硕的"性有善有恶论"等。它们从不同角度接触到现代管理学中"X 理论"、"Y 理论"和"超 Y 理论"所提出的管理人性问题，而又带有自己的特点。其中，尤以"性善可塑论"借助于《三字经》流传最广，即所谓"人之初，性本善，性相近，习相远"。其实，早在两千多年前，孔子就提出了人性可塑的观点，他指出："性相近也，习相远也。"（《论语·阳货》）这句话的意思是，人人所具有的天性是差不多的，没有很大的分别，一经过后天的习染，人与人之间便渐渐拉开距离，不再相近了。这就是说，中国儒家认为，人性是可以改变的。人由先天所遗传下来的本性，初生时并没有什么固定的形态，就像一张白纸，可以任由后天的环境塑染。而我们知道，社会环境对人的作用是一个极其复杂的非线性过程。根据混沌学的观点，其结果是不可预测的。即人有可能变"善"，也有可能变

---

① 周文霞. 人力资源管理的理念基础：人性假设 [J]. 南开管理评论, 1999 (5):
14.

"恶"。对于孔子来说，当然希望塑染后的人性是善的，这也正是他的仁学思想立论的依据和根本目的。正因为如此，如何抑"恶"扬"善"，教人为善就成了儒家（包括其他各派）人性论的共同特色①。

在教化的范围及教化效果方面，儒家的认识同样带有混沌特色。一方面，孔子倡导"有教无类"，即任何人（无论"君子"或"小人"）均有权接受教育——教化的广泛性。而另一方面，他又说："君子学道则爱人，小人学道则易使。"（《论语·阳货》）即"君子"和"小人"在教化目的和结果上有本质的不同——教化的选择性。孔子的教化是广泛性和选择性的统一。

3.4.3 管理手段的混沌观

1. 宽严相济

自古以来，刚柔相济，宽猛互济就是公认的管理原则，孔子说："道之以德，齐之以礼，有耻且格。"（《论语》）即是主张道德感化和制度约束两手并用。道德感化、感情激励是"柔"的一手，而执行纪律、严肃制度是"刚"的一手。也就是说，儒家强调"为政以德"，主张用道德教化的手段感化百姓，从而达到治理的目的。但同时，儒家也认为，政令和刑罚是必不可少的。儒家的宗旨是以教为本、以刑为末，即宽严相济、刚柔并用。所谓"政宽则民慢，慢则纠之以猛；猛则民残，残则施之以宽。宽以济猛，猛以济宽，政是以和。"（《左传·昭公二十年》）即是主张交替使用软硬两手来管理民众。这里所谓"宽以济猛，猛以济宽"就是主张"德"与"政"、"礼"与"刑"相互补充的意思。在儒家看来，"礼"与"刑"都是管理国家的基本法规，缺一不可。当然，儒家认为"礼"比"刑"更重要。因为礼是戒人作恶，刑是惩人之恶。一个是禁于前，一个是罚于后；一个是使百姓近善远罪，一个是对

---

① 黎红雷. 儒家管理哲学 [M]. 广州：广东高等教育出版社，1997：202.

百姓判罪惩罚。其优劣一目了然。

　　用刚柔相济的原则带好队伍，总会碰到一个问题，那就是奖和罚的实施问题。古代众多思想家、政治家达成了共识——必须赏罚分明，韩非子主张："诚有功，则虽疏贱必赏；诚有过，则虽近爱必诛。"(《韩非子》) 唐太宗李世民用最精练的语言阐述了赏罚分明的原则："赏当其劳，无功者自退；罚当其罪，为恶者咸惧。"(《贞观政要》) 赏罚严明是治军的基本原则。在对军队管理方面，《孙子兵法》尤其注重"赏"和"罚"。孙子认为，通过合理运用"赏"和"罚"，可以激励军队的作战士气，并针对这一点提出了一系列精辟的原则和方法。①

　　2. 无为而治

　　"无为而治"的管理思想是中国古代管理哲学中极具特色的著名思想，被认为是管理的最高境界。提起"无为而治"，人们一般都认为这只是道家的主张。其实这是一种误解。"无为而治"其实是儒、道、法三家共同的理想，并在一定时期内发展为一种管理实践。儒家对自然是非常推崇的。孔子说："无为而治者其舜也与？夫何为哉？恭己正南面而已矣。"(《论语·卫灵公》) 并对无为而治的管理原则进行了形象的比喻。在《礼记·中庸》中，孔子指出："夫政也者，蒲卢也。"即对人的管理过程应像植物（蒲卢）的生长过程那样自然。道家则主张："圣人处无为之事，行不言之教。"(《老子》二章)。并一再强调"无为而不为"(《老子》三十七章)。法家代表人物之一的韩非提出"明君无为于上，群臣竦惧乎下"。(《韩非子·主道》)

　　虽然儒、道、法三家都有无为而治的思想，但在具体手段上是有差别的。道家认为"道法自然"，因而主张以清静无事来达到无为而治。法家认为应"君主集权"，因而强调以专制手段来达到无

---

　　① 董丽苹. 我国古代军队系统管理的基本特征 [J]. 社会科学，2001 (5)：75 - 78.

为而治。而儒家则认为应"为政以德"主张以道德导向来达到无为而治。总的来说，儒家所倡导的无为而治，从现代意义上讲，有以下几层含义：

首先，领导者要注意自己的道德修养，从而起到上行下效的作用。这样一来，下层就能自觉地按照道德准则去行动，处理好各自的事情，所以最高领导者不必绞尽脑汁去考虑具体任务，更不必费尽心机去指挥别人做这做那，而只需集中精力制定和带头实行道德规范。这也就是道德导向的"无为而治"。其次，领导者对于下属必须高度信任，充分放权，即所谓"任官得人，无为而治"。再次，古人认为，治国就像治水一样，要顺其自然，行其所无事。这就要求管理者"巧于使民"、"惠而不费"、"为而不为"，从而达到"无为而治"的管理极致。用句通俗的话说，就是要实行"不管之管"的领导方式。这种方式并不是要放任自流。按当代混沌理论的话来讲，就是要借微观无序之手来达到宏观有序之目的。换句话说，"宏观调控，微观搞活"应是无为而治的精髓。

3.4.4 社会组织结构的混沌观

由现代混沌论可知，混沌和分形是事物同一种规律的不同表现，这种统一的规律出现在时间分布上表现为混沌，反映在空间分布上则表现为分形。而分形的重要特征就是自相似性。即局部与整体之间存在着某种相似性。这种特征使得分形的结构虽然变化无穷，极尽复杂。却能够用极少的信息表述出复制它所需的全部信息。因此，分形由于自相似性而具有了一种从简单进入复杂的能力，成为一个在简单中孕育复杂、将无限融于有限的统一体。

在中国古代的管理哲学中，已不自觉地出现了分形概念的萌芽。主要表现对事物之间同构性的认识，这是由于古人往往用"比象取类"的直观方法对事物进行归纳和比附所造成的。如五行说诞生以后，人们便认为宇宙间有无数个与五行同构的子系统。如食分五味（酸苦甘辛咸）、夜分五更（甲乙丙丁戊）、位分五方（东南西北中)、身分五脏等。而在管理哲学中,这种同构性则主要表现为家国同构的概念。它主要来自于宗法制度。自"传子不传贤"之后,天子家族的大宗、小宗统治全国,国君与家长是一回事;加上治国与治家有某些相似之处,于是国君便是大家之长,家长便是小家之君。封建的家天下、家长制便在中国实行了几千年。

从对人的管理的角度来讲,儒家对"家天下"制度并不反对,并且认为"齐家"的经验可以直接用于"治国"。管理家庭成员与管理社会成员的道理是一样的。《大学》指出:"所谓治国必先齐其家者,其家不可教,而能教人者无之。故君子不出家而成教于国。孝者,所以事君也;弟者,所以事长也;慈者,所以使众也。"正因为儒家哲学的背景是以宗法血缘关系为基础的社会制度。为适应这一背景,儒家把"家"作为社会组织中的基本单位,也是培养国家管理者的重要课堂。人们在家庭中所接受的道德教育,可以直接用来管理国家。即所谓"君子不出家而成教于国"。对于那些担负治理国家、教化民众之责的官员来说,他的家治理得如何,对治国影响很大。所谓"一家仁,国兴仁;一家让,国兴让"国家官员首先应"宜其家人,而后可以教国人"。其所作所为首先"为父子兄弟足法,而后民法之也。"不能从自己家做起,就不够从政的资格。一句话:"家齐而后国治。"

显而易见,儒家对社会组织结构的认识具有浓厚的分形思维,即认为:家庭作为基本单位构成了纷繁复杂的社会,一个家庭是整个社会的缩影,含有整个社会的全部信息。所以,治家与治国是相似的,对家庭成员的管理和对社会成员的管理在方法论上是基本相通的。也就是说,管理家庭成员的经验可以直接用来管理民众。家庭管理得井井有条,社会也会治理得秩序井然。

3.4.5 经权结合——管理方法论的混沌观

中国古代哲学中的经权观,对现代人力资源管理理论来讲,是一种有重要指导意义的实践方法论。管理哲学中的"经",指常行不变的原则、义理、法则等。"权"即为变。在我国古代占统治地位的儒家管理哲学，就是以"执经达权"、经权结合的方法论为其根本特征的。在儒家管理哲学中，正己安人、修身治国是其根本精神，也就是管理中的"经"。《礼记·中庸》把上述的"经"细分为九项具体的内容，称之为"九经"。从这个意义上讲，所谓"九经"，实际上就是治理国家的九条基本原则。在儒家看来，作为治理国家的基本原则，对"九经"必须始终坚持。但是，如果在坚持原则的同时，不依据实际情况适当变通，那就反而有害于管理之"经"的贯彻。所以，"权"对于管理之道来说，同样是十分重要的。儒家权论的根本特点就在于主张权不离经，只有通经才能行权。

我们知道，人力资源管理是对人的管理，人的思想深受自然和社会环境的影响，而自然和社会却无时不在变，无处不在变。所谓"变动不居，周流六虚，上下无常，刚柔相易，不可为典要，唯变所适。"（《周传·系辞下》）。由此看来，无论对自然或人类社会，变本身就是"易"，变本身就是"经"。因此，在所谓一定不变的"经"之中，本身就包含着"变"的内涵。对于管理者来讲，只有"执经"与"达权"相结合，才能达到一定的管理效果。如在选人用人的问题上，既要坚持中正之道，又要敢于打破常规。焦循《正义》云："唯贤则立，而无常法，乃申上'执中'之有权。"既要有一定的基本标准，又要不拘一格地选拔任用人才，对于治理国家或管理企业，道理是相通的。从以上我们可以看到，儒家的经权观，有着浓厚的混沌思辨色彩。

如上所述，中国儒家人力资源管理思想具有现代混沌思维的雏形，这种现象不是偶然的。正如袁闯在《混沌管理》一书中所指出的："与西方社会的科学传统相比较，中国传统文化在本质上是混沌的、模糊的、综合的、整体的，而以混沌最能代表其特征。建立在这种文化基础上的管理也是如此。"① 中华文明是人类历史上唯

---

① 袁闯. 混沌管理 [M]. 杭州：浙江人民出版社，1997：2.

一没有中断过的古老文明，中国传统文化对国人的影响之深是显而易见的。总结这份遗产，对于丰富现代管理哲学，发展现代管理理论，指导我国的人力资源管理实践，具有特别重要的意义。

混沌理论告诉我们：在一个复杂系统中，有序与无序，确定性与随机性，稳定性与不稳定性有机地统一在一起。我们既要看到事物复杂的一面，又要去探求复杂性背后那些规律性的东西。人力资源管理理论与实践中，那些长久以来行之有效的规章制度及管理方法，需要我们去遵守与遵循；但是，我们绝不能完全照搬套用，要随着组织内外环境的变化，给予一定的灵活性。简单来说，就是要正式契约和心理契约并存；程序管理和情商管理并举。若用一句话表示复杂系统管理思想的话，古代先贤老子的"治大国，若烹小鲜"应是最好的总结。

3.5　古代人力资源管理系统思维的现代意义

我们知道，世界上没有尽善尽美的方法论，也没有不带局限性的思维方式。朴素的系统思维和与之紧密相连的思想观念，曾经使中国先人们充分发挥了自己的聪明才智，创造了当时世界上最灿烂的文化，但同时也成为中国社会创建近代文明的一个强大阻力。对于这种思维方式的局限性和阻碍作用，限于篇幅，不属于本章所讨论的内容。但不管怎样，我们必须清楚地看到，建设适应当今社会的新文化，从而实现中国人力资源管理的现代化，只能以中国现有文化及传统思维方式为起点，而难以做出别的选择。正如一个人不能离开他的身体来实现他的成长一样，现代化的实现不可能不以本民族的文化及传统思维方式为主体，不可能也不应该将本民族所有的东西全部抛弃，而全盘换上别人的东西。事实上，任何一个民族的传统的东西都有其独具的特色，又都不可能是完美无缺的。中华民族既然在历史上为人类做出过巨大贡献，能够屹立几千年，先于世界东方而不败，那么其传统思维方式必然深藏着许多宝贵的东西。在引进外来先进管理理论和经验的同时，挖掘整理传统文化的先进部分，做到正确处理本国传统文化和外来文化的关系。在人力资源管理系统理论的研究方面，把中国传统的系统思维方式与西方当代系统理论相结合，建立适合中国国情的有关人力资源管理的系统理论。笔者认为，对提高我国人力资源管理水平，进而对世界人力资源管理理论水平的进一步提高，都是十分必要的。

本章新观点：

    用一般系统论、现代耗散结构理论以及现代混沌理论对中国古代有关人力资源的管理思想进行了新的诠释。

第 4 章

西方有关人力资源管理系统思维的沿革
——从线性思维到复杂性思维

4.1 概 述

自古以来，人们一直沿用自然科学的线性思维方式对社会组织进行管理，从古希腊到近代莫不如此。但是，"人"是复杂的，社会组织自然也是复杂的。古近代的西方人在管理实践中，对其复杂性逐渐有所认识。在古希腊——古罗马——中世纪时期的人力资源管理思想中，虽然简单朴素的线性思维方式占据统治地位，但间或有一些系统思维的火花；倡导人性解放的文艺复兴运动的兴起，是历史发展的必然结果，它直接推动了西方人力资源管理思想由线性思维向复杂性思维的阶段性转变。工业革命前后时期，虽然以机械论为主的线性思维开始走上舞台，但人力资源管理的复杂性思维不仅在理论，而且在实践中也初露端倪，开启了现代人力资源管理复杂性思想的先河。

由于自然科学发展水平决定了人们对社会的认知方式，所以，对于社会现象，人们常常使用同时代对自然世界的认知理念，或相应时代的技术的、物理的和生物的自然科学概念加以说明与应用。

在古希腊，与对大自然的认知一样，人们把每个人的社会地位归因于君权神授，是不可改变的。这一时期，先哲们的人力资源管理思想是直观的、朴素的线性思维方式。虽然偶尔有一点系统思维的火花，但只是片段的，不自觉的。

由于生产力的进步，古罗马时期的人力资源管理思想已经具备了一些系统思辨的色彩，而且在人力资源管理实践中有所体现，但只是零星的、不自觉的。在对人性假设的认识上，奴隶还是被当做"牲口"来看待，其本质还是线性思维方式。

中世纪前后，一方面，人们在认识自然方面取得了一些进步，科学技术取得了一些进展，要求解放生产力；而只有人性得到解放，才能使生产力真正得到解放。文艺复兴运动的兴起，使人们对人性的认识有了许多进步。但另一方面，当时的科学技术深受机械论的影响，西方社会对人的管理思想都基于一种"群氓"假设，使人力资源管理思想还是具有深深的线性思维烙印。

自工业革命以来，是一种分析的、还原论的思维方式。这种思维方式忽略了实在的关系特征和整体性，把自然现象还原为机械运动，并试图把这种思维方式运用于社会现象。如 17 世纪，托马斯·霍布斯力图把伽利略和笛卡尔的运动定律从力学移植到人类学和社会学中。18 世纪，重农主义的绝对国家经济模型如同那时的机械装置。① 在工业革命前后时期，出现了雇佣劳动与劳资关系问题。使人力资源管理问题成为人们在企业管理实践中必须面对的课题。自此以后，复杂性思维方式逐渐融入西方社会的人力资源管理思想之中。

4.2 古希腊时期——直观、朴素的线性思维方式

古希腊时期，人们刚刚走出蒙昧，生产力极其低下，对自然科学仅限于简单直观的认识。无论是泰勒斯把世界不变的始基规定为

---

① ［德］克劳斯·迈因策尔著，曾国屏译. 复杂性中的思维［M］. 北京：中央编译出版社，1999：305－307.

水的学说，还是赫拉克利特把世界不变的始基规定为火的学说；无论是恩培多克勒把世界不变的始基定为 4 种元素的学说，还是德谟克利特等人把世界始基定为不变的原子的学说。一个共同特征就是都坚持着某种微观不变的简单性观念①。作为意识形态的人力资源管理思想，自然也离不开线性思维方式。

1. 苏格拉底的管理思想

苏格拉底是古希腊时期著名思想家。他认为管理具有普遍性。例如，他说，"管理私人事务和管理公共事务仅仅是在量上的不同"。两者的管理技术是可以完全互相通用的。其实，管理是一项专业性很强的工作。不同行业的管理有很多地方并不相通。雅典人按照苏格拉底的主张经常轮换其军队和市政府的领导人。所以，当面对敌方精良军队所摆出的"马其顿方阵"时，只能是束手无策了②。

2. 色诺芬的管理思想

色诺芬是古希腊一个出色的历史学家和作家。他认为，家庭管理应该成为一门学问。由于古希腊奴隶制是建立在奴隶主对生产资料和奴隶的私有制基础上，生产活动由家庭来完成。因此，这里的"家庭管理"相当于现在的企业管理。

在讨论色诺芬的"家庭管理"之前，我们先要认识到"简单"与"复杂"之间的区别，并不像我们直觉认为的那样鲜明。③ 许多系统貌似简单，但仔细考察时却显示出显著的复杂性（如树叶）。另外一些貌似复杂，却可以简单地描述，例如，某些机器（如内燃

---

① 邹焜. 古代哲学中的信息、系统、复杂性思想 [M]. 北京：商务印书馆，2010：4.

② 郭咸刚. 西方管理思想史 [M]. 北京：经济管理出版社，1999：14.

③ Nicolis, G. and Prigogine, I. (1989) Exploring Complex. New York：Freeman and Co.

机)①。由于"家庭管理"涉及"人",而人是"社会关系的总和"(马克思),所以"看似简单"的古罗马家庭人力资源管理系统,实际上是复杂系统。

在《经济论》一书中,色诺芬主张对奴隶的管理应该严厉。但应有所区别,对顺从的奴隶给予较好的待遇,对不听话的奴隶应给予较差的待遇,这种观点已具备现代人力资源激励的雏形,但色诺芬在人性假设方面本质上是线性思维:如在他看来,奴隶与牲畜没有什么区别。

色诺芬还提到了分工问题,"他们可以一个人做男鞋,一个人做女鞋。或者由一个人把衣服裁好,另一个人再把它缝起来,只做一种最简单工作的人会无条件地把工作做得更好,这是必然的"②。他认为分工是必要的,可以提高产品质量。但他没有把分工所引发的协作等人力资源管理系统方面的问题,进行进一步的考虑。

3. 柏拉图的管理思想

柏拉图一生著述颇丰,其名著之一是《理想国》。该书中主要也是研究分工问题。但与色诺芬不同的是,他把分工问题的研究拓展到了国家层面。

在柏拉图看来,一个国家中,应该有专门从事各种行业的人,而每一个人从事哪种行业或职务,这要取决于人们的秉性,是由先天决定的。他力图证明体力劳动者和脑力劳动者都是天生的,彼此绝对不能改变和交换。在柏拉图的理想国中,奴隶只是会说话的工具,根本就没有列入国家的组成阶层内。

由于在古希腊的现实生活中,并不存在柏拉图所希望的"共产主义"。所以,为维系现实社会的稳定和发展,柏拉图在《理想国》中开出的药方是:实行一种由精英、最智慧者("哲学王")

---

① [南非]保罗·西利亚斯著,曾国屏译.复杂性与后现代主义——理解复杂系统[M].上海:世纪出版集团,2006:3.
② [古希腊]色诺芬.经济论·雅典的收入[M].北京:商务印书馆,1961:44.

管理国家的贵族统治制度。① 在柏拉图看来，依靠理想的、聪明的和善良的政治家，社会即可保持稳定和发展，人们就会安居乐业。对于这种忽略人类社会复杂性的线性思维方式，在一个古希腊城邦的小城市中，也许是正确的。然而，真实的历史经验已经表明，甚至有教养的、有智慧的政治领导人也难逃滥用权力的诱惑。②

4. 亚里士多德的管理思想

亚里士多德是古希腊少有的百科全书式学者，他对当时各类学科都有精深的研究。所以其著述颇多，而其管理思想主要体现在《政治论》和《伦理学》两书中。和柏拉图一样，他也把奴隶制度看作是自然的结果。他认为：天之生人，有宜于从事脑力劳动者，有宜于从事体力劳动者，即"天赋人性"的思想。这和我国孟子的"劳心者治人，劳力者治于人；治人者食人，治于人者食于人，天下之通义也"有异曲同工的效果。显然，他认为人力资源系统中的各元素可以是一成不变的。

亚里士多德还从经济上论证了奴隶制度的必要性。他认为，人类为了取得生活资料必须要有工具。工具有多种多样，有的是无生命的，有的是有生命的。奴隶是有生命的工具。③ 没有认识到奴隶也是人类社会系统的组成部分。

值得一提的是，在国家管理方面，亚里士多德已不自觉地具备了现代混沌思想，例如，他指出，所建立的成文法规不应该一成不变，必须凭人类无数的个别经验进行不断的变革，但从维护法律和政府的威信考虑，变革不宜频繁。④ 用系统语言来说，就是法律的

① Blatonis Opera, 5vols. J. Burnet. Oxford（1899～1906）（especially Politeria, Politi-kos）；Cf. Cross, R. C/Woozley, A. D.：Plato's Republic. A philosophical Commentary. London（1964）.

② ［德］克劳斯·迈因策尔著，曾国屏译. 复杂性中的思维［M］. 北京：中央编译出版社，1999：308.

③ ［古希腊］亚里士多德. 政治学［M］. 北京：商务印书馆，1997：113.

④ 彭新武. 西方管理名著赏析［M］. 北京：高等教育出版社，2008：26 - 27.

变动性与稳定性相结合。

综上所述，限于当时的生产力发展水平，古希腊时期的管理思想家们，其人力资源管理思想是直观的、朴素的线性思维方式。虽然偶尔有一点系统思维的火花，但只是片段的，不自觉的。

4.3 古罗马时期——线性思维方式仍占统治地位，间或有一点系统思维的火花

古罗马没有管理方面的专著①，但是，可以从古罗马时代的哲学家、思想家等的论述中发现一些有价值的管理思想。

1. 贾图的管理思想

贾图在其著作《论农业》中，提出挑选管家的 9 条守则，其中的第 8 条"对爱护牲口的奴隶应当奖励"，这比"奴隶就是会说话的牲口"的简单线性思维进步不少；另外，他还具体地指示奴隶主给管家和牧羊奴隶的粮食要比干重活的奴隶少。也就是说，奴隶内部也要有等级的划分。用系统语言来说，系统内部要分层次，只有这样，系统结构才会更稳定，工作起来才会更有效率。

2. 瓦罗的管理思想

瓦罗也著有《论农业》一书。他写道：只要监工能用语言来达到目的，就无权用鞭子来强制执行纪律（刚柔相济，尽量用柔的方法）。在挑选监工时，最好选择一个结过婚的奴隶，因为婚姻使人更为稳定和依附在一个地方，如果付给监工报酬，他就会工作得更愉快。② 这里可以看出，某些奴隶可以得到报酬。用系统语言来说，系统内部的层次更分明了。

3. 珂鲁麦拉的管理思想

由于当时的生产效率十分低下，珂鲁麦拉主张在坚持严格管理

① 郭咸刚. 西方管理思想史［M］. 北京：经济管理出版社，1999：18.
② 郭咸刚. 西方管理思想史［M］. 北京：经济管理出版社，1999：19.

的同时，相对扩大奴隶的生产自主权，把奴隶变成农奴，以便能够提高农业收成。① 这一思想已有了现代系统理论中混沌管理思想的雏形。

　　从上述可以看出，由于生产力的进步，古罗马时期的人力资源管理思想已经具备了一些系统思辨的色彩，而且已用于人力资源管理实践中，但只是零星的、不自觉的。在本质上基本上还是线性思维方式。

4.4　中世纪前后时期——线性思维仍占主导地位，但对人性的认识已渐趋复杂性

　　在这一时期，西方社会的管理思想由重农主义转向重商主义，一些国家开始奉行贸易立国。生产工具也有一些改进，人们对自然的认识开始走向精确。同时，英国的"圈地运动"促进了手工业的发展，为后来的英国工业革命打下了基础。但总的来说，由于受封建制度的束缚，这段时期的经济发展相对来说还是比较缓慢的。

　　与古希腊、古罗马时期相比，这个时期的生产力虽然已经有了较大的发展，对人性的认识也有了许多进步。但这一时期，西方社会对人的管理思想还是都基于一种"群氓"假设。公众只是"群氓"，社会必须实行强制性的独裁统治②。当然，这种线性思维方式是与当时的自然科学思维方式相一致的。

　　1. 阿奎那的管理思想

　　托马斯·阿奎那的代表作《神学大全》被誉为中世纪经院哲学的百科全书，可见其研究成果之广泛与丰富。但其管理思想与当时

---

　　①　张文昌、于维英. 东西方管理思想史 [M]. 北京：清华大学出版社，2007：180.

　　②　[美] 梅奥. 工业文明的社会问题 [M]. 孙耀君主编，西方管理学名著提要 [C]. 南昌：江西人民出版社，1995：101.

的生产力水平是相符合的，仍然是线性思维方式。

在中世纪，西方封建社会内部等级森严，各等级封建主拥有数量不等的庄园、农奴和武装，组成一座以国王为主的金字塔。

阿奎那认为这种制度不仅必要而且合理，他认为人有高低贵贱之分；有道德、智慧的人是天然贵族，有权有钱人或其继承者是后天贵族，他们都应享有地位或统治权；他认为这是上帝安排的自然秩序与社会法制。所以每个人都应该安分守己，这样的话，"就可以使人类处于一种比较和平的境地"。①

2. 马基雅维利的管理思想

尼古拉·马基雅维利在其《君主论》、《佛罗伦萨史》、《罗马史论》等著作中，阐述了许多管理思想及管理原则。

马基雅维利对人性的认识类似于 X 理论，即"性本恶"，"关于人类，一般可以这样说：他们是忘恩负义的、容易变心的，是伪装者、冒牌货，是逃避危难、追逐利益的。"② 所以他认为必须用强制手段对人进行管理和控制才能达到目标、完成任务，而这种强制性是可以不顾道德准则的。如果把这个原则用于国家管理方面，当一个王国处于存亡关头时，君主为了达到目的，可以抛开所有道德借口而不择手段，这就是著名的马基雅维利主义。

与前人坚持权力为"君权神授"的线性思维相比，马基雅维利对权力来源的看法进步了许多。他认为，无论是君主制还是民主制，都要依赖于群众的支持，即权力是自下而上的，而不是自上而下的。这与中国古代"载舟覆舟"的系统动态理论不谋而合。

所以马基雅维利的管理思想虽然带有浓厚的线性思维色彩，但不乏系统思维的闪光点。

3. 托马斯·霍布斯的管理思想

托马斯·霍布斯著有《论政体》、《利维坦》、《对笛卡尔形而

---

① 郭咸刚. 西方管理思想史［M］. 北京：经济管理出版社，1999：26.

② ［意］马基雅维利. 君主论［M］. 北京：商务印书馆，1985：80.

上学的沉思的第三组诘难》等。他继承了培根的唯物主义经验论的观点，把逻辑的思维看作是观念的加或减的机械运算，认为几何学和力学是科学思维的理想楷模。他力图以机械运动原理解释人的情感、欲望，从中寻求社会动乱和安宁的根源。

托马斯·霍布斯在其名著《利维坦》一书中，提出了一种机械论的近代社会和国家的模型。他认为国家是人们为了遵守"自然法"而订立契约所形成的，是一部人造的机器人。霍布斯坚定地相信主权是一种绝对的权力，它既不受限制，也不可分割。对主权者的任何约束都将使社会契约形同虚设，将使得一切重返人人自危的自然状态。

4. 欧洲文艺复兴对管理思想发展的影响

文艺复兴运动在人类历史上第一次确立了社会人文主义精神，对传统的人性论与封建专制提出挑战；而且，由于文艺复兴运动的影响，引发了西方的宗教革命，出现了尊重人及关注人的福利的新教伦理。从这里开始，西方世界终于对人的复杂性有所认识。

（1）提倡人性解放。文艺复兴时期的主要社会思潮为人文主义。它的核心是：肯定人，注重人性，要求把人、人性从宗教束缚中解放出来，要求人的个性解放和自由平等。提倡认识自然、造福人生。对人的认识的进步是人类历史的一个巨大飞跃。而但丁的《神曲》、薄伽丘的《十日谈》、塞万提斯的《堂吉诃德》以及莎士比亚的戏剧等，这些脍炙人口的作品对人文主义思想的发展起到了不可忽视的推动作用。显然，文艺复兴运动对人的认识的深化，是对过去线性思维的人性论的一场革命，对以后行为科学的兴起有着潜在影响。

（2）宗教改革——鼓励个人奋斗。文艺复兴时期的宗教改革摧毁了封建教会的精神枷锁，为后来的工业革命提供了精神上的储备。其中，加尔文提出了"上帝选民"的概念，这种新的宗教伦理把宗教与尘世间的生活联系起来，使人们在现实生活及工作中找到了精神支柱。为个人奋斗提供了思想的、理论的、甚至宗教的依据。然而，我们必须看到，虽然这种新的宗教伦理鼓励个人奋斗而取得成功；但只是在自己的"天职"上成功，而"天职"则是上帝所分配的。所以，这里的变动是在维持封建秩序前提之下的。这一点倒是与现代系统论中的混沌理论有几分相似之处。综上所述，中世纪前后，一方面，人们在认识自然方面取得了一些进步，科学技术取得了一些进展，要求解放生产力；而只有人性得到解放，才能使生产力真正得到解放。文艺复兴运动的兴起，是历史发展的必然结果。但另一方面，当时的科学技术深受机械论的影响，使人力资源管理思想也打上了线性思维的烙印。如笛卡尔认为，所有物质的东西，都是为同一机械规律所支配的机器，甚至人体也是如此。这种线性思维方式在当时很有代表性。因此，在中世纪后期，虽然对人性的认识已渐趋复杂性，但人力资源管理的思维方式基本上仍是线性的。

4.5 工业革命前后时期——以机械论为主的线性思维开始走上舞台，而复杂性思维不仅在理论，而且在实践中也初露端倪

在手工业时代，一般都是家庭作坊、师徒关系、手工劳动、简单协作。工业革命为大生产提供了动力供给。在许多行业，机器生产取代了手工劳动，产生了大工厂与现代企业。与此相适应，"人是机器"为代表的机械论开始走上管理思想的舞台。另外一个问题就是，大工厂在带来高效率的同时，也带来另一个问题，就是雇佣劳动与劳资关系问题，工人与工厂主既是合作伙伴，又是生死冤家。现代人力资源管理问题成为人们必须面对的课题。

在对人性的认识方面，伏尔泰的贡献甚巨。他提倡卢梭所倡导的天赋人权，认为人生来就是自由和平等的，一切人都具有追求生存、追求幸福的权利，这种权利是天赋予的，不能被剥夺，这种天赋人权思想，与文艺复兴时期有关人性解放的思潮相比，对封建专

制主义与教会教条主义的打击更加彻底；对彻底解放生产力，推动当时的资产阶级革命有着巨大的影响，也是以后人力资源管理思想发展的一个重要渊源。

而在企业人力资源管理框架体系建设方面，不能不提到孟德斯鸠，在其《论法的精神》一书中，提到了我们熟悉的三权分立原则，第一次提出权力制衡的思想。现代企业制度中的股东大会、董事会及总经理之间的制衡结构应该就是受到该思想的启发。

拉美特利认为：人的精神活动决定于人的机体组织；思想只不过是大脑中机械活动的结果，人的灵魂与自动机的齿轮传动装置相同①。

笛卡尔认为动物是没有感觉能力的简单的自动机，而人体功能以机械方式发生作用。这种机械的社会观，后来由重农主义者作了进一步地阐述，他们运用了笛卡尔力学框架的物理模型，在其因果决定论中排除了任何种类的自我调节或个体自由，完全相应于绝对主义政治系统。公民被归结为一架政治和经济机器中发挥功能的元素②。

拉美特利从物质具有运动力和创造力的基本观点出发，批判地继承了笛卡尔的"动物是机器"的思想，进一步得出"人是机器"的结论。拉美特利主张用有感觉、有精神的、活的机器这一新概念来说明人，人的机体组织是类似钟表那样纯粹由物质的机械规律支配的自动机。

1. 萨伊的管理思想

萨伊在其名著《政治经济学概论》中所论述的内容，在今天看来还很有意义。他认为：很多人对分工的看法不全面，分工固然使

---

① ［德］克劳斯·迈因策尔. 复杂性中的思维 ［M］. 北京：中央编译出版社，1999：2.

② ［德］克劳斯·迈因策尔. 复杂性中的思维 ［M］. 北京：中央编译出版社，1999：315.

一个人对某种工作干得又快又好，但他的别项才能将逐渐消退，作为一个人来说他实际上退化了。萨伊说："一个人如果一生中除制造扣针的第十八工序外，没干过其他工作，说起来将是多么难过啊。""在离开共同工作的人以后，个人便没有力量，没有自主能力，而不得不接受雇主加在他身上的任何条件"①。这时，工人已沦为机器的附属品。所以把工人当做"机器零件"或"螺丝钉"的观点是有其工业生产背景的。

2. 欧文的管理思想

作为一个空想社会主义思想家，罗伯特·欧文已经为世人所熟悉。但同时他还是一位对管理思想做出了重要贡献的实践家。据欧文自己宣称他的工厂获得 56% 的利润，还说后来达到了 100%②虽然欧文把工人当"活机器"看待，是一种典型的线性思维方式，但和其他人把工人当"螺丝钉"看待相比，还是有其积极意义。例如，在批评当时的企业主们只重视机器、设备（死机器），而没有也不愿意在员工（活机器）身上多加注意时。他说："用在工人（活机器）上面的钱可以使你们获得 50% ~ 100% 的报酬，而用在机器上的钱只能得到 15% 的报酬。对待活机器的经济学：是使他干净清洁，用和善的态度对待他。"③ 这客观上对提高工人待遇、改善当时糟糕的劳动环境有积极作用。

欧文从根本上否认以强制性和惩罚为主要手段的管理方法，而是在其管理实践中贯彻以教育、感化为主要手段的柔性管理方法。可以说，欧文是第一个强调要善于利用人力资源的思想家及实践者，为后来的人际关系和行为科学理论做了前期探索。所以被称为

---

①　[法] 让·巴蒂斯特·萨伊著，陈福生、陈振骅译. 政治经济学概论 [M]. 北京：商务印书馆，1963.

②　[美] 丹尼尔·A. 雷恩. 管理思想的演变 [M]. 北京：中国社会科学出版社，2000：73.

③　[美] 克劳德·小乔治著，孙耀君译. 管理思想史 [M]. 北京：商务印书馆，1985：76.

现代人事管理之父。①

3. 李嘉图的管理思想

在《政治经济学及赋税原理》一书中，大卫·李嘉图提出了关于经济人的群氓假设：即，第一，社会是由一群群处于无组织状态的个人组成的；第二，每个人都从个人生存和个人利益出发，在精确权衡利弊后采取行动；第三，每个人都竭尽全力为实现上述目标而合乎逻辑地进行思维和行动。他力图通过这些特定的线性和机械性假设来减少经济社会实在的复杂性。从这个假设出发的必然结论是，对这些群氓只能用绝对的、集中的权力来统治和管理。

4. 斯密的管理思想

亚当·斯密是西方古典经济学的创始人，是公认的经济学祖师，也是管理学的重要先驱。总的来说，其经济学理论，仍沿袭线性思维方式。如他把引导着微观利益的"看不见的手"比作天文学中"看不见的"万有引力。② 另外，在其著作《国富论》中，亚当·斯密把分工的产生归结为人的利己性，"经济人"是其分工理论的基础。其实，在他的另外一本著作《道德情操论》中，亚当·斯密论述了利他主义伦理观（"道德人"），"经济人"和"道德人"都出现在亚当·斯密的著作中，看起来很矛盾（即著名的"斯密悖论"）。亚当·斯密自己对"道德人"进行了说明。他写道："屠夫、酿酒师、面包师在欺骗他人且能轻易逃脱惩罚的情况下，会出卖劣质肉、酒和面包吗？他们可以选择不那么做，因为这样做可能会使他们失去最重要的东西，那就是自我形象"。因此，每个人对自己"私利"的追求是建立在有道德的基础上的，即必须以利他为前提。亚当·斯密强调：人还应该有同情心，有道德，懂

---

① 张文昌、于维英. 东西方管理思想史［M］. 北京：清华大学出版社，2007：221.

② ［德］克劳斯·迈因策尔著，曾国屏译. 复杂性中的思维［M］. 北京：中央编译出版社，1999：318.

得爱自己，也爱别人，这才是一个符合人性的人。从这个意义上说，这种将"经济人"和"道德人"结合在一起的"符合人性的人"，才应该是亚当·斯密的"理想人性"。①

5. 尤尔的管理思想

安德鲁·尤尔在其《制造业的哲学》一书中，系统分析了制造业的原则和生产过程。他把企业分为机械系统、道德系统和商业系统。毫无疑问，道德系统牵涉到复杂性问题。查尔斯·杜平对企业中工人的作业进行了详细的观察和分析，提出了要寻求最佳工业措施的思想，他特别关心企业中人的因素，探讨了人的积极性发挥问题。②

6. 巴贝奇的管理思想

查尔斯·巴贝奇（Charles Babbage），英国数学家、发明家、科学管理的先驱者。他进一步发展了亚当·斯密关于分工的思想，更全面地分析了分工能带来高效率的原因。其超越亚当·斯密之处在于他把分工和报酬结合起来的思想，他指出，实行分工之后，可以根据任务的复杂程度安排不同的工人去完成，从而支付不同的工资。③

巴贝奇一方面对死的机器及操作过程进行了精确分析和安排，另一方面也关注生产过程中活的因素——人的作用。例如，巴贝奇认为：劳资双方是有共同利益的，可以通过分配制度得以体现。除了日常劳动所得外，工人可以按照对生产率的贡献大小获得利润的一部分；如果提出有利于生产改进的建议还可以得到奖金。巴贝奇提出的这套报酬制度，把工人的利益与企业目标结合起来，对缓和劳资关系、消除相互之间的隔阂，是有其价值的。

---

① 彭新武. 西方管理名著赏析［M］. 北京：高等教育出版社，2008：113 – 114.

② 张文昌、于维英. 东西方管理思想史［M］. 北京：清华大学出版社，2007：217.

③ ［美］丹尼尔·A. 雷恩. 管理思想的演变［M］. 北京：中国社会科学出版社，2000：79.

工业革命前后时期的管理思想主要是以技术和工作效率为研究对象，对"人"的问题还没有引起重视，也就是说，没有把"人"当"人"看。只是与死机器略有不同的"活机器"而已。且各自针对不同的微观管理问题展开研究，没有进行系统的概括和总结。欧文之所以称为空想社会主义思想家，就是因为其以偏概全的线性思维模式。"他的理论在他的工厂取得成功，但用于社会则以失败而告终"。①

人力资源管理思维方式是与生产力发展水平紧密相连的。从其演进历程来看，虽然古希腊、古罗马的先哲们能注重对自然界和人类社会整体性、统一性的认识，但限于那时的生产力发展水平，他们缺乏对整体事物各个细节的认识能力，所以当时的系统思想必然带有浓厚的猜测性质。反映到人力资源管理思想方面，其系统思想大都是一些片断的、局部的认识。是对人类社会管理的一些笼统的、模糊的观念。这些先哲们的系统观是这样认为的：社会组织依赖"君权神授"，以及对奴隶们执行严格纪律就可进行有效的管理。同样地，这种观点反映到对人的认识方面，出现奴隶是"牲口"等人性方面的线性思维理念也就不足为奇了。

综上所述，从古代到近代，西方人力资源管理思想经历了一个从线性思维到复杂性思维的渐进过程。从奴隶制、封建制、手工业，最后到大工业的发展过程，对人力资源管理思想不断提出新的要求。其中，尤其是文艺复兴时期的宗教改革，摧毁了封建教会的精神枷锁，倡导人性解放。为人力资源管理的复杂性思想提供了丰厚的土壤。而工业革命后的大机器生产，带来了雇佣劳动与劳资关系问题。使人力资源管理问题成为人们在企业管理实践中必须面对的课题。从这时候开始，人力资源管理的复杂性思维不仅在理论上，而且也逐步走上管理实践的舞台。尽管在其后的科学管理时代，人力资源管理的线性思维仍占主导地位，但是，同时代的工业

---

① 郭咸刚. 西方管理思想史［M］. 北京：经济管理出版社，1999：72.

心理学，已经对人的复杂性研究形成体系。因此，我们完全可以说，工业革命前后时期是人力资源管理线性思维逐步走向复杂性思维的一个转折点。

诚然，近代机械观也把世界看作一个整体，但这种整体观并不符合系统思想，因为系统思想的核心是强调整体不等于部分之和。但即使在那时，在对人的管理思想方面，仍不乏当今系统思维的光辉。到了现代，以泰罗为代表的古典管理理论虽仍有机械论的色彩（经济人假设），但已开始注重人性问题。今天，与自然科学领域一样，系统思维已深入人力资源管理的理论与实践之中。

4.6　科学管理理论时期——以机械论为主的线性思维占据主导地位，而复杂性思维已在实践中得以体现，并散见于许多文献中，但未形成理论体系

20世纪初，虽然走在科学技术最前沿的物理学经历了一些重大的革命。如产生了以不确定性关系为特征的量子力学，然而，薛定谔和海森堡的量子形式仍然保持着线性①。这说明了线性思维模式在当时仍占主导地位。这就决定了人力资源管理思想仍然只能是以线性思维方式为主。②

众所周知，泰罗开创了科学管理的新时代。首先，我们必须承认，泰罗制的主要不足之处，并非像人们通常批评的那样，在于它忽视人的因素③。如他在《科学管理原理》中写道：资方和工人之

---

①　[德] 克劳斯·迈因策尔. 复杂性中的思维 [M]. 北京：中央编译出版社，1999：2-3.

②　向佐春. 试论西方人力资源管理思维方式的沿革 [J]. 南开管理评论，2000 (5)：55-59.

③　[美] 丹尼尔·A. 雷恩. 管理思想的演变 [M]. 西方管理学名著提要 [C]. 南昌：江西人民出版社，1995：7.

间的亲密协作是现代科学或责任管理的精髓①。他指出：用秒表对每个工人干活所需时间进行细致的观察，这还是比较容易完成的。但 300 多工人的精神状态和习惯的改变却只能慢慢地实现②。在人力资源管理形式方面，泰罗努力通过减少工人疲劳、科学地选择工人，使工人的能力适合工作的需要以及刺激性的工资制度等来实现最大限度的个人发展和报酬。但是在对人的管理思想方面，泰罗制认为，人不过是能学习的机器，人通过被动训练而成为效率机器，而这种训练所依据的方法，完全是对作业过程的精确研究而得到的。只要采用了这种方法，效率的提高就是必然结果。其确定的因果关系，完全与当时的科学研究方法相同。

吉尔布雷思夫妇的管理思想也是以线性思维为主，但不乏系统思维的闪光点。如他们认为，影响工人工作成效的因素有很多。仅就信仰与工作成效的关系来说，一个信教的砌砖工人在建造一所他所信奉宗教的教堂，与他建造一所与其信仰不同的教堂时的情况相比，态度和效率肯定是完全不同。③ 其对人性的认识已接近"社会人"假设。

在法约尔的管理理论中，其人力资源管理思维方式从总体上来看是线性的。在其名著《工业管理和一般管理》中可以看到，他认为，人们在适应整体利益的工作中，无知、贪婪、自私、懒惰、懦弱以及人类的冲动总是使人为了个人的利益而忘掉整体的利益。④他的整个管理思想正是建立在这个"理性经济人"假设基础之上的。

但是，我们也应看到，在法约尔的管理思想中，亦不乏当今的复杂性思维。如他对管理"原则"的解释是："处于偏爱，我将采

①② ［美］泰罗.科学管理原理（A）.载：孙耀君主编.西方管理学名著提要［C］.南昌：江西人民出版社，1995：61 – 71.

③ 张文昌、于维英.东西方管理思想史［M］.北京：清华大学出版社，2007：2394.

④ 郭咸刚.西方管理思想史［M］.北京：经济管理出版社，1999：136.

用原则这个词，但是我在使用它时丝毫不愿把它同死板联系在一起，因为在管理事务中没有任何东西是一成不变的，或者是绝对的。……我们很少把同一原则重复运用于类似的情况；必须考虑到不同的和各种变化的情况……"① 在组织理论方面，他指出："为了建立一个有效的组织，仅仅把人们组织起来［分配到各个部门］并划分责任还远远不够；必须了解如何根据需要改造成有机整体，如何发现核心人物并让其发挥最大的作用。"② 法约尔在《工业管理和一般管理》一书中还谈到了人员的稳定性原则，他指出，人员应有一定的稳定性，但变动也是不可避免的和必要的，这与现代自组织理论中的自稳定和突现机理是一致的。在谈到社会组织的组成时，他认为，社会组织是一个有机体，"个人在社会组织中起一种类似与细胞在生物体中所起的作用"，"动物的神经系统同企业的管理部门非常相似"。③

韦伯的行政管理体系（又称官制体系）在当时为人们提供了"理想"而又实用的组织形式。韦伯认为，人类的希望在于理性化，重要的是制度、法规和正式职务，而不是个性；是逻辑和预见性，而不是非理性的感情和不可预计的后果④。韦伯所主张的官制体系有如下特点：①在职能专业化的基础上进行劳动分工；②严格规定的等级层次结构；③明确划分责权的规章制度；④人际关系的非个性化；⑤系统化的工作程序；⑥以业务能力为选拔和提升的唯一

① ［美］丹尼尔·A. 雷恩. 管理思想的演变［M］. 北京：中国社会科学出版社，2000：240.

② ［美］丹尼尔·A. 雷恩. 管理思想的演变［M］. 北京：中国社会科学出版社，2000：247.

③ ［法］法约尔. 工业管理和一般管理［M］. 西方管理学名著提要［C］. 南昌：江西人民出版社，1995：84-85.

④ ［美］沃伦·本尼斯. 组织发展与官制体系的命运［M］. 西方管理学名著提要［C］. 南昌：江西人民出版社，1995：273.

依据①。

　　尽管官制体系在当时有效地解决了组织的内部协调和外部适应的问题，但它的弊端亦相当明显。1966年，美国当代著名组织理论家沃伦·本尼斯（Warren Bennis）在所发表的《组织发展与官制体系的命运》一文中，指出了官制体系的10项缺陷：其中，①妨碍个人的成长和个性的成熟；③忽视非正式组织的存在；⑦内部交流沟通受到压制和阻隔；⑩扭曲个性结构，使职工变成阴郁、灰暗、屈从于规章制度的所谓"组织人"②。相对于韦伯的官制体系，谢泼德、伯恩斯和斯托克等人提出了"有机结构理论"，他们认为，韦伯的官制体系最严重的缺陷是把组织当作毫无生命的机器，所以内部结构处处表现出"机械"式的特点。有机系统是取代机械式系统的最自然的结论③。其实韦伯本人后来也批评他帮助建立的这一组织工具，他感到，"早晚有一天世界上会充满了齿轮和螺丝钉式的芸芸众生"；"一想到这种可怕的前景就令人不寒而栗。"④

　　韦伯的思维方式本质上是线性的。如他认为：管理人员的升迁应完全由他的上级来决定，下级不得表示任何意见，以防止破坏上下级的指挥系统。所以，早在1966年，美国著名组织理论家沃伦·本尼斯就指出，官制体系今后不可能继续成为人类组织的主要形式了。因为官制体系组织的某些方法已经完全脱离了当代社会的现实。今后25~50年，我们大家都将目睹并参与埋葬官制体系。⑤

　　对古典管理理论做出贡献的还有厄威克、古利克等人。

---

　　①②　［美］沃伦·本尼斯.组织发展与官制体系的命运［M］.西方管理学名著提要［C］.南昌：江西人民出版社，1995：273.

　　③　［美］沃伦·本尼斯.组织发展与官制体系的命运［M］.西方管理学名著提要［C］.南昌：江西人民出版社，1995：277.

　　④　［美］沃伦·本尼斯.组织发展与官制体系的命运［M］.西方管理学名著提要［C］.南昌：江西人民出版社，1995：273-274.

　　⑤　［美］沃伦·本尼斯.组织发展与官制体系的命运［A］.载：孙耀君主编.西方管理学名著提要［C］.南昌：江西人民出版社，1995：270-283.

总体而言，在这一时期，自然科学取得了突飞猛进的发展，牛顿物理学、细胞学说等为人类认识事物的各个细节提供了有力的分析工具。以此为基础，人类在许多领域取得了巨大的成就。这时，机械论成为当时科技哲学的主流也就不足为奇了。

可以看出，当时的思想家们认为，精密的机器设备远比简单的"经济人"要复杂得多。其实，这是人们没有认清"复杂"与"复合"之间的区别。"喷气式飞机是复合的，而蛋黄酱是复杂的"①。复杂系统通常与活事物联系在一起，如细菌、大脑、社会系统等。无疑，人力资源管理系统远比任何机器设备要复杂得多。

总体而言，在这一时期的人力资源管理思想，沿袭了自然科学的机械方法论，表现在对人性的认识上，把人看作是千篇一律的"理性经济人"。虽然某些学者的人力资源管理思想中带有一些系统的、有机的观点，但只是以片段的形式散见于他们的著作中。

4.7 "社会人"时期——随着"社会人"时代的到来，复杂性思维方式正式进入了企业人力资源管理领域

说到"社会人"时代的起止年份问题，正如美国管理学家和管理史专家丹尼尔·A. 雷恩所说："管理思想中的时代从来不会在某一年份截然地开始或结束。相反地，存在着旋律的重叠，各种主题在大调、小调的各种调式的变换中演奏出来。……'社会人'产生于科学管理时代的后期，但直到20世纪30年代才引起较多的注意。"②

其实在泰罗的管理思想占统治地位的同时，人们已经开始注重

---

① [南非]保罗·西利亚斯著，曾国屏译. 复杂性与后现代主义——理解复杂系统[M]. 上海：世纪出版集团，2006：4.

② [美]丹尼尔·A. 雷恩. 管理思想的演变[M]. 北京：中国社会科学出版社，2000：307.

人的心理方面的研究，只是被淹没在科学管理的浪潮中罢了。在这方面的研究工作者有：甘特、福莱特、莉莲·吉尔布雷斯、谢尔顿等管理思想家及胡戈·蒙特斯伯格和亨利·丹尼森等工业心理学家们。而最值得一提的是德国心理学家、群体动态理论的创始人卡特·勒温，他认为人的心理、人的行为决定于内在需要和周围环境的相互作用，为此提出了他的著名行为公式 $B = f(P, E)$，即人的行为是个人与环境相互作用的函数或结果。①

意大利的社会学家维尔弗雷多·帕雷托在 1896～1917 年间发表了一系列讲演和著作，他把社会看成是相互依存的单位或要素组成的一个错综复杂的群体。也就是一个社会系统具有许多子系统②。

霍桑实验使西方管理思想在经历了早期的管理理论和经典管理理论后，进入了行为科学的理论阶段。通过霍桑实验人们终于在人群中发现了人的一些内部规律，这就是当时的人际关系学说，它提出了与当时流行的科学管理思想不同的一些新观点。认为人是"社会人"，影响人的劳动积极性的因素，除了物质利益外，还有社会的心理因素。每一个人都有自己的特点。应该把职工当作不同的个体来看待，当作社会人来看待，而不应将其视作无差别的孔器或机器的一部分。

从亚当·斯密提出"经济人"的观点开始，经李嘉图的"群氓"理论对人性研究的补充，到泰罗对人性的探讨，都是沿着人的经济行为的轨道开始构建人性大厦的。以泰罗为代表的古典管理理论虽然对人的因素作了一些考虑，但其核心是指导人们按科学理性的思维来进行管理。我们知道，人们的思想并不完全是理性的，而是由本性支配的，因而只有通过理解人的本性，才可以揭开人们心灵的秘密，才能真正地懂得人们为什么有这种行为，而不是另一种

---

① 卢盛忠等. 组织行为学——理论与实践 [M]. 杭州：浙江教育出版社，1993：19.

② ［美］哈罗德·孔茨. 管理学 [M]. 北京：经济科学出版社，1993：8.

行为。这也是 21 世纪早期情况下如何对待日益尖锐的劳资关系而需要解决的问题。在这种情况下，系统思维进入人力资源管理领域也就成为理所当然的事情。

这时，人们对人性的复杂性、社会性及人力资源管理的系统性的认识有了进一步的发展，并陆续出现了一些有关这方面的专著。这表明人力资源管理的系统理论已开始引起人们的注意。值得一提的是，现代管理理论中带有浓厚系统思维的社会系统学派（巴纳德）、带有复杂性思维色彩的人际关系学派（梅奥）等都是从这时开始创立的。这些理论的提出，使人们开始对人的社会行为方面进行研究。自此以后，许多的管理学家、社会学家和心理学家从行为的特点、行为和环境、行为的过程以及行为的原因等多角度开展对人的行为的研究，形成了一系列的理论，使行为科学成为现代西方管理理论的一个重要流派。此时，复杂性思维终于正式开始进入西方人力资源管理思想领域。

4.8 "管理理论丛林"时期——随着时间的推移，以线性思维为主的流派和以复杂性思维为主的流派各占一席之地

这一时段的早期，出现了以梅奥和巴纳德为代表的管理理论。这些理论都是以复杂的、动态的系统观点来看待人性及对人的管理问题，从而使复杂性思维正式进入了人力资源管理领域。

现代管理理论丛林代表着管理理论的复杂性、渗透性、交互性和灵活性，其本身也说明了管理是一个复杂的过程，是一个随着时间、环境、人员的不同而不同的函数。另外，也反映了现代管理理论的繁荣和兴旺。管理理论自"科学管理"时代发展到今天，已形成了诸多管理理论学派（更具体一点说，共有 11 个学派）①，称其

---

① ［美］哈罗德·孔茨. 再论管理理论的丛林［M］. 西方管理学名著提要［C］. 南昌：江西人民出版社，1995：48.

为管理理论的丛林，是一点也不为过的。其中，系统管理学派、人际关系学派、群体行为学派、权变学派等，在人力资源管理方面已有复杂性思维的雏形。下面，由于篇幅关系，只选择几种有代表性的学派进行分析。

1. 与复杂性思维为主的流派举例

社会系统学派的创始人巴纳德认为，一个组织的生存和发展有赖于组织内部平衡和外部适应。① 他认为，所有的活动都应以信息交流为依据。② 在管理思想史上，巴纳德第一次将信息问题列入组织要素之中。

人际关系学派的代表人物梅奥等人认为，工人并不是把金钱当作刺激积极性的唯一动力的"经济人"，而是在物质之外还有社会和心理因素的"社会人"。所以新型的领导能力就是要在"正式组织"的经济需求和工人的"非正式组织"的社会需求之间保持协调与平衡。这样才能弥补古典管理学理论的不足，解决劳资之间乃至整个"工业文明社会"的矛盾和冲突。③ 梅奥曾运用完形心理学的概念解释产业工人的行为，认为影响因素是多重的，没有一个单独的要素能够起决定作用，以后这成为他将组织归纳为社会系统的理论基础。在其著作《工业文明的社会问题》一书中，他批评了"群氓"假设的线性思维方式，他认为，必须对实际生活中人际关系的复杂性进行深入探求。他指出，一旦抛弃"群氓"观念，就能获得惊人的效果。④ 他最后提到，遗憾的是，迄今为止，如何协调好适应性社会中的人际关系仍然是文明世界面临的

①② ［美］巴纳德. 经理人员的职能［A］. 载：孙耀君主编. 西方管理学名著提要［C］. 南昌：江西人民出版社，1995：317－327.

③ ［澳］梅奥. 工业文明的社会问题［A］. 载：孙耀君主编. 西方管理学名著提要［C］. 南昌：江西人民出版社，1995：96.

④ Mayo, Elton, The HumanProblems of an Industrial Civilization, New York：Macmillan，1933，P. 118.

一项重大问题。①

群体行为学派的代表人物利克特在《管理的新模式》中写道：高效企业所创造的新型管理模式最核心的特征是：将组织转变成高度协调、高度激励和合作的社会系统。他们最重要的哲理和信念是：领导者应该把下属和员工当做有血有肉、有独立人格的人，不只是"机器上的齿轮和螺丝钉"。② 他强调要以人力资源的管理为核心，强调创建管理人的行为的新体系，并突出地阐述了著名的"支持关系理论"和"工作集体理论"。他同时又指出，普遍适用的"领导规则"是不存在的，实际研究表明：管理过程极为复杂，有些领导方式在一定场合非常有效，在其他场合就未必有效。③

系统管理学派的主要著作有：约翰逊、卡斯特、罗森茨韦克三人合著的《系统理论与管理》；卡斯特、罗森茨韦克合著的《组织与管理：系统与权变的观点》。他们把一般系统理论应用于工商企业管理，系统阐述了系统观点、系统分析、系统管理三者的关系。

由福瑞斯特（Forester）创立的系统动力学理论指出：社会系统是在非平衡状态下运动、变化发展的，应按照非平衡动态的观点来研究这一类系统的问题。他认为，人力资源管理系统是兼有自组织系统特性与人造系统特性、而以前者为主导的复杂开系统。一个企业的人力资源管理系统具有复杂系统的全部特性。如反直观性、全局与局部利益的矛盾、长短期效果的矛盾、向低效益发展的倾向等④。

① Mayo，Elton，The HumanProblems of an Industrial Civilization，New York：Macmillan，1933，P. 120.

② ［美］利克特. 管理的新模式［A］. 载：孙耀君主编. 西方管理学名著提要［C］. 南昌：江西人民出版社，1995：217－224.

③ ［美］利克特. 管理的新模式［M］. 西方管理学名著提要［C］. 南昌：江西人民出版社，1995：213.

④ 王其藩. 高级系统动力学［M］. 北京：清华大学出版社，1995：86－90.

权变理论学派是从系统观点来看问题的，权变的意思就是权宜应变，其理论基础是洛希与莫尔斯合著《超 Y 理论》一文。在文中我们可以看出：作者主张，企业人力资源管理的方式要因人、因事而异。即人力资源管理系统要有动态适应性。

继《超 Y 理论》之后，夏恩又提出了"复杂人"假设。"超 Y 理论"对人的认识是因人而异，人和人不同。"复杂人"假设则认为一个人在不同年龄段、不同时间和地点会有不同的表现，所以还应因时、因地而异。

可以认为，西方人力资源管理理论存在以下从线性到复杂性的规律性认识：

在对人性的认识方面，经历了一个从"经济人——社会人——超 Y 理论——复杂人"的认识过程。

在对人的管理体系的认识方面，则经历了一个从"官制体系——上下之间信息交流的对话体系——高度协调、高度激励和合作的、与环境相互作用的开放系统"。

2. 以线性思维为主的流派举例

迄今为止，以线性思维方式为主的流派仍然占有很大的一席之地。下面我们以具较大影响的经验学派和管理科学学派为例来加以说明。

经验（或案例）学派认为，管理学者和实际管理工作者通过研究各种各样的成功和失败的管理案例，就能理解管理问题，自然地学会有效地进行管理①，其线性思维的痕迹十分明显。

戴尔是经验学派代表人物之一，他认为，管理知识的真正源泉就是大公司中"伟大的组织者"的经验。② 只要对他们的失败或成

---

① ［美］哈罗德·孔茨. 再论管理理论的丛林 ［M］. 西方管理学名著提要 ［C］. 南昌：江西人民出版社，1995：48.

② ［美］欧内斯特·戴尔. 伟大的组织者 ［A］. 载：孙耀君主编. 西方管理学名著提要 ［C］. 南昌：江西人民出版社，1995：377.

功经验作为案例来进行研究，就能理解各种管理问题，从而就能对组织进行有效的管理。对此，孔茨指出：管理经验固然重要，但是，管理学毕竟不是法律学，不能以前例为依据，而且未来的情况同过去正好相似的现象是十分罕见的。过于依据未经提炼的过去的管理实践经验是很危险的。①

经验学派的观点与古希腊苏格拉底的观点形成了有趣的对比。针对管理问题，一个否定特殊性，一个否定普遍性。

谁也不否认研究管理经验或分析过去管理过程的重要意义，但是，管理学毕竟不是法律学，不能以前例为依据，社会人文环境的变化、科学技术的迅猛发展及人们价值观念的转变，使过去行之有效的管理技术或方法，不见得适用于未来的情况。只有以探求基本规律为目的去总结经验，才有助于管理原则或理论的提出或论证。

数学（或"管理科学"）学派认为：只要管理，或组织，或计划，或决策是一个逻辑过程，就能用数学符号和运算关系来予以表示。这个学派的主要方法就是模型，②借助于模型可以把问题用它的基本关系和选定目标表示出来。虽然它在很大程度上也赞同从人的心理角度来研究管理，倡导用心理学、行为科学和精神病学来研究管理。③ 问题在于管理科学全盘保留了自然科学中的理想化、模型化等线性思维方法，而这两者即使在自然科学中也已证明了不是万能良药。我们承认，在今天，理想化与模型化方法在科学研究过程中仍是非常有用的，但管理理论的目标却主要是人。从社会学角度看，人是"社会关系的总和"（马克思），这已经够复杂的了，但尚且未论及人的生物的、生理的特性。毋庸置疑，人力资源管理系统

① ［美］哈罗德·孔茨. 再论管理理论的丛林［A］. 载：孙耀君主编. 西方管理学名著提要［C］. 南昌：江西人民出版社，1995：51.

② ［美］哈罗德·孔茨. 再论管理理论的丛林［A］. 载：孙耀君主编. 西方管理学名著提要［C］. 南昌：江西人民出版社，1995：43 – 60.

③ 袁闯. 混沌管理［M］. 杭州：浙江人民出版社，1997：135.

是一个复杂系统。尽管人们的行动可以有计划性，但是全局的发展趋势却是非线性相互作用的结果。① 而在一个非线性的复杂的现实中，单纯的线性思维是危险的。② 换句话说，数学（或"管理科学"）学派基本上可以说是"科学管理"的带有某些修正的发展。③

在这里，之所以强调某些学派"以线性思维为主"，而强调另一些学派"以复杂性思维为主"。是因为那些"以线性思维为主"的学派间或也有复杂性思维，反之亦然。如经验学派的德鲁克指出，世界上并不存在一种唯一正确或普遍适用的不变的组织机构。在谈到组织环境适应性时，德鲁克强调，企业必须防止对外隔绝和近亲繁殖，应注入新的、不同的、外界的观点。④ 德鲁克指出：任何一种组织机构都应满足一些必要条件如稳定性和适应性、明确性等。他对明确性的解释带有浓厚的混沌思辨性质。他说："明确性同简单性不是一回事，有些看来简单的组织机构却缺乏明确性，而有些似乎复杂的组织机构却有高度的明确性。"⑤

而某些学派虽然是"以复杂性思维为主"的学派，但有些方面亦有线性思维的痕迹。如洛希指出：群体行为学派确实提出了如何实现企业内部协作和协调的问题，但是其代表人物利克特简单地认为，所有员工都有同样的需要，要用同样的方式去激励和推动。⑥

---

① ［德］克劳斯·迈因策尔．复杂性中的思维［M］．北京：中央编译出版社，1999：15．

② ［德］克劳斯·迈因策尔．复杂性中的思维［M］．北京：中央编译出版社，1999：18．

③ ［美］卡斯特、罗森茨韦克．组织与管理——系统与权变的观点［A］．载：孙耀君主编．西方管理学名著提要［C］．南昌：江西人民出版社，1995：404－431．

④ ［美］彼得·德鲁克．管理：任务、责任、实践［A］．载：孙耀君主编．西方管理学名著提要［C］．南昌：江西人民出版社，1995：353－375．

⑤ Drucker. Management：racks，responsibilities，practices. London. Heinenen. 1974，pp. 368－369．

⑥ ［美］杰伊·洛希．组织机构与设计［A］．载：孙耀君主编　西方管理学名著提要［C］．南昌：江西人民出版社，1995：432－440．

4.9　当代管理理念的复杂性特征

在当代自然科学中，从激光物理学、量子混沌和气象学，直到化学中的分子建模和生物学中对细胞生长的计算机辅助模拟，非线性复杂系统思维已经成为一种成功的求解问题的方式。[①]　与此相适应，社会科学也认识到，人类面临的主要问题也是复杂的和非线性的。今天，管理方法论趋向多元化已成为时代潮流。事实上，当今天的管理学界开始涉及诸如不确定性、非线性、非平衡、随机性、权变、社会人等名词时，传统的线性思维方法论已不再具有重要地位。新的管理方法论需要适应现代社会的新变化，也要适应现代科学技术的新发展。

众所周知，现代管理理论有非常多的流派，且每一个流派都有自己值得骄傲的核心理论。在如此众多的管理理论所构成的"丛林"中，实际上真正成为管理方法论的基本路线只有两种：一种是标准的、规范的、数量化的、分析的、确定的、超越在管理者和被管理者之上的路线；另一种是混沌的、不确定的、随机的、参与的路线。然而，真正成为管理方法论的正确路线的，恰恰应当是两者的有机结合[②]，正因如此，各学派之间在各自的发展过程中，正互相取长补短，互相融合。

具体到人力资源管理理论方面，各学派理论的融合更是顺理成章的，这是因为，由于人力资源系统是自生秩序与创生秩序的综合集成体。[③]　一方面，我们为严格劳动纪律，维持企业生产秩序，需要相对固定的规章制度和量化的考核指标，对人力资源进行直观

---

　　①　克劳斯·迈因策尔著，曾国屏译. 复杂性中的思维 [M]. 北京：中央编译出版社，1999：1.

　　②　袁闯. 混沌管理 [M]. 杭州：浙江人民出版社，1997：137.

　　③　梁钧平. 人力资源管理 [M]. 北京：经济日报出版社，1997：8 - 10.

的、"简单的"管理；另一方面，由于人的复杂性，我们又必须辅
以其他的混沌的、"复杂的"方法来调动人们的劳动积极性。

当前，这种人力资源管理的复杂性思维方式还不断地被引入到
其他管理理论之中。试举例如下：

（1）全面质量管理理论。该理论认为，质量管理是全体员工的
事，各层次、各部门人人有责，每个人的工作质量都与其他人相互
联系、相互影响，体现了人力资源管理的一般系统论观点；另外，
PDCA循环螺旋上升的思想方法，充满了辩证哲学的光辉：将质量
变异原因分为"一般因素"和"特殊因素"的分析；在分析SPC
图时，要区分"偶然因素"和"系统因素"等，更是体现了混沌
思想。又如，分析任何质量问题时，都必须综合考虑"5M1E"（劳
动者、机器、原材料、加工方法、计量因素、加工环境）等因素，
并据此绘出层次分明、逻辑清楚的"因果图"，该图直观反映了人
与客观环境相互影响的辩证关系，充分体现了质量管理的整体观、
层次观。

（2）学习型组织理论。在系统动力学理论基础上，借助该理论
基本内涵的"五项修炼"模型：其创始人彼德·圣吉倡导，组织的
领导人应改变过去那种静态、片段的思考方式，带领普通成员一道
开始系统思考、深度沟通，时刻注意组织内外环境的细微变化，才
能发现组织运作过程中的潜在危机，把问题消灭在萌芽阶段。体现
了现代系统理论中的一般系统观和混沌观。

（3）企业再造理论。在传统工业时代，人们总是将组织狭义地
理解为一种静态结构。即通常把组织划分为各个职能部门，员工根
据各自的职业技能被划分到一个个部门之中。企业再造则打破了这
种思维定式，将原来金字塔式的管理层次转变为扁平型管理，将决
策与执行的分离转变为团队在过程中的统一；它使企业更具人性
化，将等级制管理方式转变为参与式管理方式。

从这些管理学科的发展可以看出，企业各方面的发展都将日益

依赖人力资源作用的发挥。在当前知识经济时代，人力资源素质日益提高。如何采用适当的激励措施，合理利用组织的人力资源，是摆在我们面前的中心任务。

另外，虚拟企业、供应链、价值链等新现象、新思想的出现，使企业人力资源管理理论及实践边界日益模糊，对人力资源管理的复杂性理论及实践都提出了新的要求。所以，长远来看，正如美国管理学家哈罗德·孔茨（Harold Koontz）所说，管理理论丛林中，各派理论合一的前景将是很美好的①。

4.10 当代人力资源管理理论带有浓厚的复杂性思辨色彩

4.10.1 当代人力资源管理最新理论反映了西方社会对人的复杂性的深层思考

自孔茨1980年发表《再论管理理论的丛林》一文以来，西方新的管理思想正在形成，而且处在不断演化之中。其中有一个比较突出的特点是，西方的管理思想明显地向人本回归，对于人的研究大大增强了。从美国来看，早在20世纪80年代，美国就已出版了一些在这方面具有深远影响的书，其中《寻求优势》《Z理论》《企业文化》《日本的管理艺术》等是最具有代表性的，反映了西方社会对人性、对人的复杂性的深层思考。

托马斯·彼得斯是美国当代最负有盛名的管理学大师，其著作《追求卓越》和《志在成功》在世界管理学界产生了巨大影响。他有关人的"两重性"的思想，指出了今天企业中员工浓厚的个性化色彩。在对人性的认识上，他继承和发扬了权变理论观点，显然，在人力资源管理的复杂性理论中对人性的认识方面，他比前人的思

---

① ［美］哈罗德·孔茨. 再论管理理论的丛林［M］. 西方管理学名著提要［C］. 南昌：江西人民出版社，1995：48.

想大大地深化了一步。①

　　科特是美国哈佛大学商学院有影响的管理学者，他对企业人力资源管理中关键的因素，即领导和管理提出了新的看法。他认为管理的中心内容是控制，因此管理系统和组织结构的唯一目的，就是帮助普通人日复一日地用普通方式成功地完成日常工作，它既不具有刺激也不具有诱惑力，这就是管理。而领导的行为是不同的，要战胜障碍实现远大的远景目标，就需要不时激发出非凡的力量，而某些激励和鼓动过程则能带来这种力量。它不是通过控制机制将人们往正确的方向上推，而是通过满足人们的基本需要来达到目的，即满足人们的成就感、归属感、自尊感，让他们觉得自己已得到认可，能掌握自己的命运，实现自己的理想。科特提出："主导当今社会的是无数的综合企业组织，培养和发展足够的领导兼管理型人员帮助经营这些企业是一个巨大的挑战，是我们必须迎接的挑战。"② 可以看出，按照科特的观点，现代人力资源管理迫切需要他所说的"领导兼管理"型人才（具有复杂性思维的人才）。

　　企业文化理论发展到现在，已成为一个众所周知的名词，以企业文化建设作为管理的一部分，具有非常明显的复杂性方法论特征，即非规范化、非最优化、不确定性。企业文化概念的普及表明了现代企业人力资源管理复杂性思维的合理性和必然性。

　　由福瑞斯特教授在1956年创立的系统动力学（system dynamics，SD）"……对了解人类动态性复杂系统，提供了全面性的研究方法"③。以此为理论基础，并在进一步吸取行为科学的超 Y 理论与 Z 理论、经验主义和权变理论的精华的基础上，他的学生彼德·圣吉（Peter M. Senge）用10年时间，发展出学习型组织理论的蓝

　　①　郭咸刚. 西方管理思想史［M］. 北京：经济管理出版社，1999：283.
　　②　郭咸刚. 西方管理思想史［M］. 北京：经济管理出版社，1999：285.
　　③　［美］彼得·圣吉. 为人类找出一条新路. 第五项修炼（中文版序）［M］. 上海：三联书店，1994：7.

图。并写出具有很大影响的《第五项修炼——学习型组织的艺术与实务》一书。他的以系统思考为核心，辅以其他 4 种方法——个人进取、共同前景、改善心智模式和团队学习的"修炼"艺术，为企业人力资源管理理论与实践提供了通俗而直接的指导。

在企业管理实践中，面对人力资源管理日趋复杂的情况下，现代的公司已经开始将其大型组织重组和分散化，以使其在问题复杂性不断增加的情况下成功地实现组织战略。例如，他们开始支持新方式的组织流动性，允许迅速地形成以项目为中心的团体，以及按照环境的需要进行重新组合。与采取固定的社会结构组织形式比较，流动性组织采取的是一种较高水平上的人力资源的合作方式，显示了一种极其多种多样的复杂的合作行为。

4.10.2　当前人力资源管理热点问题研究中的系统思维

其实，早在 1966 年，本尼斯就对从那时起的后 25～50 年的人力资源管理做了极有远见的展望。他指出，未来的组织将具有以下几种特征：第一，临时性。组织将变成适应性极强的，迅速变化的临时性系统。第二，围绕着有待解决的各种问题设置机构。第三，解决工作问题要依靠由各方面专业人员组成的集体，且工作集体的构成是有机的，而不是机械的。本尼斯称具有以上特征的机构为"有机——适应性"组织。他指出，在这种组织里，由于工作任务变得更有意义，更具专业性，也更令人满意，从而导致组织目标和个人目标的吻合，从根本上解决企业人力资源管理中复杂的内部协调问题①。

当代人力资源管理实践证明了本尼斯预言的正确性。

近年来，在多元全球化、全球经济危机和低碳化经济的影响

---

① 　［美］本尼斯．组织发展与官制体系的命运［M］．西方管理学名著提要［C］．南昌：江西人民出版社，1995：283.

下，企业的经营环境呈现高度的动态性、复杂性与不确定性特征。这就要求人力资源管理理论对变化了的环境做出相应的反应。

当前人力资源管理理论研究的新热点是胜任素质、员工敬业度、工作—家庭冲突、雇佣关系和跨文化管理等这 5 个方面的问题。[①]

1. 胜任素质研究中的系统思维

（1）胜任素质的含义中的系统思维。之前，在预测工作绩效的问题方面，人们提出多个影响绩效的因素。包括社会阶层、智商、工作技能、教育程度、工作经验和个人品质等。20 世纪 70 年代，美国哈佛大学的麦克发表了"测量胜任素质而非智力"一文。该文指出，传统的性向测验、知识考试与受教育经历都无不能准确预测个人在今后工作上的成功，而胜任素质较之潜能测试可以更有效地预测人们今后工作绩效的高低。

麦克兰德的论文发表以后，在企业管理学界引发了一场被称为"胜任素质运动"的革命，许多学者致力于对胜任素质的研究，并提出了各种"胜任素质"的定义。尽管这些定义在形式上不尽相同，但是在内在本质上基本一致。即胜任素质就是驱动一个人产生优秀工作绩效的各种个性特征的集合，是判断一个人能否胜任某项工作的起点，是决定并区别绩效差异的个人特征。[②] 从定义可以看出，胜任素质的概念涉及个性特征等诸多难以测定的不确定性因素，对胜任素质的研究，无疑是当今人力资源理论复杂性研究的一个分支。

（2）胜任素质研究模型，带有浓厚的混沌思辨色彩。在对胜任素质进行理论研究的基础上，一些学者开始把该理论应用到人力资

---

① 赵曙明. 人力资源管理理论研究新进展评析与未来展望 [J]. 外国经济与管理，2011（1）：1 – 10.

② 赵春清. 胜任素质模型理论在人力资源管理中的应用 [J]. 商场现代化，2007（23）：297 – 298.

源管理实践中，于是出现了各种胜任素质模型。如 1993 年，莱尔·M. 斯潘塞和赛尼·M. 斯潘塞在《工作素质：高绩效模型》一书中提出了大家熟悉的胜任素质冰山模型。该模型指出，胜任素质是指能将某一工作（或组织、文化）中表现优异者与表现平平者区分开来的个人的潜在的、深层次特征，它可以是任何能被可靠测量或计量的，并且能显著区分优秀绩效和普通绩效的个体特征，胜任素质主要有五种类型：动机、特质、自我概念，知识和技能；个人素质犹如一座浮在水中的冰山，其中在"水面上"的知识与技能相对容易观察和评价，是胜任工作和产出工作绩效的基本保证。而"自我概念，特质和动机"潜藏于水面以下，不易触及，必须有具体的行为特征才能推测出来，但它却是左右个人行为和影响个人工作绩效的主要内在原因，水面下越深的部分对于绩效的影响也就越大。

我们可以看到，在"冰山模型"中，"水面上"的内容比较容易观察和评价，属于模型中的确定性部分；而"水面下"的内容难以测量，属于模型中的非确定性部分。也就是说，冰山模型是确定性和非确定性的结合，可见，该模型是混沌理论在胜任素质理论研究中的实际运用。

2. 员工敬业度研究中的系统思维

员工敬业度作为考核企业人力资源管理效率的重要指标之一，用于评价员工在工作和组织中行为、认知和情感上的投入程度。企业如何采取有效措施以提升员工（尤其是新生代员工）的敬业度，已成为目前企业面临的现实问题。

员工敬业度研究源于美国盖洛普咨询有限公司，他们通过对健康企业成功要素的相互关系进行的近 40 年潜心研究，建立了"盖洛普路径"的模型，描述员工个人表现与公司最终经营业绩、公司整体增值之间的路径。其后，学者们纷纷对其概念和结构维度进行研究。其中，Kahn 的定义被公认为比较权威的，他将敬业度定义为个体在促进与他人有关联的工作任务中运用和表达最佳自我的一种状态，其结构维度包括体力、认知和情感三个方面[①]。认知敬业是指员工认识到工作角色的使命，并感到自己掌握了完成工作所需的机遇和资源；情感敬业是指员工对同事产生信任感，对工作和职业发展产生意义感；体力敬业是指员工主动为工作奉献时间和精力。盖洛普公司从敬业度概念构成角度认为员工敬业包括自信、忠诚、自豪和激情四个维度。根据敬业度不同的作用基础，韬睿公司将员工敬业分为理性敬业（rational engagement）和感性敬业（emotional engagement）两个维度；根据员工敬业的不同表征，maslach和leiter将工作倦怠的三个维度（即枯竭、犬儒主义和低效率）的反向表达（即精力、卷入和效能）作为敬业的三个维度。schaufeli和bakker将敬业度划分为活力、奉献和专注三个维度；活力表现为乐于为工作投入精力，即使面对困难也愿意坚持；奉献表现为为工作感到骄傲和勇于面对挑战；专注表现为个体沉浸在工作中，与工作很难分离，感觉时间过得飞快[②]。

员工敬业度研究当前最大的问题在于定义的混乱，学者们在员工敬业度概念的界定上一直以来始终没有达成共识。[③] 这是由于员工敬业度结构维度、边界等的不确定性，以及认知、情感等测定的模糊性所导致的。学者们大多只能从自身研究的角度对员工敬业度做出感性的判断，使得员工敬业度对于提高组织绩效、降低员工离职率的作用及其传导机制难以得到有效的验证和测量。

可以明显看出，无论是员工敬业度的定义还是其结构维度（不管是哪位学者的观点），员工敬业度都是确定性和非确定性的统一，

① Kahn，William A. Psychological conditions of personal engagement and disengagement at work［J］. Academy of Management Journal，1990，33（4）：692 – 724.

② 杨红明、廖建桥. 员工敬业度研究现状探析与未来展望［J］. 外国经济与管理，2009（5）：45 – 59.

③ 赵曙明. 人力资源管理理论研究新进展评析与未来展望［J］. 外国经济与管理，2011（1）：1 – 10.

对它的研究都可以作为人力资源管理混沌理论的一部分。

3. 工作—家庭冲突研究中的系统思维

工作和家庭是人们日常生活的两个主要组成部分，但是由于人们的精力和时间总是有限的，因此也就引发了工作—家庭冲突问题。工作—家庭冲突研究的理论基础主要是角色理论、溢出理论、补偿理论和边界理论。[①] 这里，我们仅以角色理论为例，来阐述工作—家庭冲突研究中的系统思维。

角色理论认为，工作和家庭都可以被看作是角色系统，个体在每个系统中都同时承担着不同的角色。例如，某人在家庭中可能同时是父亲、丈夫和儿子，在工作中也同时扮演着上司、下属和同事的角色。角色代表着一定的社会地位或身份，同时也与一套被期望的行为模式相联系。然而，个体扮演的不同角色所承载的不同角色期望之间往往不相容，就会产生角色间冲突。也就是说，充当其中一种角色往往会使扮演其他角色变得更为困难。[②]

角色冲突理论较好地解释了环境需求对个体工作家庭冲突的影响，但它把工作家庭冲突看作是个体被动适应环境需求的结果，忽视了人的主观能动性，也没有考虑到工作与家庭角色的动态相互作用。[③]

其实我们每个人都是一个角色系统，在不同场合担当不同角色，而且这些角色是相互冲突、相互联系、相互影响的。

4. 雇佣关系研究中的系统思维

对雇佣关系的系统研究，始于 Tsui、Pearce、Porter 和 Hite 发表的概念性论文，他们认为雇佣关系即员工—组织关系，是指组织

① 赵曙明．人力资源管理理论研究新进展评析与未来展望 [J]．外国经济与管理，2011 (1)：1 - 10.

② Kahn R L，Wolfe D M，Quinn R P，et al. Organizational stress：Studies in role conflict and ambiguity [M]. New York：Wiley，1964.

③ 邱林．国外工作家庭冲突研究综述 [J]．华南理工大学学报（社会科学版），2012 (6)：40 - 45.

一方面对员工实施一系列人力资源管理实践，另一方面期望员工做出贡献作为对相关激励措施的回报。为了应对高度动态、复杂和不确定的环境，企业不再将保持员工的忠诚度和维护工作安全作为雇佣关系的基础，而是将提供富有挑战性的工作、富有竞争性的薪酬计划和为员工提供学习与发展机会作为雇佣关系的基础。

雇佣合同和心理契约都是雇佣关系的重要体现，法律领域比较关注合同，而人力资源管理方面的研究则主要关注心理契约。心理契约可以从更详尽和微观的角度对雇佣关系双方的交易内容和关系本质进行分析，所以许多研究者主张用心理契约分析雇佣关系[1]。而心理契约是存在于雇佣关系双方的一系列未书面化的期望，不仅包含工作如何完成、获得多少报酬，也包含员工与组织之间各种形式的权利和责任，强调雇佣双方期望的一致性。

现有的研究对心理契约的本质已经达成一致，即心理契约是内隐的、非正式的和主观的信念，其内容是开放的。心理契约存在于交易关系情境下，相互性是其重要特征。此外心理契约因个体认知和环境的变化而动态调整。

而若要明确雇佣关系，就必须签订雇佣合同。与心理契约相反，雇佣合同是正式的、客观的信念，其内容是双方同意后达成一致的表示，是规定好的。雇佣合同一旦签订，就必须遵照执行。

对雇佣关系的研究告诉我们，组织和员工的关系，应该是雇佣合同与心理契约相结合，也就是确定性和非确定性相结合。

即使从心理契约本身来讲，从一定角度看，其变化发展过程亦具有混沌特性。前面我们说过，心理契约大多是非正式的，并且是隐含的。但我们注意到，在一定条件下，心理契约会向正式契约方向转化，即某些心理契约会变为正式契约的一部分。如在招聘新员工时，除了签订正式契约以外，企业往往还会给出一些承诺，如对

---

① 孙彦玲、张丽华. 雇佣关系研究述评：概念与测量 [J]. 首都经济贸易大学学报，2013（01）：94－103.

员工今后职业发展机会的承诺，这是新员工最为关心的，也是心理契约的主要内容。现在不少企业为了"稳定军心"，将培训等职业发展内容写入了雇佣合同。

对于我国来讲，由于中国文化本质上具有"混沌"特征。在心理契约问题上尤其如此。在人际行为的情感联结上中国人有自己独特的方式和习惯，它既有传统上的重"情谊"轻"实利"的特点，也具有在商业行为中表面上顾及"情面"，私下里计算"实惠"的特征。总之，在对待"契约"的问题上，我国企业人力资源管理的混沌特征更为明显，也更应受到重视。

5. 跨文化管理研究中的系统思维

荷兰管理学者郝夫斯特提出的文化维度理论是跨文化管理领域至今最具影响力的一个理论。① 该理论主要是在民族—国家层面上所进行的比较，可以帮助我们认识和理解不同国家的文化现象，以及透过这些文化维度的不同特征来分析不同国家的文化差异，对西方产生了重大影响，对东西方跨文化管理的深入研究起到了积淀作用。

在文化维度理论的基础上，一些学者从文化差异角度开展了大量跨文化比较研究，其中 20 世纪 80 年代的日美企业对比研究是一个极其重要的阶段。帕斯卡尔和阿索斯（Richard Tanner Pascale and Anthony G. Athos）合著的《日本的管理艺术》中，从结构、制度、战略、人员、技能、作风和最高目标 7 个方面对美日企业进行比较研究，发现美日企业在结构、制度、战略 3 个"硬件"方面没有重大差异，但日企比美企更重视其余 4 个"软件"方面，因此更具市场竞争力。他们还强调："管理不仅仅是纪律，而是具有它自身价值、信念、手段和语言的一种文化。"②

---

① 孟凡松. 西方跨文化管理研究述评 [J]. 商业经济，2010（8）：31 – 33.
② 罗岩石、兰玉杰. 国外跨文化管理研究综述 [J]. 安徽工业大学学报，2013（09）：25 – 28.

值得注意的是，之前的大多数涉及跨文化管理的研究基本都是基于一个潜在假设，即各国文化具有显著的差异性，因此在不同国家应该采取不同的管理方法。但是由于全球化的发展所导致的文化趋同对跨文化管理产生了很大影响，文化趋同性的增强不但导致跨文化管理研究焦点的改变，而且很可能会影响人们对跨文化管理的根本性理解。[①] 而据笔者看来，这种趋同现象正好为系统理论提供了用武之地，因为这正是跨文化管理中混沌现象的体现。在一个企业中，一方面，员工们来自不同文化背景，具有各自不同的文化特征，形成企业中的跨文化冲突；另一方面，文化趋同性的增强，有利于形成员工共同遵守的信念与价值观，这些信念与价值观有利于形成大家共同遵守的企业文化。这样一来，有利于形成文化个性与文化共性的辩证统一。

4.11　结　　论

通过对复杂性的探索，人们已经懂得，在复杂系统中（如人力资源管理系统），有序与无序，确定性与随机性，稳定性与不稳定性有机地统一在一起，世界既是复杂的，又是简单的。不可避免的复杂性与人们在人力资源管理过程中的直观感受相一致，提醒人们应辩证地面对人的复杂性问题。而复杂性背后存在着一定规律又将为人们认识和管理人力资源提供帮助。无论怎样，西方企业中的各项规章制度，正是人们在长期企业管理实践中摸索出的规律性东西，人们必须严格遵守，才能维持企业的运转。但是西方一些企业已经认识到，规章制度的制定应考虑到人的复杂性，应考虑给予员工一定的灵活性，不能把人的手脚束缚得太死，否则会适得其反，会压抑人的积极性和创造性。用一句通俗的话来讲，"宏观控制，

① 赵曙明.人力资源管理理论研究新进展评析与未来展望［J］.外国经济与管理，2011（1）：1–10.

微观搞活"，应是人们进行现代人力资源管理的指导思想。而"弹性工作制"等方法正是这种指导思想在一些现代西方企业人力资源管理实践中的体现。

混沌理论告诉我们：在一个复杂系统中，有序与无序，确定性与随机性，稳定性与不稳定性有机地统一在一起。我们既要看到事物复杂的一面，又要去探求复杂性背后那些规律性的东西。人力资源管理理论与实践中，那些长久以来行之有效的规章制度及管理方法，需要我们去遵守与遵循；但是，我们绝不能完全照搬套用，要随着组织内外环境的变化，给予一定的灵活性。简单来说，就是要正式契约和心理契约并存；程序管理和情商管理并举。若用一句话表示复杂系统管理思想的话，古代先贤老子的"治大国，若烹小鲜"应是最好的总结。

本章新观点：

以西方管理思想史为主要脉络，论述了西方有关人力资源管理的系统思维发展过程，说明了从古希腊到现代，系统思维由浅入深逐渐在人力资源管理思想中占据主导地位的历史演变过程。

第 5 章

企业人力资源管理的一般系统理论

5.1 概 述

　　系统科学是用系统的观念来研究和处理各种复杂事物的科学学科群。而其内部包含着一个基本的核心思想，这就是由美籍奥地利理论生物学家贝塔朗菲在 20 世纪 30 年代末所创立的"一般系统论"。它是一门研究普遍的、非具体的、抽象的一般系统的理论学科。当然，研究一般系统或事物的一般规律是为了解决具体系统和具体问题，如科学研究问题、社会经济问题以及管理科学问题等。对此，贝塔朗菲指出："我认为可以肯定地说：社会科学是社会系统的科学，因此，必须运用一般系统科学的方法。"① 毫无疑问，人力资源管理问题是有关社会科学的问题，企业的人力资源构成了一个相互联系的完整系统。其内部是由许许多多个体及群体（正式的或非正式的）或许多子系统构成。因此，我们可以用"一般系统"的观念来认识它。从而能更明确有效地说明企业人力资源的存在方式及运动变化的规律。

　　一般认为，系统是一定边界范围内相互作用的多个要素构成的有机整体。在这里，系统整体性概念的重要性怎么强调都不过分。从系统理论发展史来看，整体性概念可追溯到古希腊时代。古希腊

---

　　① ［美］贝塔朗菲.一般系统论［M］.北京：社会科学文献出版社，1987：163.

原子论者赫拉克利特在其《论自然界》一书中指出："世界是包括一切的整体"①。同时代的亚里士多德提出了"整体大于部分之和"及"有机整体"的著名论断。而当代系统理论的创始人贝塔朗菲则认为："一般系统论是对'整体'和完整性的科学探索。"② 所以，从某种意义上讲，系统论就是一种整体论。具体来说，整体性概念可分为以下几个基本概念：边界性观念、系统与环境观念、子系统与超系统观念、等级层次观念。此外还包括有序性原理和结构功能原理等。

5.2 相关概念

5.2.1 边界性

边界是系统最基本的要素之一，在现实世界中，任何事物总是表现出一定的有限边界性。系统边界的确定有时很容易。如对生命体，它的表皮就是它的边界。一个国家或地区通常有明确的地理和行政的划分。但是，应当注意的是，一般系统论提到的边界概念是具有一定动态性和相对性的。绝对的、静止的边界只属于那种简单的观察。事实上，所有的边界最终都是动态的。国家和地区的边界常常变动着。对生命体来讲，细胞的膜是流动的，植物和动物的表皮有大量的气孔，现代的城市系统已经失去了原来可以作为边界的城墙，而是形成了大量的输入、输出的通道。所以，稳定的边界也总是无法避免变动所带来的不稳定性。作为企业的人力资源管理系统来说，企业本身在不断地扩充或缩减，与此同时，人力资源也在不断地流动着，因此，企业人力资源管理系统的边界具有更大的模

---

① 北京大学西方哲学史教研室. 古希腊罗马哲学［M］. 北京：三联书店，1957：19.

② 庞元正，李建华编. 系统论控制论信息论经典文献选编［M］. 北京：求实出版社，1989：142.

糊性和开放性。

　　如果将一个系统划分为边界和系内两个部分，这时边界具有双重性。一方面它是系统的一部分，另一方面它又是系统和环境间的中介体，起着护卫系统以及与环境进行交换的作用。在历史上和现实生活中，边界对系统的保护作用是很常见的。如某些宗教组织有着极为严格的加入和退出的规定和手续，并辅之以严格的清规戒律规范其成员的行为，使得这些组织能在恶劣的环境下生存下来。企业人力资源管理系统也是如此，一方面，要严把进人关，保证人力资源的质量。同时，用科学合理的规章制度（包括晋升、分配等）和独具的企业文化来维系其成员的凝聚力。另一方面，和宗教组织不同的是，对于人才，应有来去自由的政策，才能吸引更多的人才。深圳华为通讯公司之所以日益壮大，作为一个民营企业，在该行业占据着重要的位置，与其用人严格把关，人才来去自由的政策是分不开的。

　　应该看到，对边界性的研究还是远远不够的。虽然在控制论、系统论中都讨论了环境与系统的交互作用，并且在系统分析方法中强调了系统边界划分的重要性。在耗散结构理论和协同论中都阐述了开放系统的负熵流对系统发展的制约作用。但有关环境与系统间的交换或交互作用是怎样通过边界进行的，以及系统怎样依靠其边界卫护其自身生存的，是至今所有理论都没有讨论过的[①]。

　　另外，虽然在耗散结构理论、协同论和系统论中都涉及了环境和系统的关系，但都假定了环境是不受限制地对系统起作用的。而实际上，环境只有通过边界才能对系统起作用。边界对系统的生存、发展起着重要作用，有时是决定性的作用。而令人遗憾的是，迄今为止，这还是一块在系统科学中长期被忽视了的领域[②]。

---

　　①② 曹鸿兴. 系统周界的一般理论——界壳论［M］. 北京：气象出版社，1997：14.

5.2.2 系统与环境

有了边界概念，就可以自然地引出"内部"和"外部"这个概念，或者"系统"和"环境"这两个概念。

由边界概念出发，我们可以将系统描述为：系统是边界内部各要素及其全部联系的总和。这个概念强调了系统由边界内多个部分（或要素）构成，以及这些要素之间的相互关系。从方法论上说，系统论强调系统的多元性，主要在于揭示事物内部的联系性，如果没有内部的联系性，那么事物自身的本质和特性都成了不能解释和无法理解的。

环境则是指与系统相关的外部条件和联系的总和。系统论虽然认为系统的内部联系是决定事物性质的根本原因，但是这种内部联系不是孤立的，而是与环境因素相联系的。这种考虑到环境条件对系统内部联系的研究与那种忽略和否认外部联系的机械式的研究方法是完全不同的。

5.2.3 子系统与超系统

子系统又称分系统，也就是系统的各个组成部分或要素。超系统则是指影响"本"系统的重要环境因素与"本"系统相结合而成的更大规模的系统。超系统概念来自于艾根的超循环理论。作为一个利用实验和数学的方法，通过具体的科学研究来回答一般系统及其进化发展的理论，艾根的超循环理论受到了科学界的广泛重视。我国著名科学家钱学森认为超循环是建立系统科学必不可少的理论之一①。特别是作为一种自组织和一般系统进化理论来说，艾根的超循环理论还包含着十分重大的社会发展意义和对社会管理学的重要启示。

从理论起源上说，艾根的超循环理论依赖于达尔文的进化论。

---

① 钱学森等. 论系统工程 [M]. 长沙：湖南科学技术出版社，1982：5.

但是他没有停留于达尔文的原有水平，而是进行了一定的补充和重要的改进。达尔文认为，生物之所以能够进化，重要的原因在于各种不同类型的物种之间的生存竞争和自然的选择、淘汰。这种进化模式对社会系统曾经产生了片面的影响，它成了为强权政治、经济掠夺、损人利己的行为作辩护的理论。甚至在今天，许多人都深深地陷入了这个竞争的旋涡而不能自拔：如果你想生存下来，你就必须击败对手，必须在生存竞争中不停地奋斗，因为最大的成功者也就是最侥幸的"幸存者"。

而艾根则认为：竞争选择的结果并非仅仅是淘汰，还有一个更为重要的结果就是优势互补的综合超系统的建立。在达尔文的理论中，竞争的结果是唯一的，只是一方的胜利和另一方的失败、淘汰。但是艾根的超循环进化原理表明，一个生存群体中的各系统可以经过竞争形成淘汰和选择，但是还可以进入一种超系统综合的发展。当几个系统的各自的产出表现为一个对其他系统更为有利的结果，并且这种利它的关系可以形成一个多单元的因果循环时，系统就会形成彼此相互依赖而不可分割的更大规模的超系统。事实上这种综合的形式不仅仅是对一个系统的竞争有利，而且对于整个经济系统和社会系统的进化和发展都是有利的。

其实，社会本身就是从超系统综合的发展中来的，它本身就包含有利它的、综合的、相互依赖、互助互帮的性质。社会发展到今天，人们知识能力的增长和专门化使得人们不仅仅在企业的生产效率方面大大提高，而且使得人们之间的相互依赖和相互帮助性更强。超系统综合原理事实上体现了当今社会合作发展的科学基础。如果有人认为，在19世纪的进化论中，达尔文的生存竞争理论为人们竞争、利己主义行为提供了科学依据，那么到现在，超循环和自组织理论则重新修正了达尔文模式，而为既分工又综合、既竞争又合作来实现自我利益和更高的共同利益行为提供了科学的依据。

从人力资源管理的角度来讲，员工之间、员工与企业之间、企业与外部环境之间的关系，是超系统综合关系，是一种利它的、综合的、相互依赖的关系。

5.2.4 等级层次观念

我们知道，要素的组织形式就是系统的结构，而结构又可分为不同的层次。在复杂系统中，存在着不同等级的系统层次关系。一个系统的组成要素，是由低一级要素组成的子系统，而该系统本身又是高一级系统的组成要素。这种系统要素的等级划分，就是系统的等级层次性。我们也可以通过上述的超系统概念来说明等级层次观念，即，通过"子系统——系统——超系统"的方式形成的、事物间的包容序列关系就是系统的"等级层次"，它是一种系统所特有的联系方式。等级层次观念的基本内容，可以归纳为以下几个方面：

首先，等级层次结构是物质普遍的存在方式，在生物领域，分子、细胞、器官和机体构成了生物个体的等级层次。宇宙也是一个从基本粒子到原子核，到原子、分子，直到超个体的组织以外的等级秩序系统。社会系统也具有复杂的等级层次结构。人类社会从简单到复杂至少可以划分为以下等级层次：个人、家庭、集体、民族、国家、国际社会。整个人类社会就是这样一个具有不同等级层次结构的庞大复杂系统。

其次，处于不同等级层次的系统，具有不同的结构，并具有不同的功能。一般地说，系统的层次越高，组织性越强，即系统的结构越复杂，功能就越高级。

最后，不同等级层次的系统之间相互联系、相互制约，处于辩证统一之中。在系统的复杂等级层次结构中，高层次的系统虽然居主导地位，但低层次的系统也不是完全被动的，它保持着自己的相对独立性，对系统的高层次乃至整个系统起着重要作用。就人的需要层次来说，生理的需要属于低层次的物质需要，但又是基础，不能满足基本的生理需要，人类就无法生存；交往、成就等属于高层次的精神需要，具有社会性，它使人的生理需要也带有社会意义。

5.2.5　有序性

有序是刻画系统内部联系的存在和联系程度的概念。系统各部分之间有稳定的联系，则系统表现出有秩序的状态，如果不存在有秩序的联系则表现出无序或混乱的状态。各部分间的联系越稳定、越丰富，有序的程度就越高。有序性的基本内容可归纳为三方面：

（1）从系统都有结构的意义上说，任何系统都是有序的，只是有序程度不同而已。也就是说，有序和无序是相比较而言的，是相对的。因此，混乱只不过是一种低度有序状态。自然系统的有序性，是系统演化和适应环境的结果；人工系统的有序性，是社会实践和人工选择的结果。

（2）系统由低级转变为较高级的结构，即有序度提高；反之，即趋向无序，如生物的进化和社会的进步是有序过程，而生物的退化和社会的倒退则是无序过程。

（3）任何系统必须保持开放性，才能使系统产生并且维持有序结构。热力学第二定律表明，对于一个没有热交换的封闭系统，系统的熵趋向增加，最后达到最大值而走向热平衡态，使系统成为"死结构"。任何一个系统，在与外界不发生作用的情况下，必然会出现功能表退现象。相反，对于一个开放的系统，由于系统与环境之间存在着物质、能量和信息的交换，使系统有条件引入负 11 商流，以抵消系统内部的自动熵增。当负熵大于系统内部熵的增加时，就能使系统产生并维持有序结构。可见，保持系统的开放性，是使系统从无序向有序演化的基本前提。

5.2.6　结构与功能

结构和功能是一切系统不可分割的两个方面。它们深刻地揭示了系统内部状态和外部状态的相互关系，因而是人们认识系统及其规律的重要环节。结构是指多个子系统联系的整体形式。也是各要素之间在时间或空间上排列和组合的具体形式。系统正是通过其具体多样的结构实现其具体的组织特性和整体性功能的。因此，正确认识一个系统的性质不仅在于分析系统的子系统性质，每个子系统之间具体联系的性质，而且还必须正确认识多个联系所采取的总的形式。

结构是系统的普通属性，没有无结构的系统，也没有离开系统的结构。无论是宏观世界还是微观世界，一切物质系统都无一例外地以一定结构形式存在着、运动着、变化着。从本质上说，系统的结构是组成要素之间相对固定和比较稳定的有机联系。这种联系（结构）是系统保持整体性和具有一定功能的内在根据，是从系统内部对系统整体性的描述。

而功能是系统内部联系综合作用的外部表现，也是系统在与环境相互作用时所表现出的整体性。任何系统在与环境和其他系统相互作用时，总会表现出自身在行为特征上的固有的性质和作用，这就是功能。系统功能可以理解为系统整体与外部环境进行物质、能量、信息交换的秩序、功效与能力。而系统之所以表现出这些特殊的功能，在根本上取决于系统内部的结构。

5.3 企业人力资源管理的一般系统特性

5.3.1 人力资源管理系统的边界性

边界的概念有助于人们了解开放系统与封闭系统之间的区别，封闭系统有固定的、不可渗透的边界，而开放系统在于它与更广泛的超系统之间有可渗透的边界。在物理学和生物学中，边界是比较容易确定的，它们是看得见的。例如，我们可以很精确地确定出人体的物质意义上的界限。但是，如何描述企业人力资源管理系统的边界？和人体那样的实物不同，人力资源管理系统没有精确的边界。笔者认为，该系统的边界就是员工录用标准和退出标准，它对企业人力资源的进出起着过滤作用（当然，企业人力资源管理系统内部还有其他边界，如普通员工要进入高级技术人员或高级管理人员阶层；其边界就是资历、能力等方面的条件。这里三要谈员工的录用与退出）。

而在过滤（或渗透）程度方面，不同企业人力资源管理系统之间有着较大的差别。这是由企业产品的技术含量等许多因素决定的。如深圳华为通讯公司录用标准及招聘条件较高，进入该企业有较大困难。而有一些公司（如制鞋业、玩具业等），产品技术含量低，录用标准自然也就低。

如上所述，尽管人力资源管理系统的边界是开放的、可渗透的，但它的另外一个重要职能是其对人力资源的过滤作用，也就是说，边界对流入和流出的人力资源要进行筛选。从这个意义上说，边界也是企业内外人力资源流动的障碍，因为任何一个组织都无法应付所有可能的求职者。

总之，对于人力资源管理系统来讲，边界的存在一方面使系统得以生存，另一方面又使得其输入和输出受到约束。因此，当我们对企业人力资源系统实施控制时，必须考虑到流出和流入的量的大小。例如，一个发高烧的病人，热度很高，需要作静脉输液，但输液速度必须受限制，不能指望很快把药物输入体内，而是要慢慢地注入。当人体发烧时需将热量输出体外，而皮肤的排泄量也是有限的，不能无约束地快速将热量通过皮肤输出体外。这对企业人力资源管理很有参考价值。一个企业如日中天之时，切不可盲目扩张，从而放松对员工素质的要求。如早些年郑州亚细亚的失败，固然有这样那样的原因。而其到处设点，扩张速度太快，导致其员工整体素质急剧下降不能不说是其短命的重要原因之一。所以，无论从理论上还是从实际中，如何将系统边界性理论应用于企业人力资源管理领域，都是一个亟待解决的问题。

有的学者对人力资源管理的边界性进行了一些研究。如在《无边界理论视角下的人力资源管理》一文中，作者梁坚兴认为，科学技术和市场竞争使组织面临更加复杂多变的外部环境，为降低环境的不确定性所带来的风险，组织形式正朝着无边界的方向发展。如人力资源管理外包，就是打破企业传统边界，促使企业人力资源管理系统向无边界方向发展的一个趋势。这是由于在激烈的市场竞争中，任何企业都已不太可能在所有的业务领域中都能达到领先地位，因此企业必须把有限的资源和精力投入到核心业务当中以突出自己的竞争优势。其他辅助性的业务活动可适当选择外包，以获取专业的服务。如企业可以把员工培训的职能外包给专业的培训公司，把企业高管、特殊人才的招聘外包给猎头组织等，在减轻企业人力资管理业务负担的同时也可得到专业的服务。该文以罗恩提出的组织存在的四种边界为突破口，重点探讨了如何应对无边界管理的发展趋势给人力资源管理带来的挑战，并构建了与无边界管理理念相适应的人力资源管理体系。[①]

喻剑利提出了当今的劳动者"无边界职业生涯"的观点，他认为，伴随着组织的信息化、虚拟化和网络化，雇员可能在多个组织中工作，应指出的是无边界职业生涯并不是没有"边界"，而是强调跨越了组织边界。在无边界职业生涯时代，员工很少终生只在一个组织工作，而大多是在多个组织工作。组织和员工之间的心理契约发生了改变。传统职业生涯，员工以对企业的忠诚换取长期的职业安全。无边界职业生涯，员工以工作绩效换取可持续的就业能力。同时，无边界职业生涯在边界、技能、生涯管理责任、方式等方面也发生了变化。随着知识经济和信息技术的迅速发展，虚拟人力资源成为一种日益发展的趋势。职业生涯在这种条件下往往突破组织的界限，发生本质的变化，可以说已进入无边界职业生涯时代，这也给职业生涯管理提出新问题。与传统职业生涯不同，面临新的问题，无边界职业生涯管理也采取相应的策略[②]。

这些观点丰富和发展了人力资源管理边界性理论，也为当前的

① 梁坚兴．无边界理论视角下的人力资源管理［J］．中国人力资源开发，2013（19）：15－19．

② 喻剑利．虚拟人力资源条件下无边界职业生涯管理策略研究［J］．科技管理研究，2009（6）：504－506．

人力资源管理的系统理论研究提出了新的挑战。

5.3.2　人力资源管理的系统与环境观念

1. 早期有关人力资源管理的系统与环境观念

（1）科学管理理论的机械性。在泰罗时代，有关人力资源管理的思维方式主要是线性的，从当代系统与环境观念看，存在着以下缺陷：

① 只探讨了复杂组织的某一方面或某一部分，对有关人力资源管理的系统理论只有片断的认识，没有把人力资源管理体系当作一个有机的系统，进行立体的、全方位的综合研究。因此，对人力资源内部深层次的结构要素、权责体系、人与人之间的关系洞察不够深。

② 着重从组织内部来说明组织的特征。没有把微观组织同宏观社会环境联系起来考察。实质上是把组织看作与外界隔绝的封闭系统。因此，对人力资源的研究，也就只停留在企业内部。

③ 把组织看作非人化的物的组合，把人当作机器中的"可换部件"，可随意安排使用。组织本来是人创造的，这里却反过来，组织按照自己的形象来创造人。于是出现了所谓"组织人"的担忧。

（2）其他有关人力资源管理理论的系统与环境观念。随着社会进步和科技的发展，对人的认识逐渐深入和全面。如在组织理论中，人们认为组织不仅是一个开放的社会技术系统，而且是一个有机的"生物体"。这种灵活的生物体应当能够按照内外环境的不断变化而自动地调整和适应。必须要说明的是：其实早在科学管理时代，人们已经开始了有关这方面的探索。这里，最值得一提的是德国心理学家、群体动态理论的创始人卡特·勒温，他对当时的人力资源管理的系统理论做出了可贵的探索。他的"场"理论很好地解释了人的心理、人的行为决定于内在需要和周围环境的相互作用。其理论被称为"场"理论，是因为他借用了物理学中的"磁场"

概念。在他提出的场论中，包括了三大方法论①：

① 现象原则，就是要重视主观对客观环境的感知，外部的现实影响到人的主观行为。

② 整体性原则，他认为组织的群体不仅是一个社会学的整体而且是一个心理上的整体，这种心理上的整体是具有与个体不同的性质的。

③ 动力学原则，如果由人和心理组成的空间中的各种要素是一个相互联系的有机整体的话，那么，动力学原则就是使这些相互联系的整体要素相互依赖、相互作用。他认为人及其所处环境都是单个动力场中的组成部分，场的各种成分之间维持着一种有弹性的相互关系。总之，勒温认为人的心理、人的行为决定于内在需要和周围环境的相互作用，为此提出了他的著名行为公式 $B = ftP$，E 即人的行为是个人与环境相互作用的函数或结果②。

马斯洛在其名著《人类动机理论》中指出，在关于人的动机方面，不但要考虑整体综合性，而且要考虑孤立的、具体的、局部的或部分的反应的可能性。在关于人的行为方面，他认为，人的一切行为总是受生物的、文化的和情境的条件所决定。换句话说，即行为受内外环境所支配。

2. 现代有关人力资源管理的系统与环境观念

当代系统管理学派一方面强调了人力资源管理系统的多元性，即认为企业中员工的社会心理子系统是由企业成员的行为动机、地位角色关系、团体动力、影响力等组成。另一方面又指出：人的心理又要受到外界环境力量及由此而来的企业任务的变动的影响。

企业中的每个人（或人力资源管理系统中的每个元素）都生活在一定的社会环境中。从现代社会来看，对员工影响最大的外部环

① 郭咸刚. 西方管理思想史 [M]. 北京：经济管理出版社, 1999：162 - 163.
② 卢盛忠等. 组织行为学——理论与实践 [M]. 杭州：浙江教育出版社, 1993：19.

境因素有两个，即：

① 工资报酬，在今天的社会中，工资收入不仅仅是衡量一个人的劳动代价，往往也显示了一个人事业的成功与否。员工工作的第一目标是获得金钱。在同行业中，薪金较低的企业人才流向薪金较高的企业是一种趋势，这种趋势在短时间内不会改变。

② 心理环境，如果一个人在某企业中得到重用，人际关系较和谐，心情舒畅，这时候即使工资较低，或者工作条件较差，他也会乐意为企业作贡献。这是由于人除了低层次的需求外，还有高层次的需求。许多"跳槽"者往往埋怨原来企业的心理环境不好，因此，要留住人才，企业领导者一定要十分重视建设或重建心理环境。

从内部环境看，在今天的社会中，现代企业不光要面对剧烈变化的外部环境，所面对的内部环境也有着翻天覆地的变化。这表现在：

① 企业分工越来越细。分工细化将是今后企业的主要趋势。分工细化必然导致企业的专业化程度越来越高，这样一来将导致职业转变困难程度增加。

② 信息技术高度发展。随着计算机的普遍使用，以前许多用人力来完成的工作，可以用机器来代劳了，以前需要很多人干的事现在只需要一两个人就能胜任了。这样一来，中层管理人员需要转变角色，管理层次将越来越少。

③ 员工素质的变化。随着社会的进步，企业对员工素质的要求也越来越高。这样，企业领导者把员工视为"生财工具"或"机器上的齿轮"的观点必将被淘汰，机械式的管理模式将越来越没有市场，人性化的管理模式将越来越得到青睐。

越来越多的证据表明，在我们的社会里，环境正在变得更加动态和不确定。技术条件在迅速地变化，文化和社会变革正在进行。不断增长的不确定的环境给企业人力资源管理带来了许多问题。面对这种情况，当前所采取的对策主要是对企业人力资源计划进行动态性预测和规划，它可使企业人力资源管理有一定的前瞻性，从而在一定程度上降低或减少环境的不确定性。

5.3.3 人力资源管理的超系统观念

当前，学习型组织理论热潮方兴未艾，而超系统综合理论概念贯穿于该理论始终。在《第五项修炼—学习型组织的艺术与实务》一书中，作者彼德·圣吉（PeterM. Senge）所述"共同愿景"的建立过程，充满了当代超系统综合思想。对人力资源管理的超系统综合理论有着重要的指导意义。

相对于某个员工来讲，该员工所在的部门是他的工作环境，企业的其他成员和生产条件一起构成了这个员工的超系统；而对于某部门来说，企业是该部门的工作环境，其他部门和企业条件构成了该部门的超系统。超系统综合原理给我们的启示是：

企业员工之间的关系应是互助合作关系，大家应该同舟共济，共同把企业搞好，最后个人也得到实惠。道理说起来人人皆知，但是，正如圣吉在序言里所说的："在企业里，行销部门与制造部门处于对立状态；第一线的管理人员对总公司管理当局怀有几乎憎恶的敌意：各部门的竞争更甚于同业的竞争。"[1] 这种状况的存在绝不限于作者所处的美国。我国国有企业的职工们，包括很多领导，工作起来都是各怀心事，各人都有自己的打算，企业内部未能形成凝聚力。可以说，如果国有大中型企业把这个问题处理好了，那么，当前脱困问题的解决应该不是什么难事。针对这种状况，圣吉提出应进行建立"共同愿景"的修炼（五项修炼之一）。圣吉指出："个人愿景的力量源自一个人对愿景的深度关切，而共同愿景的力量是源自共同的关切……一个共同愿景是团体中成员都真心追求的愿景，因为它反映出个人的愿景……企业中的共同愿景会改变

---

① ［美］彼得·圣吉. 为人类找出一条新路. 第五项修炼（中文版序）［M］. 上海：三联书店，1994：7.

成员与组织间的关系。企业不再是'他们的公司',而是'我们的公司'。"①

从组织层面,"共同愿景"可以理解为:企业从组织目标和员工能力、兴趣出发,与员工共同制定和实施的一个符合企业组织需要的个人成长与发展计划;从个人层面,可以理解为:员工为寻求个人的发展,而与组织共同制定和实施的既能使个人得到充分发展又能使企业组织目标得到实现的个人发展计划。显然,"共同愿景"的建立,可以持久地、内在地提高员工的积极性,并在全部员工个人目标得以实现的过程中实现组织的整体目标。

"共同愿景"的建立过程,是从每个员工个人的角度,考虑到员工个人的因素,即能做什么,想做什么,从员工整个职业生涯来进行该员工的人力资源开发和配置的设计,这就使得每一员工感到这种计划是以他或她为中心而制定的。它有效地把人力资源管理的各项内容有机地系统地结合在一起,而且持久地调动了员工的积极性,提高了员工工作、生活的质量,更快、更好地(避免了弯路)实现人生目标。完全可以说,"共同愿景"这一超越生存目的的管理模式是目前人力资源管理中体现人本管理思想的最好体现形式。而为其提供生存土壤的学习型组织理论为人力资源管理系统中人们之间最大程度的合作提供了最好的指导途径。

而从更大范围上讲,在市场上,公司与协作的公司,甚至与竞争对手的公司可能通过协议形成集团公司。企业与企业可能形成大型联合企业,这又是原有企业的超系统。这时,企业人力资源管理系统的边界扩大了。通过这种协作,把原属不同企业的人力资源集成在一起,原有的人力资源可得到更为充分合理的运用。如虚拟企业、敏捷制造等联盟形式,无不体现了超系统综合原理在当代企业管理实践中的应用。

---

① [美]彼得·圣吉. 为人类找出一条新路. 第五项修炼 [M]. 上海:三联书店,1994:237-240.

5.3.4 人力资源管理的等级层次观念

1. 划分等级层次的必要性

系统的等级层次原理对企业人力资源管理工作具有重要的指导意义。西方有史以来的等级层次，最早可以追溯到《圣经》一书。掘该书记载，当年亚伯拉罕率领以色列人出埃及，所有的问题大家都直接找亚伯拉罕处理。结果不久亚伯拉罕就累病了。在他的顾问们的劝告下，他决定减小自己的控制面，把以色列人按部落、千户、百户一级级地组织起来，最后才胜利地完成了出走埃及的使命。

分层次、分等级进行管理，是现代组织中的一个普遍现象，也是一个重要的管理原则。西蒙指出："至少有三个理由可以说明复杂系统一般都是分等级的。"①

（1）分层结构的各部分都是稳定的系统。

（2）在同样规模和复杂性的系统间，等级层次系统各部分之间所需要的信息传输量要比其他类型系统少得多。

（3）对等级层次系统来说，一个组织的复杂性，从组织中任一特定位置来观察，几乎与其总规模无关。

这就说明在一切复杂的系统中，存在着分层现象的客观基础。特别是在社会组织中，管理幅度的限制，决定了在一切规模较大的组织中必须划分等级层次。一个领导，无论其能力多大，能直接管理的人和处理的问题都是有限的。一个领导的控制面超过一定程度，就等于他的下级没有人管，这实际上就等于是没有组织。另外，在建立等级层次时，特别要注意管理层次与管理幅度的辩证关系。美国管理学家格丘纳斯指出：当管理幅度以算术级数增加时，管理者和下属间可能存在的相互交往的关系数，将以几何级数增加。格丘纳斯提出了一个公式：

---

① 齐振海. 管理哲学 [M]. 北京：中国社会科学出版社，1998：233.

$$C = N(2n/2 + N - 1)$$

其中，c 代表可能存在的交往关系数；N 代表管理幅度。

而要减少管理层次，固然有利于消除层次过多的弊病，但随着管理幅度的增大，也同样有可能妨碍管理的有效性。那么，在人力资源管理实践中，如何有效地实行分级管理呢？对此，人们总结了几个基本原则：第一，只设最必要的管理层次。管理层次少，可以减少管理人员和管理费用，信息沟通也比较迅速，并可以减少信息流通过程中的"失真"现象，还便于上层管理人员直接接触基层，了解情况和及时进行控制和协调。第二，层次间只应保持最必要的联系。即上级不能越级指挥，随意干预下级的工作。而下级也只有在遇到新的复杂情况时，才需要向上级报告和请示，上级只保留例外事项的决定权和控制权。这就是泰罗的"例外原理"和西蒙的"非程序化决策"。

2. 现代人力资源层次的划分

现代组织行为学把人力资源放在三个不同的层次上来分析。在第一个层次上，可以把组织看成为追求组织目标而工作的个人集合体，也就是说，从个体层次上分析人的行为。在第二个层次上可以把分析的重点放在组织内的班组、车间和科室等工作中人们的相互影响，也就是说，从群体的层次上分析人的行为。最后，可以把组织看成一个整体从而分析组织行为。总之，组织行为学要研究个体行为、群体行为和组织行为这三个层次。

我们还可以从另一种角度来划分人力资源管理系统的层次，即从人力资源自身的能力及企业使用状况来划分：第一层次的人力资源指一些智力水平、知识技能未达到一定要求的人员。这部分人员常产生于当企业技术构成提高以后。第二层次的人力资源是指一部分未利用的人力资源。这部分人群的智力水平、知识技能均已达到一定要求，但是还没被充分利用。例如，学非所用的人、用非所长的人等。第三层次的人力资源是指一部分已开发的人力资源。主要包括一些正在充分发挥其聪明才智的人群。例如，各类大显身手的厂长、经理、销售员、技工、工程师等。原则上说，一个企业，第三层次的人力资源越丰富，其发展就越快，其经济效益就越好。

目前，在我国大中型企业中，第二、第三层次的人力资源占大部分，也有一部分第一层次的人力资源。第一、第二这两个层次的人力资源是企业重点开发的对象。

必须指出，三个层次的人力资源是可以互相特化的。例如，企业的技术构成提高后，就可能使许多第三层次的人力资源转变为第一层次的人力资源。经过培训、学习后，相当部分的员工掌握了新技术、新知识，那么这部分员工就转变为第二层次的人力资源了。当这些员工上岗工作后，他们又从第二层次的人力资源转变为第三层次的人力资源。目前，大中型企业中，人员常常超编，有真才实学的人不少，同时怀才不遇的人也不少，这说明不少员工是处于第一、第二层次的人力资源，有待于开发。一旦大中型企业中的人力资源大部分都转化为第三层次人力资源之时，也就是大中型企业腾飞之日。要达到这个目的，人力资源管理体系的改革势在必行。

要实现人力资源层次的转变，关键工作在于培训。从现代科技发展的速度来看，人人都需要培训。从某种意义上说，任何一个人的自然发展趋势是退化到第一层次人力资源，因此，要使自己一直成为第三层次的人力资源，一定需要不断培训，不断学习。

一个企业只有拥有足够数量的第三层次人力资源时，我们才可以认为该企业开发人力资源卓有成效，该企业才可能有发展前途，才可能在竞争激烈的市场占一席之地。

进入 21 世纪，在经济知识化、网络化、全球化的推动下，企业组织结构正经历着一场变革，逐渐从直线制、职能制、事业部制为主要形式的金字塔式的组织结构向团队化、虚拟化、网络化为主要特征的扁平化组织结构发展。后者与前者的区别在于企业组织结构中的等级层次在信息技术的推动下大大压缩，然而等级层次在企业中并没有消失。扁平化的组织结构并没有否定管理层次的存在，等级层次仍然是组织结构的一个重要特征。

5.3.5　人力资源管理系统的有序性

1. 企业人力资源管理系统必须保持有序性

在人力资源管理系统中，各子系统的有序性行为是靠严格合理的规章制度来实现的。职工的录用、解聘制度，以及上下班制度、上下级之间关系、报酬获得方式等都要靠制度对职工的自由度进行合理的约束，当然还有职工自觉性的约束。总之，没有约束、系统的组织内部是无联系的、混乱的、无秩序的，这样组织就无法工作。只有对系统各部分的自由性行为有合理的约束，使系统进入有序状态，系统才能协调配合，才能有计划有步骤地去实现自己的工作目标。

在系统科学中，有序被定义为"对称性的破缺"。一个系统如果内部完全是均匀的、处处等同的、无差异的，这是一种无序状态，而分化、多样性、差别性才是有序。从人类社会历史看，社会生产最早是不分化的，是一种混沌无序的社会劳动方式。后来的发展中则出现了社会分工。分工越细，社会结构越复杂，则越是有序。在当今一些企业人力资源的招聘中，并不是人人都符合企业要求的，求职者此前必须受过较长时间的专业训练，才能进入井然有序的企业，胜任某一职位的工作。

其实，早在科学管理时代，泰罗已把现代"有序"概念应用于企业人力资源管理中。他最早把专业分工的思想系统化、制度化，并落实到生产现场的实际管理工作中。他提出企业的人力资源应各司其职、各负其责。而法约尔则以整个企业为研究对象，提出了比较全面的有序性思想。在其代表作《工业管理和一般管理》中他把泰罗的分工思想用更为完善的组织机构、规章制度等具体化了。韦伯则把人力资源管理系统的有序性发挥到了极致。他的"理想的行政组织体系"是指完全抛开人事关系、个人感情，严格按照严密的行政组织、严格的规章制度来保证企业人力资源系统的高度有序性。

2. 对于企业人力资源管理系统来讲，并不是有序程度越高越好

过去，韦伯的"理想的行政组织体系"曾被认为是效率最高、无可争辩的组织结构体系。依靠严格的规章制度、铁面无私的管理方式，组织的有序性得到了极大程度的提高。但是，随着社会的发展，韦伯的理论受到越来越多的批评。相对于韦伯的官制体系，谢泼德、伯恩斯和斯托克等人提出了"有机结构理论"，他们认为，韦伯的体系最严重的缺陷是把组织当作毫无生命的机器，所以内部结构处处表现出"机械"式的特点。有机系统是取代机械式系统的最自然的结论①。

从管理史的发展过程来看，对人的管理水平的提高并不是体现在企业人力资源管理系统有序度的提高上。恰恰相反，现代人力资源管理系统日益向有序与无序相结合的混沌态转变。从 X 理论到 Y 理论再到 Z 理论：从泰罗的科学管理，到行为科学、管理科学，再到当今的系统学派、权变学派以及"精英团队"，以及企业文化的兴起等，莫不如此。现在西方企业又出现了给员工更大自由度的岗位分担制、部分工作制、弹性工作制、非连续工作制等，使职工有更多时间自行处理个人事物、发展个人兴趣爱好以及进修学习等。事实证明，这些方法比那些"高度有序"的管理方法更有效。可见，符合人力资源管理系统混沌本性的自组织管理方向的发展是不可阻挡的趋势。

3. 人力资源管理系统的有序性必须要靠开放性来保证

系统有序性原理，有助于我们加深对人力资源管理系统开放性的理解，人力资源系统，应该是具有活力的耗散结构，只有不断地从外界吸收新的人才，接受新的思想，即引入负熵，才能抵抗系统自身不断产生的增熵，从而维持该系统的有序性。

过去，我国企业的用人政策明显违背系统的有序性原理，内部

① ［美］本尼斯. 组织发展与官制体系的命运［M］. 西方管理学名著提要［C］. 南昌：江西人民出版社，1995：277.

职工子女"接班"的制度及其他不利于人力资源流动的制度，造成国企员工"近亲繁殖"的现象非常普遍，这是当今国有企业效益滑坡的根本原因。随着改革开放的深入，国有企业的用人政策正在发生大幅度的变化。可以看到，企业开放程度的高低，是企业活力提高的根本途径之一。河南新乡的"新飞"电器公司，自由军工转产家用电器开始，就把引进人才当作一件大事来抓，其一系列的优惠政策吸引了大量的优秀人才加盟该企业。该企业的宣传材料称：我厂在冰箱行业从无到有、后来居上的根本原因就在于引进了人，留住了人。

5.3.6　人力资源管理系统的结构与功能

系统结构所说明的是系统的内部状态和内部作用，而功能所说明的是系统的外部状态和外部作用。结构与功能的关系，在实际系统中存在着多种情况。主要表现有以下几种：

1. 要素不同，结构不同，功能不同

在纷繁复杂的物质世界，无限多样的物质系统，皆因不同的要素组成不同的结构而相互区别。这是因为组成系统结构的要素是决定一个系统功能状况的最基本的条件。组成系统结构的要素一旦发生变化，就会影响到系统整体结构组成方式的变化，从而给系统的整体功能带来影响。

在人力资源管理系统中，为提高人力资源的整体素质，常常需要招聘优秀科技人才和管理人才。同时，又要对多余人员、不称职人员进行调整或清理。这些措施都是为了提高企业人力资源系统结构中要素的素质，进而改善人力资源的系统结构，从而为系统整体功能的提高打下坚实的基础。

2. 要素相同，结构不同，功能亦有不同

决定系统功能的条件除了要素外，系统中各要素的不同排列组合，同样会改变系统的功能。最典型的例子是石墨和金刚石，其构成是同样数量的碳原子，但碳原子之间的空间关系不同，结构方式不同，而形成了物理性能差别极大的一种物质——石墨，很软，而金刚石则十分坚硬。

在企业人力资源管理系统中，把人力资源进行不同的组合，会取得完全不同的效果。反映在组织结构形式方面，选用不同的组织结构形式，对企业人力资源作用的发挥，乃至企业的生产经营有着巨大影响。用系统论的语言来说，组织结构是企业人力资源管理系统中各子系统之间关系的一种模式。它是由组织的目标和任务以及环境的情况所决定的。

现在企业常采用的组织结构形式有以下几种：直线制、直线职能制、矩阵结构、事业部制等。这些组织结构各有自己的优缺点，都只适合于某种特定的环境。在一种环境中有效的结构形式，搬到另一种环境中，也许就不那么有效了，甚至完全无效。不存在适合所有环境的唯一最佳的结构形式。在实际生活中，它们常常是相互交叉的。例如，一个组织中可能同时存在事业部制和矩阵制。

3. 要素不同，结构不同，功能可以相同

同一功能，可用不同要素结构来实现，或者说以不同要素结构的系统实现同一功能，这种情况在现实生活中经常可见。以做饭为例，要点燃液化气炉，点火手段可以有火柴、打火机或用电子打火等多种形式，其要素结构不同，但都可以得到引火的功能。在社会实践中，人们总是用设计简单、方便使用并且低廉的结构系统来代替复杂的、难以取得的或代价高昂的结构系统，以求实现和获得同样的或更好的功能。这种不追求系统基质和结构是否一致，而把研究重点放在获得同样的功能上的做法，正是现代功能模拟技术的基础。

现代价值工程思想中的功能分析方法充分体现了这一原理的精髓。正是基于这一点，如今，价值工程思想已开始用于现代人力资源管理中。如在人员素质评价问题中的应用。价值工程理论认为，在设计某项功能的实现方法时，应完全摒弃原有方法的具体结构，而应以功能分析为核心，设计出具有新思路的新结构来作为实现这一功能的手段。这种新结构应具有这样的特点，即其功能费月比值趋近于 1。即用最低的寿命周期成本可靠地实现用户所要求的必要的功能。

价值工程思想给我们的启发是：在人力资源管理过程中，应以最合适的人力资源管理成本可靠地实现本企业所要达到的目标。这就要求我们在制订人力资源需求计划、人力资源培训计划及设计企业管理机构时，要积极收集企业内外的有关信息，使企业人力资源总量和素质结构及内部组织结构始终与企业内外环境变化相协调。这样，虽然企业人力资源系统的要素与结构随着环境的变化在不断调整，但均可实现企业赢利这一功能。

4. 要素相同，结构相同，可以具有多种功能

任何一个系统都不能离开环境，同一结构的系统由于在不同环境中对外界发生的作用不同，其功能的发挥也是多种多样的。同是一种药物，对于不同的人具有不同的功能。人参是一种生津、宁神、益智的大补品，对于久病而体弱的人，具有促使其康复的医疗作用，而对于正在发高烧的病人，服用反而会加重病情。同是一个人，在不同的环境中发挥着不同的功能。经理角色学派的主要代表人物亨利·明茨伯格在其名著《经理工作的性质》一书中指出：经理在不同的环境下担当的角色共有 10 种[①]。

针对企业外部，经理担任：①挂名首脑角色，主持某些事件或仪式，以便增加其意义或分量；②联络者角色，同其所领导的组织以外的无数个人和团体维持关系，通过各种正式或非正式渠道来建立和维持本组织与外界的联系；③发言人角色，面向外部，把本组织的信息向组织周围的环境传播。

针对企业内部，经理担任：领导者角色：负责对下属进行激励和引导，包括对下属的雇佣、训练、评价、报酬、批评等。

---

① ［加］明茨伯格. 经理工作的性质 ［M］. 西方管理学名著提要 ［C］. 南昌：江西人民出版社，1995.

在企业内部及外部信息沟通方面，经理担任：①信息接受者角色：接受包括内部业务的信息，外部事件的信息（客户、竞争者、市场等）②信息传播者角色：指把外部信息传递给他的组织，把内部信息从一位下属传播给另一位下属。

5.4　企业薪酬管理的一般系统思维

在人力资源管理中，如果说工作分析是基础，绩效管理是核心，那么薪酬管理则是关键薪酬管理之所以如此重要，是因为薪酬管理不仅关系到每个员工的切身利益，且与整个组织的发展紧密相关，也是企业招揽人才和留住人才的关键要素薪酬管理与企业内部各职能以及企业外部环境有着千丝万缕的联系，搞好薪酬管理工作是一个复杂的系统工程所以，用系统观的思想来指导薪酬管理，用系统论的观点来完善薪酬管理体系的设计是现代企业薪酬管理的必要手段。

5.4.1　薪酬管理系统的一般系统特性

完整的薪酬管理是由企业内部工资级别设置、市场薪资调查、薪酬体系设计和薪酬实施效果反馈构成的闭循环系统，这四个环节相互关联、相互影响，决定着薪酬管理实施的成败。同时，薪酬管理与人力资源管理的其他职能有着紧密的联系，它们共同影响着整个企业的效益。薪酬管理循环图见图 5-1。

1. 薪酬管理系统的目标性

要使薪酬管理系统具有组织目标性，就要把薪酬管理上升到战略层面，来思考企业通过什么样的薪酬策略和薪酬管理系统来支撑企业的竞争战略，从而帮助组织获得竞争优势。

战略性薪酬管理通过一系列薪酬选择帮助企业赢得并保持竞争优势。战略性薪酬体系的设计，必须基于组织的战略展开。每个企业的战略不一样，那么薪酬体系设计也就不一样。

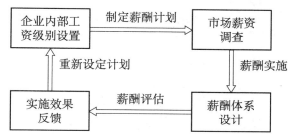

图 5 - 1　薪酬管理循环

通过对组织薪酬因果链中员工薪酬的管理来实现企业战略薪酬，从而实现组织战略，即组织战略目标的实现。有了明确目标，员工才会有努力方向，管理者才能依据目标来对员工进行管理和提高支持和帮助。也只有这样，大家才会更加团结一致，共同致力于企业目标的实现，更好地服务于企业的战略规划和远景目标。

2. 薪酬管理系统的整体性

薪酬管理的每一个环节就是其系统内的一个子系统，这些子系统是相互联系、相互制约的，任何一部分都是不可或缺的，否则就不能称之为一个完整的系统，也无法达到薪酬管理的目的。另外，它们与人力资源管理的其他职能模块以及整个企业管理系统都是紧密关联的，它们共同构成了一个有机整体。共同为企业的目标实现进行着有序的、协作的运作。

3. 薪酬管理系统的层次性

从薪酬的层次上来看，薪酬可以分为总体薪酬和相关性回报。而总体薪酬又由现金薪酬和福利组成。现金薪酬主要由基本工资、绩效加薪和奖金。福利主要是收入保障、津贴和工作和生活的平衡三个方面构成。根据马斯洛的层次需要相关理论可知，基本工资是薪酬管理的最低层次，绩效加薪和奖金则是高一层次的需求。而福利是更高层次的需求。企业薪酬要能吸引和留住人才，最低层次的薪酬要具有竞争性，同时保证自己的更高层次的薪酬计划，才能使企业的薪酬具有战略竞争力，进而促成了组织战略目标的实现。通过薪酬目标的层层分解和层层实现，体现了薪酬管理系统的层次性特点。

4. 薪酬管理系统的关联性

薪酬管理系统的关联性主要体现在两个方面。

一方面，系统内部各要素间是相互关联的。薪酬计划是基础，为薪酬实施提供目标方向，同时为薪酬评估提供依据和标准薪酬实施是在薪酬计划的前提下付诸行动，是薪酬产生阶段薪酬评估则是对薪酬实施过程和结果的一个客观评价，薪酬评估的结果是薪酬改进的依据；薪酬反馈是薪酬改进的前提，只有将薪酬评估的结果与员工进行有效沟通，才能从中发现薪酬管理的不足，为下新的薪酬管理工作提出改进措施。

另一方面，薪酬管理系统与人力资源管理系统其他子系统相互关联，与整个企业的管理工作都是息息相关的。薪酬管理的目标是：①吸引和留住组织需要的优秀员工，体现了薪酬管理与企业招聘模块的紧密关联；②鼓励员工积极提高工作所需要的技能和能力，这要求薪酬管理与员工职业生涯发展相一致；③鼓励员工高效率地工作，这需要企业薪酬设计和生产管理部门紧密联系；④创造组织所希望的文化氛围，企业文化与薪酬管理的关联性；⑤控制运营成本，薪酬管理与财务管理是不可分割的。

5. 薪酬管理系统的动态性

同时，薪酬管理也是一个动态管理过程。在薪酬实施过程中，企业是不断发展的，当企业处在不同发展阶段薪酬管理是不同的。根据企业生命周期理论，当企业处在初创期，企业应当采取低工资高奖金策略；处在高速增长期时就应该调整薪酬为高工资高奖金的策略来吸引更多的优秀人才；企业进入成熟期时由于企业具有丰厚的资金此时就应该采取高工资高奖金；处于衰退期的企业的有效薪酬策略师高工资低奖金的措施。企业的薪酬管理是一个不断变化的过程。外部环境的变化，经济的发展，行业工资的提高，国家政策的改变都要求企业的薪酬管理是一个动态的变化过程。当发现员工有偏离行为时，应对发现的问题及时进行纠正，当发现原先的薪酬目标不再适合时，也应当及时进行合理调整，即在薪酬管理过程中融入权变管理的理论思想。

5.4.2 一般系统理论对企业薪酬管理的指导作用

薪酬管理的最终目的是吸引优秀人才，提高组织市场竞争力，实现战略目标。所以，我们在实施薪酬管理的时候，就应该从战略的高度来制订薪酬实施计划，将组织的战略目标与薪酬体系设计紧密结合。在管理过程中，要注意协调薪酬管理与其他管理职能之间的关系，因为企业组织是一个复杂的有机整体。企业管理主要有战略管理、人力资源管理、市场营销、财务管理和生产管理等许多子系统组成，各子系统间又是紧密联系着的，要防止因个别要素的功能低下而产生"木桶效应"，阻碍组织的发展。例如，如果发现员工工作效率底下，离职率居高不下，原因有可能是招聘时选拔标准不合理或是人岗匹配不合理，没有人尽其才；也有可能是因为员工的薪酬福利过低或薪酬分配不公平而导致的员工消极怠工；还有可能是组织薪酬失去外部竞争性，与竞争企业的薪酬相比不合理等。而员工的低效率必然影响整个组织的效率，进而不利于组织战略的实现。至此，我们不难看出，运用系统理论指导薪酬管理不仅是需要而且是非常有必要的。

随着系统论思想的不断渗入，薪酬管理的设计和实施也越来越完善化。薪酬管理与其他管理工具的相互链接也变得越来越重要。平衡计分卡与薪酬管理的相互链接正是体现了薪酬管理系统理论观。首先，平衡计分卡从财务、顾客、内部业务流程、学习和创新四个角度来考评企业的绩效。平衡计分卡的强大功能之一是将企业的战略转化为可操作执行的语言，确保战略执行"责任"机制的落实，而薪酬管理则影响着企业员工执行力的"愿力"。实现平衡计分卡与薪酬管理的链接实际上是实现"责任"与"愿力"的链接。

其次，平衡计分卡从企业的角度来关注企业利益，而薪酬管理则在关注企业利益的同时注重员工个人利益，如果企业只关注企业利益而怠慢员工利益，员工是没有动力去实现企业利益的，只有通过计分卡的牵引来做好分配制度的改革，实现"企业利益"和"个人利益"相互链接才能调动员工积极性与主动性。所以说，我们需要运用系统论思想指导薪酬管理，努力增强企业内部的活力，适应外部环境的变化，达到内部条件、外部环境和企业目标的综合平衡，最终实现企业战略目标。

本章主要论述了现代企业人力资源管理系统的有序性、边界性、系统与环境、超系统、等级层次机理、结构与功能机理等方面的内容。在系统与环境方面，特别强调了系统与环境观念的演变过程；另外，对系统的有序与无序的辩证关系，要素、结构、功能之间的辩证关系也做了较为详尽的阐述。

本章新观点：

1. 把现代人力资源管理与超系统理论、学习型组织理论结合起来。

2. 结合价值工程学与管理理论中的经理学派理论，对人力资源管理系统的结构与功能进行了新的诠释。

3. 提出了人力资源管理系统的边界观念。

4. 阐述了企业人力资源管理系统的有序性观念。

第 6 章

企业人力资源管理的信息理论

信息论由美国数学家申农所创立，一般认为，他于 1948 年 10 月发表于《贝尔系统技术学报》上的论文《通信的数学原理》是现代信息论研究的开端。信息论将信息的传递作为一种统计现象来考虑，给出了估算通信信道容量的方法。信息传输和信息压缩是信息论研究中的两大领域。这两个方面又由信息传输定理、信源——信道隔离定理相互联系。所以信息论当时主要是应用数理统计方法，研究通讯和控制中普遍存在的信息传输系统的有效性和可靠性问题。近年来，随着电子计算机技术的发展和广泛应用，信息论早已突破申农当年所研究的狭小范围，几乎渗透到各个学科和各个领域。

6.1　概　　述

人际间信息传递与沟通在企业人力资源管理中具有十分重要的意义。目前，有关人力资源管理或有关信息论的文献很多，但将两者结合起来的文献却非常少见。针对这一问题，笔者以管理史为顺序，对其进行了较为全面的论述。首先，对古典管理理论，具体分析了当时企业组织中人际信息的传递内容、方式及渠道。其次，对人际关系理论，认为马斯洛的需要层次论、麦格雷戈的激励—保健因素理论以及赫兹伯格的 X 理论与 Y 理论对 20 世纪 30~60 年代的人力资源管理的信息论思维产生了很大的影响。再次，对群体行为理论，重点分析了其主要代表人物利克特对组织中人力资源管理的信息理论所作出的贡献。总的来说，对传统管理理论，具体分析了这三种理论对企业人力资源管理的信息内容、信息传递路线及信息传递所用媒体的影响。然后，在组织理论研究的基础上，结合现代组织网络理论分析方法，认为现代组织网络理论综合了几种传统方法的特点，更好地描述了人际信息流动的各个方面特征，为系统而又全面地描绘企业内外人际信息的交流提供了一个高效而实用的工具。最后，指出了人力资源管理水平是否提高与组织中人们的信息沟通程度是密切相关的。可以预见，与信息理论的结合，将使人力资源管理理论的创新迈向一个新的高度。

信息是人类社会实践、社会组织和管理科学所不可缺少的重要工具，通过信息交流，人们才能实现相互的协同和彼此的合作。人力资源管理与信息理论的联系，主要体现在组织中人际间信息沟通的内容、形式等方面，它在企业人力资源管理中的地位是无法取代的。正如赫伯特·西蒙（Herbert A. Simon，1916～2001）所指出的：信息沟通系指一个组织成员和另一成员传递决策前提的过程。没有信息沟通，显然就不可能有组织。因为，如果没有信息沟通，集体就无法影响个人行为了。因此，信息沟通对组织来说是绝对必要的。组织中的信息沟通是一个双向过程，它既包含向决策中心传递命令、建议和情报，也包含把决策从决策中心传递到组织的其他部分。此外，信息沟通是一个向上沟通，向下沟通，并最终遍布组织的过程①。可见，如果没有信息传递与沟通，要实现人力资源的管理是不可想象的。

到目前为止，有关人力资源管理的文献可谓汗牛充栋，有关信息论及其在管理中的应用方面的论述也并不鲜见。但将两者联系起来的文献却少之又少。笔者拟从管理史出发，对古典管理理论、人

---

① 李建华、傅立. 现代系统科学与管理［M］. 北京：科学技术文献出版社，1996：29.

际关系理论、群体行为理论及现代组织网络理论中有关人力资源管理的信息论思维做一粗浅的概括和总结，分析其各自的特点，力图整理出其发展脉络。

6.2　管理理论丛林中的人力资源管理信息论思维

6.2.1　科学管理理论中的人力资源管理信息论思维

1. 科学管理理论中的人力资源管理信息论思维

众所周知，古典管理理论主要以法约尔的古典管理理论、韦伯的行政组织理论及泰罗的科学管理理论为代表。这里关于组织中人际间所传递的信息内容，1977 年，法拉斯、蒙奇和拉赛尔谈起过三种常在组织中出现的信息类别，即与工作有关的、与创新（新观念）有关的和与维持（维持人际关系）有关的信息①。出于个人利益服从整体利益的原则，古典理论认为员工应把重点放在组织目标上，而不是个人需求上②。因此，与工作有关的问题应是组织中信息传播的核心内容，人际关系方面的信息流通则受到压制。不仅如此，与创新有关的信息流通也同样受到压制。如从人力资源管理的角度来讲，一般情况下，员工不会受到鼓励去谈论改变劳动定额的问题。因为公司认为，现有的劳动定额是经过科学测定而确定下来的，员工没有能力对其进行改进。所以，古典组织里的信息传递内容基本上只限于与工作有关的问题。

关于信息流向，在古典理论中，最重要的传递线路是信息沿着组织层级结构等级链垂直流动。组织的大部分信息以命令、规定和指示的方式从上向下流动。不过，他们也意识到跨越等级的水平流动对提高人力资源协调能力的重要性。如法约尔提出了结构性"跳板"的概念，来说明同一等级员工之间的水平联系。为了不至于影

---

① 凯瑟琳·米勒. 袁军译. 组织传播 [M]. 北京：华夏出版社，2000.
② 丹尼尔·雷恩. 管理思想的演变 [M]. 北京：中国社会科学出版社，2000.

响到等级制度的权威性，法约尔认为这种联系只有在高层管理人员授权时才能进行。所以，在古典管理理论中，组织中信息的水平流动只是特例。

在信息传递渠道（信道）方面，古典理论特别强调了书面形式的重要性。如泰罗的科学管理理论认为每种工作都有"最佳完成方式"，并把这些最佳操作方式制成书面的员工手册。对于法约尔来讲，组织中所有员工都要有专门职位来对应，以形成上下号令一致的秩序。这样一来，组织结构图自然就必不可少，这只能用书面形式固定下来。简单来说，由于古典理论强调规则和秩序在组织运作中的持久性，在人力资源管理中，以该理论为指导方针的组织会非常依赖书面形式，如组织结构图、操作规程和规章制度等。

2. 科学管理理论中的信息论思维在现代人力资源管理中的应用

古典理论学者提出的组织结构具有明确的劳动分工和严格的等级划分，即使在今天，这样的古典结构仍到处可见。在这些组织中，有许多分工不同的部门，位于不同部门的人们通过正式的等级结构表将彼此紧密相连。甚至一些很小的组织往往也重视劳动分工的原则，有详细的工作种类。

当然，并不是所有的现代组织都采用古典结构。在许多西方企业，由于多功能团队和"矩阵"结构的组织设计作用，劳动分工正逐渐开始变得模糊。人们意识到，不同岗位的员工之间信息的自由流动通常很有价值。因此，有组织结构非正式化的趋势。尽管如此，古典管理理论显然对今天许多组织的结构特点具有广泛的影响。

在工作设计方面，古典理论学者，特别是泰罗，提倡科学地设计工作，让工作例行化及让员工担当最适宜的工作。今天的人们和泰罗一样，也关注工作设计，其目的也在于使员工与职务之间有适当的对应关系。所不同的是，泰罗关注的是员工的体力，如泰罗会注意某个工人在体力上是否适合干砌砖的工作，而现代工作设计还要关注工作是否适合员工的心理特点，还要注意做到尽量使企业目标和员工的职业生涯相吻合。虽然当今的工作设计所关心的不只是员工的劳动能力，但追随的仍然是泰罗的观念，寻找员工与必须完成的工作量之间"最佳"的对应程度。

6.2.2　人际关系理论中的人力资源管理信息论思维

毋庸讳言，古典管理理论的许多原则在今天的人力资源管理中仍然得到了广泛的应用。然而，从我们对法约尔、韦伯和泰罗理论的分析中可以发现，古典理论显然忽略了组织中信息流动的某些方面，如很少关注员工个人需要的某些信息及组织中人际关系互动的普遍性，而正是这些问题，引起后来出现的人际关系学派理论的注意。

马斯洛的需要层次论、麦格雷戈的激励—保健因素理论、赫兹伯格的 X 理论与 Y 理论是人际关系学派的主要理论基础，它们对 20 世纪 30 年代末到 60 年代的组织研究产生了很大影响。与前述的古典理论相同的是，许多人际关系学派有关信息传递的真知灼见在当今人力资源管理的运作中得到了普遍运用。

1. 人际关系理论中的人力资源管理信息论思维

在古典理论中，组织中人们之间的信息传递内容仅与工作有关，而以人际关系学派理论为指导的组织中信息传递内容则大不相同，如该理论指出组织中人们之间的信息传递内容不仅与工作有关，而且体现了人际关系方面的信息传播的重要性。如马斯洛的需要层次论，强调了通过满足"归属需要"，来得到社交需要满足的重要性。

从信息的流向来看，在古典组织里，信息的流向是垂直向下的。人际关系学派不否定信息垂直流动的必要性，但并不局限在这个方面，而是大力提倡横向流动。梅奥通过霍桑实验得出了这样的结论：员工之间的信息互动是发挥潜能、提高效率的重要因素。麦格雷戈也强调指出：在达到组织目标的过程中，员工之间的信息互动与从上到下的信息垂直流动同样重要。

从信息传递渠道的种类来看，它包括面对面形式、书面形式、电话及电脑等。在古典式组织中，虽可用到所有这些形式，但首先受到重视的是书面形式的持久性及规范性。相反，在人际关系学派中，面对面形式占据了主导地位。人际关系学派认为，由于书面形式不包括非语言暗示和即时的信息反馈，所以它传递的信息总量比可以包容非语言暗示和即时反馈的面对面形式要少。由于人际关系学派强调情感和以人际关系为内容的信息传递能满足较高层次的需要，而书面形式却不能很好地满足这一点，所以人际关系学派认为，面对面的信息传递形式是非常重要的。

另外，与古典组织看重通过正式组织传递信息不同，人际关系学派强调满足归属感的需要，而使非正式渠道得到了重视。总之，人际关系学派与古典学派在有关人力资源管理的信息理论方面形成了鲜明的对比。

2. 人际关系理论中的信息论思维在现代人力资源管理中的应用

从目前来看，人际关系学派的信息论观点对现代人力资源管理的影响主要体现在管理理念方面。现在已很难看到哪个管理者把其下属看作可任意替换的部件，但这并不意味着这些管理者认为人性需要总是先于决策制定，因为营销因素有时促使组织领导人将人性需要放在第二位。但无可置疑的是，人性需要方面的信息已是当今人力资源管理决策中不可分割的一部分。

6.2.3 群体行为理论中的人力资源管理信息论思维

1. 群体行为理论中的人力资源管理的信息论思维

由于群体行为理论是从人类行为理论中分化出来的，因此同人际关系学派关系密切，甚至易于混同。但它关心的主要是群体中人的行为，而不是人际关系。它以社会学、人类学和社会心理学为基础，而不以个人心理学为基础。它着重研究各种群体行为方式。从小群体的文化和行为方式，到大群体的行为特点，都在它研究之列，所以该理论又被称为组织行为学①。

　　作为群体行为学派的主要代表人物之一，利克特对组织中人力资源管理的信息理论做出了较大的贡献。他指出：组织可以有多种形式，大体上可分为 4 种组织类型，它们分别被称为第一、第二、第三和第四系统。其中，第一、第二和第三系统虽然程度上有所不同，但本质上仍属专权命令式组织，而第四系统，又称参与式组织，与前面 3 种系统形成强烈的对比。在这种组织中，每个组织成员都参与决策，目标在整体工作团队进行讨论后才被设定，这时，信息流动形式就多种多样，包括从上向下、从下而上和水平互动。所有组织成员的贡献都受到高度重视，同时，组织通过更为广泛的需求满足来回报员工。

　　利克特认为，第四系统不只是一种管理态度，他提出了一些可提高个人参与和组织绩效的结构性原则。在《管理的新模式》一书中，他提出了组织中著名的联结枢纽（一个人可同时属于不同团体）。这种多重身份会增进团队间信息的流动和对信息的利用。

　　另外，在非正式的背景中，员工能更自在地发表意见，同时非正式类型也最适合利克特所提倡的以团队为基础的全方位信息流动，所以群体行为理论认为，在信息沟通方面，非正式组织类型比正式类型更能发挥作用。

　　2. 群体行为理论中的信息论思维在现代管理中的应用

　　群体行为理论的原则在现代人力资源管理中极为盛行。在许多人的眼中，这些观念是经营现代组织的法宝。如今大多数管理者都同意组织应该使组织效率和员工的满意度都达到最大化，而最佳途径则是尽量明智地利用组织的人力资源。

　　大量的组织计划可以证明人力资源原则在现代组织中的普遍应用。这些计划都强调团队管理和员工的参与对于确保产品或服务质量及组织生产效率的重要性。团队有多种形式，可以是多功能团

---

　　①　孙耀君. 西方管理学名著提要 [C]. 南昌：江西人民出版社，1995.

队、工作团队、非正式团队或上层管理团队。重要的是团队参与讨论能够使人力资源得到最大程度的发挥和利用。

6.3 组织网络理论中的人力资源管理信息论思维

6.3.1 组织网络理论中的人力资源管理信息论思维

当代最新管理理论是以系统管理理论为代表的，反映在人力资源管理方面，又以组织网络理论最具概括性。不言而喻，大量的信息传播是在组织中进行的。对组织理论的研究，传统上有三种方法：①

（1）职位论。该方法注重的是组织中的正式结构和功能，在该方法中，组织被看作一系列职位的集合。显然，职位论采用的是结构法，其基础理论是韦伯的行政组织理论。韦伯将组织定义为一个为完成任务协作任务而进行的具有一定目的性的人际活动的体系。权力是多数社会关系的基石。信息交流能否被接受取决于上层领导的权力合法化的程度。正是由于组织赋予了你的上司发号施令的合法权威，你才愿意服从上司的指令。

（2）关系论。该方法讨论的是组织成员间关系自然形成的方式。在该方法中，组织被视为一个具有生命力的不断变化的系统，由其成员间的相互作用形成。其中，卡尔·韦克理论是最有影响力的关系论理论之一。该理论区别于职位论理论的特征是，组织并非由各种职位、角色构成，而是由人们的信息传递活动构成，组织是人们通过一系列信息传递活动所形成的产物。韦克认为人际间的所有信息一定程度上都具有多义性，而组织的形成正是为了减少这种不确定性。

（3）文化论。该方法以符号、意义为核心，认为事件、仪式及

---

① Weber. The theory of Social and Economic Organizationlull. New York: Free Press. 1947.

工作任务的参与者创造了组织，组织的实际结构并非事先设计好的，而是产生于其成员的日常活动。该方法论注重组织成员的意义和价值观，它认为组织除了完成以任务为重点的目标，也是人类文化的集合。组织理论的文化论是一个重大进步，它使我们重新关注那些传统的、以管理为重点的变量分析法没有给予关注的一系列问题。在传统上，管理被视为以组织利益为出发点的一个理性过程，而文化论则表明这种说法只是部分正确。

　　蒙奇和艾森伯格认为，网络理论综合了这三种传统方法的特点。简单地说，网络是指由个人、团体之间的交流所形成的社会结构。人们在交流过程中，形成了相互的联系和传播链，这些渠道作用于所有形式的社会活动、组织及整个社会。从某种意义上讲，网络几乎抓住了组织中人际信息流动的各个特征。一方面，网络理论揭示了组织的结构和功能，指出了组织中社会实体的构成方式，显示了网络不仅具有工具性，还具有文化性。另一方面，网络还是施展权力及人际影响力的渠道，这一过程不仅通过正式的管理途径得以实现，还可以通过组织成员间非正式途径实现。

6.3.2　组织网络理论在现代人力资源管理中的应用

　　在实际的人力资源管理过程中，可以从多个层次来研究网络，包括个人子系统、两个人子系统、小组子系统、组织及组织之间的信息交流。个人间的交流形成了两个人子系统，两个人子系统间的交流形成了群体，而群体间的交流则形成了网络，可以从任何一点开始研究网络。

　　组织网络包括以下几个特性：首先是网络规模大小，即人数多少；其次是组织成员之间相互接近程度；最后是多重性，即网络的重叠。网络的多重性是指一个网络或网络的一部分完成多项任务，如两个人之间的传播链既可能是任务链，又可能是社交链。当一个网络或其一部分包括了一种以上类型的内容，则称其具有多重性。最后一个特性是中心性，它有多种表现形式。其中之一是组织中每位成员与其他成员联系的数量。个人与他人联系较多，则称其个人中心性较强；若一个网络内的联系平均值高，则网络中心性强。

最后一个层次是组织间网络，或称环境网络，该网络由组织间成员的传播链组成。通过这些传播链，组织与组织被紧密地联系在一起，如员工可能与供应商、零售商等许多组织有联系。组织间网络显示了组织不可能孤立地存在、运转，而是影响其活动、文化的环境的一部分。

总而言之，网络理论对我们系统而又全面地描绘企业内外人际信息的交流提供了一个高效而实用的工具。它的应用必将为人力资源管理的信息理论带来质的飞跃。

信息理论是第二次世界大战以后随着电讯工业的蓬勃发展而兴起的。起初，它主要研究系统中的信息传播，随着信息理论的不断发展，它逐渐应用于行为和社会科学。人们发现，许多经济和管理现象都可用信息论来解释，这就进一步充实了管理理论。人力资源管理水平的提高与否，与组织中人们的信息沟通程度是密切相关的。可以预见，与信息理论的结合，将使人力资源管理理论的创新迈向一个新的高度。

6.4　信息时代企业人力资源管理的信息论思维

21 世纪是知识经济的时代，信息技术得到空前发展。企业信息化建设很大程度上以 ERP 的建设为代表，而 ERP 中最核心的部分无疑就是人力资源管理了。世界资源的开发重心也开始逐渐由物质资源的开发转移到以知识信息积累为基础的人力资源开发上来。人力资源管理已成为事关一个组织发展的重要因素，人力资源的信息化也势在必行。

6.4.1　企业人力资源管理的信息化发展阶段

以"人力资源管理"理念为理论基础而开发的 HRMS（human

resource management system，人力资源管理系统）的发展经历了三个阶段。①

第一阶段，20 世纪 60 年代，企业开始运用计算机来代替手工完成繁杂的薪资计算工作，这一时期的人力资源管理也只是停留在薪资计算方面，没有考虑其他非财务的信息，是电子人力资源管理的一个雏形。

第二阶段，人力资源管理系统出现在 20 世纪 70 年代末，此时计算机技术以及数据库技术都有了一定程度的发展，这一时期的人力资源管理系统开始将一些非财务因素纳入了考虑的范围，报表生成和薪资数据分析方面都有了很大的发展。

第三阶段，通过数据库技术和网络技术将人力资源管理相关的数据集中起来（如薪资福利、个人职业生涯的设计、培训、绩效管理、岗位描述、个人信息）统一起来，形成了集成的信息源。这一阶段的人力资源管理充分利用现代信息技术，结合先进的人力资源管理理念，实现了组织内部人力资源管理全员化管理，并为人力资源管理提供了决策分析的一种信息化应用模式。发展到此时的人力资源管理系统模式称为 e-HR，即电子化人力资源管理。

6.4.2　现代信息技术对企业人力资源诸管理的影响②

现代信息技术扩展了人的信息器官，使人类之间的信息交流质量、速度千百倍的提高。而人力资源则是企业系统最活跃的、决定性的因素。因此，如何利用信息技术来更好地加强对人力资源的管理，以提高企业员工积极性、主动性和创造性，从而提高企业的工作效率和企业的核心竞争力已成为现代企业能否繁荣昌盛的关键。

---

① 袁颖. 信息时代的企业人力资源管理 [J]. 市场论坛，2004（2）：45 – 46.
② 杨家珍、王飞鹏. 信息技术与人力资源管理 [J]. 中国劳动，2001（2）：27 – 28.

1. 信息技术改变了企业的组织结构

随着信息技术的发展和应用，与信息传递方式密切相关的组织结构也就从金字塔形向扁平式组织结构转变。原来起上传下达作用的中间层组织逐渐消失，高层决策者可以与基层执行者直接联系，基层执行者也可以根据具体情况及时进行决策。这就使企业的管理层次减少，管理人员得到精简。过去一些大企业设立了许多平行部门，各司其职，互不协调，效率不高。现在把这些相互关联的平行部门加以整合，变成了综合性部门，提高企业的效率和竞争力。即使在政府机关，这种转变也非常明显。如过去有劳动局（针对体力劳动者）、人事局（针对基层干部）、社会保障局（针对社保业务），现在早已合并为一个部门。

2. 信息技术改变了企业人力资源配置的时空观

信息技术极大地缩短了时间和空间距离，使企业的人力资源配置打破了传统的时空界限，提高了企业人力资源管理的工作效率，员工可以更方便地获取各种知识和信息，多渠道、多种方式的发挥自己的才能。企业对劳动力的任用也有了充分的自由。一个职工可以同时为几家企业工作，一个企业也可以通过广泛快捷的信息网络在全国，乃至全世界录用、选拔优秀人才，实现了企业人力资源的最优配置。

3. 信息技术更有利于人力资源管理职能的发挥

现代企业人力资源管理是以组织中的人为管理对象，其职能包括下列五个方面：员工的选用、员工的稳定、员工的发展、员工的评价和员工的调整。企业从员工的招收、录用、培养到考核、调整，都可利用现代化的技术，特别是网络信息技术，方便、快捷、及时、准确地完成上述一系列活动。如企业在进行员工招聘、考核时，管理人员可利用信息网络远距离获取信息并加以分析、评价和反馈，有效地对职工进行管理。

4. 信息技术改变了人力资源管理的模式

传统的人力资源管理注重员工的招聘、档案合同的管理、员工的考评培训、工资制度等有关企业内部的事务性管理，人力资源部门作为企业内部的后勤服务部门对业务部门提供服务和支持，而忽视了与市场和顾客的联系，不重视顾客的需求和市场的变化，缺乏对企业经营业务和发展方向的整体把握。因此，它处在一种被动的、从属的地位。

5. 信息技术要求企业员工具备较高的素质和能力

由于信息技术的广泛应用，对员工的要求越来越高，员工从直接的手工操作者变成监控者、编程者、决策者和一定程度上的自我管理者，要求员工具备一定的知识结构、创新能力、获取新知识的能力，这些素质和能力的提高直接依赖于现代企业人力资源的开发。随着产品种类、产品生产技术等变化的加快，要求员工经常接受培训，终身进行学习，不断掌握新的知识和技能。另外，在自动化的生产系统和办公系统中，操作上的小失误会被放大而引起系统混乱，要求员工具有高度的责任心、团队精神和全局观念。

6. 信息技术有利于企业人力资源的充分开发

企业人力资源的开发包括：启发、挖掘员工已具有的智能；培养、训练、提高员工的智力、知识、技能、思想水平；充分调动、发挥员工的积极性、自觉性、创造性。企业可利用信息技术，采用科学方法对员工进行素质测评，准确评价员工的知识、技能、智力水平。信息技术还为企业员工的教育培训提供了有效途径。网络技术的应用加快了知识的编码，尤其是隐性知识通过信息编码后转变成显性知识，有利于知识共享，使员工可以不受时间、地点、资金、人员等因素的限制，很快学到企业内、外部的新知识、新技术和先进经验，从而获得启发、教育和培训。

7. 信息技术避免了传统信息传递方式所带来的障碍

传统的信息传递方式时间长、环节多，易使信息传递延误、失真和人为扭曲，还易使上级、同级人员之间相互猜疑，增加了沟通的难度。而现代的信息和通信技术为企业提供了方便、可靠、及时、准确的信息网络，使企业职工和领导者可以凭借信息系统，发布企业发展、经营管理的有关信息并及时得到反馈，缩短了信息传递时间，增加了管理的透明度，避免了正面冲突，进而协调了企业部门之间、职工之间的关系。

信息技术的飞速发展是知识经济的时代的主要特征之一，企业人力资源管理也正受着现代信息技术的深刻影响，一种完全不同于传统时代的人力资源管理正在现代企业经营中形成。

6.4.3　现代信息传播方式对企业人力资源管理的影响

随着人们进入信息化时代，生活方式发生了很大变化。大众传媒如今已经渗透到每个人的生活中。

1. 现代信息传播方式概述

在信息化初期，人们的传播媒介是报刊、广播和电视，电话等。而互联网的应用与普及。是现代传媒真正跨入现代化的标志。

现代信息传播方式主要有报纸报刊、电影电视、广播以及网络，分为电子类和印刷类两种。各自在传播信息时有着不同的特点。

（1）报纸，发行量较大，是过去受众面最大的传统信息传播媒介，也是企业比较青睐的信息传播工具，由于信息量较大，并且内容详细，全面，读者在阅读报纸时，可以系统的了解信息；报纸很便宜，大众都能够接受他的价格；报纸能够选择，现在信息、五花八门，读者在应对众多报纸时，可以选择自己比较喜欢的类别，或是自己近期关注的内容。

（2）广播，广播的特点在于他的对象很广泛，没有单一的听众类群；他的传播十分的迅速，功能多样化，在无线电传播下，人们能够第一时间收听到广播，而不需要时间间隔，同时听众可以根据自己的喜好和要求收听节目，选择频道收听节目；广播的感染力很强，很容易带动听众的情绪和思维。

（3）电视，现在电视基本上是每个家庭都具备的电子产品，其覆盖率很高，公众接受率也很高，图文并茂，并且具有极强的画面感，很容易让观众接受，他的娱乐性很强，很容易被观众接受。

（4）网络，作为后起之秀，其发展空间很大。相对于其他的信息传播媒介，其具有很强的时效性，传播速度快捷，能够做到及时性；他的覆盖面和传播面和广泛，网民日渐增多；他的信息具有多媒体化的特性，包括文字、图片、视屏、语音等；不同于其他的传播媒体，能够在线互动，相互评论。

2. 现代信息传播方式对人力资源管理的影响

从表 6-1 中可以看出，现代媒介传播主要以网络为主，新型媒介如微博、微信以及博客等逐渐称为主流传播媒介，在调查 200人，其中有 75 人，占 37.5% 的认为网络是影响人力资源管理的最大因素，其次是微博、微信以及博客等新型媒介，约占 18%。而传统媒介广播、电视等媒介对其影响逐渐减弱，因此，随着网络环境的不断发展，对人力资源管理产生了重要影响。[①]

表 6-1　您认为下列哪一个媒介传播对人力资源管理影响最大

现代媒介种类	频数	百分比（%）
网络	75	37.5
广播、电视	32	16
报刊、书籍	23	11.5
微博、微信、博客	35	17.5
其他	35	17.5

数据来源：高逸文、谢宇翔：现代媒介传播对人力资源管理的影响，新经济 .2014（3），第 96-97 页。

下面，主要以网络媒介传播对人力资源管理的影响进行分析：

（1）网络对人力资源管理的工作内容的影响。人力资源管理工作在网络时代的影响下，最为直接的表现就是工作内容的改变。这种改变主要是指，在人力资源管理中，工作人员会接触越来越多的

①　高逸文、谢宇翔：现代媒介传播对人力资源管理的影响 [J]，新经济，2014（3）：96-97.

有关信息化技术的工作，这种信息技术的使用对人力资源的工作内容会带来很大的改变。传统的工作内容往往过于单一，员工在工作时，大多是进行固有的工作，但是在网络时代的冲击下，传统的保守工作内容，大多的固有工作在网络时代的冲击下，在越来越多的新技术的影响下，人力资源管理的工作内容变得丰富多彩。

（2）网络对人力资源管理的工作形式的影响。传统的人力资源管理工作，在人力资源开发、人力资源培训甚至是员工的档案都是采取纸质稿，企业对纸质文书的依赖性和需求性很大。但是像这种依赖纸质文书的工作方式十分的复杂、烦琐，对工作人员的工作压力很大，这不仅仅是浪费了力资源，对于时间的浪费也是十分严重的。但是在网络时代下，网络作为传播媒介对企业人力资源管理的工作方式影响，使人力资源的工作形式发生了质的变化。工作人员可以利用网络对企业的人力资源进行开发和培训，员工的各项档案也可以利用软件管理系统进行存储，在需要使用的时候可以迅速地找出，这不仅仅是节约了资源，对员工的工作效率也有了质的改变。与此同时，人力资源管理形式的改变，在员工的管理方式和员工的绩效管理工作上也发生了改变。像员工的绩效考核，在传统中都是依靠人工的方式来完成的，这使得员工的绩效考核结果存在不公平性，毕竟人工操作会受到主观意识的影响，这样的考核结果往往会受到质疑，同时对于企业的发展带来一定的弊端。

（3）网络对人力资源的工作架构的影响。对于任何一个企业来说，在人力资源管理内部都存在着级别管理和范围管理上的差别。在传统的人力资源管理模式中，企业的人力资源管理的重心过多地集中在对领导阶层的管理，对于基层员工的管理采取漠视的态度，这对基层人员的工作情绪与工作效率都会有着负面的影响，这种基层和管理层管理脱节的做法，往往会对企业的运营带来不良的影响。如今在网络的影响下，人力资源管理的工作架构将会发生改变。因为网络具有公开、公平的特性，在网络的影响下，企业的人力资源管理工作会及时地传达到各个员工，通过网络，能够了解到基层员工的工作状况并能与他们进行沟通，使企业的人力资源管理在架构上更加的平衡。相对于传统的人力资源管理工作架构，现在不会有过多的关注在企业的管理级别上，实现管理层与基层管理能够同时进行发展，这是企业人力资源管理工作上的一个重要突破。在这种人力资源的工作构架中，员工的工作情绪会得到改善，工作效率也会得到提高，这对企业的长期发展起着良好的作用。

新的信息传播方式对于人力资源管理提出了新的要求，对于整体人力资源管理工作内容提供更加便携的途径与渠道，尤其是现代以网络为主的新型媒介对于人力资源管理带来更高的工作效率，但同时也需要处理好媒介对于人力资源管理的负面影响，如信息泄露等问题，但随着社会不断发展，人力资源管理发展必然呈现网络化、现代化以及多样化等特点的趋势。

本章创新点：

首次较为系统地对传统管理理论中的人力资源管理信息思维进行了诠释。

第 7 章

企业人力资源管理的耗散结构理论

7.1 概　　述

耗散结构理论是比利时化学家布鲁塞尔学派的领导人普利高津于 1967 年创立的。现在一般认为：耗散结构是指在非平衡条件下产生的，依靠物质、能量、信息不断输入和输出条件来维持其内部非线性相互作用有序结构的系统。普利高津本人对此也有一个通俗的介绍。他在《复杂性的进化和自然界的定律》一文中指出："生物和社会组织包含一种新型的结构；它与平衡结构例如晶体有不同的来源，要求有不同的解释。社会和生物结构的一个共同特性是它们产生与开放系统，而且这种组织只有与周围环境的介质进行物质和能量的交换才能维持生命力。然而，只是一个开放系统并没有充分的条件保证出现这种结构……只有在系统保证'远离平衡'和在系统的不同元素之间存在着'非线性'的机制的条件下，耗散结构才可能出现。"[①] 现在人们普遍认为，普利高津的这种关于物理化学实验和数学的讨论，事实上是关于一般系统进化发展的内在机制讨论。该理论所涉及的范围之广，在科学史上是罕见的。因为它所研究的是开放系统，而客观世界的各种系统，无论是有生命的，还

---

① ［比利时］普利高津. 复杂性的进化和自然界的定律［J］. 自然科学哲学问题，1980（3）.

是无生命的，实际上都是与周围环境有着相互依赖和相互作用的开放系统，绝对的孤立系统客观上是不存在的。耗散结构理论所研究的关于复杂系统的非平衡、非线性、涨落、突变等方面的现象和规律，为各门学科所通用。他所总结出的基本问题和原理，不仅对物理和生命现象有意义，而且对于社会和管理系统也有着深刻重要的意义。因此，这一理论的建立时间虽然不长，却在许多领域得到了广泛的应用，并取得了一定的成果。尤其是在探讨自然现象中所获得的成功，促使人们把它的应用范围扩大到社会、经济、管理等各个领域，探索在更广阔的领域应用耗散结构理论的一般原理和方法，具体地来分析一些实际的社会、经济及管理问题。下面，仅就耗散结构理论在人力资源管理方面的应用做初步探讨。

7.2　相关概念

7.2.1　非平衡

耗散结构理论认为，开放系统只是耗散结构形成的必要条件，但不是充分条件，耗散结构只有在系统保持"远离平衡"的条件下，才有可能出现，"非平衡是有序之源"，这是耗散结构理论的一个基本出发点。这里所说的非平衡态是指系统远离平衡态的状态，平衡态和近平衡态都被排除在外。因为系统在平衡态或近平衡态线性区，系统是处于稳定状态或趋于稳定状态，系统总的趋向是趋于无序或趋于平衡，小的涨落和扰动很难改变系统的这种状态或趋势，所以系统不可能出现新的有序结构。当系统在远离平衡态的非线性区时，系统处于一种十分不稳定的状态，一旦外界对系统施加足够的影响，系统就有可能通过涨落或突变进入一个新的稳定有序状态，形成新的稳定有序结构。

7.2.2　熵

物理学中的热力学第一定律告诉人们能量是守恒的、不灭的，只能从一种形式转化成另一种形式。热力学第二定律进一步揭示能量的传递方向与条件，德国热力学家克劳修斯（Clausius，1850）将其表达为：在一个孤立系统内，热总是从高温物体传到低温物体。十年后他又引进了态函数熵（entropy）。从此熵的概念在许多学科中得到应用。

这里，有一个至关重要的问题，究竟什么是熵，什么又是负熵？这些概念对企业人力资源管理系统来说，又意味着什么？

克劳修斯对熵是这样定义的[①]：

$$\Delta S = S - S_0 = \int_{P_0}^{P} \frac{\delta Q(可逆)}{T}$$

其中，P_0 为起始状态，P 为终了状态，S_0、S 为相对于 P_0、P 状态的熵值，T 为绝对温度，Q 为热量，$S - S_0$ 叫熵的变化量。若系统经历一个可逆过程，上述熵变即积分值是与积分路线无关的物理量，只与系统的初始和终了状态有关，是系统的一个态函数。现在用熵来表达热力学第二定律：在可逆过程中系统的熵变化量等于系统吸收的热量与热源温度的比值，在不可逆过程中，熵变大于热温比。由此得出结论：系统经历一个不可逆热过程时熵变大于零，即熵增加原理，系统经历一个可逆过程时熵变等于零；不可逆过程都是由非平衡态趋于平衡态的过程，平衡态对应的熵值最高。

也就是说，在理想的封闭系统中，其状态变化是一个不可逆的过程，系统内部总是从初始的有序状态向着处处均等、平衡、总体混乱的方向变化，而反过来是不可能的。为了从数学上规定这种不可逆的变化，为系统内部混乱状态的程度制定一种衡量尺度和标准，熵就是系统内部的混乱程度的表达方式。系统越混乱，熵函数值就越大。

薛定谔指出："一个有机体存在的时候，在不断地增加着它的

① 尼科里斯，普利高津. 探索复杂性 [M]. 曾庆宏，沈小峰译. 成都：四川教育出版社，1992：22 –30.

熵，并趋于接近最大值的熵的危险状态，那就是死亡。要摆脱死亡，也就是说要活着，唯一的办法就是从环境里不断地吸取负熵。有机体是赖负熵为生的。新陈代谢中的本质的东西，乃是使有机体成功地消除了当它自身活着的时候不得不产生的全部的熵。"①

奥地利物理学家玻尔兹曼从统计物理学的角度考察了熵的概念。他把熵定义为：

$$熵 = K \log D$$

其中，K 为玻尔兹曼常数，D 为有关物质的原子无序状态的数量量度。

关于负熵，存在着这么几种说法：

（1）薛定谔认为：假设 D 是无序的量度，它的倒数 $1/D$ 可以作为有序的一个直接量度。因为 $1/D$ 的读数正好是 D 的负对数，玻尔兹曼的方程式可以写成这样：

$$负熵 = K \log \frac{1}{D}$$

也就是说，薛定谔认为，负熵就是取负号的熵②。

薛定谔的负熵概念提出后，遭到了许多人的强烈反对，苏联生物物理学家伏尔更斯坦、生物学家佩鲁茨以及我国学者王兆强等人都对薛氏的负熵说提出了尖锐的批评。③

赵佩华在《系统辩证学学报》上撰文指出：薛定谔为填平物理学与生物学之间的鸿沟而首先提出的负熵概念是积极可取的。但还过于粗糙，表述也不准确，以致引起很大的非议。另外，他把负熵说成是负值的熵、是有序号的量度，是草率的，不对的。因为熵是

① 薛定谔. 生命是什么 [M]. 载：庞元正、李建华编. 系统论控制论信信息论经典文献选编. 北京：求实出版社，1989：693.
② 薛定谔. 生命是什么 [M]. 载：庞元正、李建华编. 系统论控制论信信息论经典文献选编. 北京：求实出版社，1989：695.
③ 赵佩华. 熵理论的几个基本问题研究述评 [J]. 系统辩证学学报，2000（1）：86.

没有负值的。负熵与负值的熵是两回事，二者不可混淆。

（2）信息就是负熵说：首先，让我们看看信息量的计算公式，申农依靠统计数学建立了信息量计算的数学模型：

$$H = -K \sum P_i \log P_i$$

其中，H 是拉丁字母，表示熵，申农称为信息熵或信息量，i 指一个符号系统中的某个符号；P_i 指该符号在整个符号系统中出现的概率；K 是常数，运算中仅等于度量单位的选择。可以看出，熵公式和信息量公式在数学上是一致的。熵在于求算微观状态数目的对数，或者说是可能的事件数目的对数。而信息量公式在于求算在许多可能事件中某一事件出现概率的对数，这一概率值的对数一定是负值。当在公式前再增加一个负号时，这两个公式在数学上的意义就完全一样了。这意味着信息与熵的概念都是关于系统内部状态的度量。所以申农将他的数学公式的研究称为"信息熵"。但是在具体意义上这两者的侧重又有所不同。信息公式所衡量的是一个分数值，也就是关于在多数可能的状态中某一种状态出现的可能性，在于考察系统中某种约束度的存在或增加的量。而熵公式所衡量的仅是可能出现的微观事件的数量，不注重约束度的存在，只反映混乱状态的增加。在这个意义上信息概念与熵是不同的。许多人称信息为"负熵"，但二者其实并不是简单的互补关系。而有一点可以肯定的是，系统中信息量的增加，对增加系统的有序度无疑是有帮助的。

汕头大学的赵佩华则把负熵定义为：当一个系统与外界进行物质、能量、信息的交换后，若系统的总熵变小于系统内部产生的增熵时，我们便可断定系统产生了负熵流，或者说，这时候系统引进了负熵。[①]

---

① 赵佩华. 熵理论的几个基本问题研究述评 [J]. 系统辩证学学报，2000（1）：87.

7.2.3　非线性

普利高津指出："对于形成耗散结构的另一个基本特性，是在系统的各个元素之间的相互作用中存在着一种非线性的机制。"[①]他通过对非平衡系统的长期研究，发现复杂系统内部诸要素的非线性相互作用是推动系统向有序发展的内部动力，是形成耗散结构的重要机理和必要条件。这种非线性相互作用，能使系统各要素间产生协同作用和相干效应，从而使系统由混乱无序变为井然有序。非线性相互作用的这种特殊功能，是由非线性相互作用的特性所决定的。所谓非线性相互作用，是指复杂系统中要素间存在的相互作用方式，由于描述这种相互作用的方程是非线性微分方程，所以称此为非线性相互作用。它与线性相互作用相比，具有线性相互作用所不可能具有的特点和功能。线性相互作用是数量上可叠加的相互作用，其结果只能是数量上的叠加，不可能产生质的变化。而非线性相互作用则不同。由于它具有不独立的相干性、时空的不均匀性和多体的不对称性等特点，所以它不能简单地进行数量叠加，而是随时间、地点和条件的不同，呈现出不同的相互作用方式和不同的效应。

7.2.4　涨落对耗散结构的影响

我们知道，一个远离平衡的开放系统是能够在一定条件下形成耗散结构的，即耗散结构是建立在非平衡基础上的，那么它如何保持下来呢？这就是它的稳定性问题。如前所述，一个耗散结构是由许多元素之间的非线性相互作用形成的。这些元素的运动具有随机性。这样一来，耗散结构的每个存在状态都要受到小的局部的扰动，这种扰动对耗散结构自然会产生影响。所谓涨落，就是系统的某个变量或某种行为对平均值的偏离。涨落是偶然的、随机的杂乱

---

①　胡君辰等. 人力资源开发与管理［M］. 上海：复旦大学出版社，1999：64.

无章的，在不同状态下有不同的作用。耗散结构理论对涨落进行了深入的分析。普利高津分析了随机涨落在耗散结构形成过程中的重要作用，提出了"涨落导致有序"的观点。他指出：首先，在平衡态中没有涨落的发生。在近平衡态，涨落的发生只会使系统状态发生暂时的偏离，而这种偏离会不断衰减直到消失。在远离平衡态，系统处于一种动态的平衡之中，这时，随机的小涨落可以通过非线性的相干作用和连锁效应被迅速放大，形成宏观整体上的"巨涨落"，从而导致系统发生突变，形成一种新的稳定有序状态。在这里，涨落对耗散结构的形成起了一个触发的作用，即偶然的随机涨落为耗散结构的形成提供了一个良好的契机。

必须指出：系统的随机涨落具有二重性，既可以是对组织稳定有序状态的干扰，也可以是使组织走向新的有序状态的杠杆。在企业人力资源管理系统中，涨落现象是经常发生的。我们要注意排除那些干扰组织稳定的涨落，利用那些有积极意义的涨落，使涨落成为推动人力资源管理系统走向良性循环的积极力量。

7.2.5 麦克斯韦妖及其讨论

1. 麦克斯韦妖的基本含义

热力学第二定律指出：对一个孤立系统来说，一切不可逆过程都会使熵增加，一切不平衡态都最终趋于平衡态。平衡态的特征是熵最大。在平衡状态下，系统混乱度最大，无序度最高，组织程度最差，信息量最少，而且一经进入平衡态，便维持这个平衡态，不能飞跃为另一种新的不同的状态，因此，有人说，热力学第二定律是宇宙死亡的宣判。即有名的"热寂说"。

1871 年，麦克斯韦在其《热的理论》一书中提出了一个与热力学第二定律相抗衡的假说。他提出了一个人们后来称其为"麦克斯韦妖"的机制模型：假定有一个容器中温度均匀，其中的分子做着随机运动，分子的运动速度有快有慢。容器中间有一片带着一个小孔的隔板，小孔处有一个"小妖"，它见快分子过来时就放过，而慢分子过来时就阻挡。这样做的结果是整体容器中形成了温度差，系统获得了自由能。麦克斯韦认为，这样，系统就在不消耗能量的情况下产生了结构（或信息）。或者说，由无序变为有序。

2. 学者们对麦克斯韦妖的讨论：麦克斯韦妖的工作必须有能量输入

自麦克斯韦提出这个有名的"麦克斯韦妖"的概念以来，科学家们对其展开了热烈的讨论。齐拉德第一个对麦克斯韦妖作用的原理进行了较为深入的分析。他提出麦克斯韦妖实则是把"信息"转变为"负熵"[1]，从而使系统有序。1948 年，维纳在《控制论》一书中也指出："麦克斯韦妖在动作之前，必须收到有关前来的粒子的速度和位置的信息。"[2] 20 世纪 50 年代，布里渊应用熵的信息论进行了解释，指出麦克斯韦妖要能够分辨粒子运动速度的大小。布里渊假设小妖要分辨粒子就必须从外界获得信息，例如，先设法照亮粒子，否则，小妖不能看见分子，因此它就不能操纵阀门[3]。没有照亮粒子所需的能量输入，妖就不能获得足够的信息去控制粒子，也就是说，麦克斯韦妖不过是一个开放系统，它从外界环境输入信息或负熵而已。麦克斯韦原意中的"妖"是不可能存在的。

3. 现实物质世界中的麦克斯韦妖

（1）修正后的麦克斯韦妖广泛存在。维纳指出：虽说严格意义上的麦克斯韦妖不可能存在，可是如果我们一开始就接受这一点而不加以论证，那我们就要失去一个难得的机会来研究关于熵和关于在物理学、化学和生物学中麦克斯韦妖的可能意义的系统知识。

最初，麦克斯韦妖纯粹是一种设想或假说，在人们的心目中只能像神话故事中的妖魔一样，但后来人们将其思想观念加以发展乏

① 普利高津. 复杂性的进化和自然界的定律 [M]. 利高津与耗散结构理论. 西安：陕西科学技术出版社，1982：156.
② 王其藩. 高级系统动力学 [M]. 北京：清华大学出版社，1995：88.
③ 布里渊. 麦克斯韦妖不起作用 [M]. 系统论控制论信息论经典文献选编：庞元正、李建华，编. 北京：求实出版社，1989：640.

卿拓宽，并越来越发现麦克斯韦妖的科学实用性与实在性及普适性。

其实，如果我们从布里渊所修正的麦克斯韦妖来看，在物质世界中，万有引力就是麦克斯韦妖，它导致宇宙间原来分散的物质变成团块，变成星体，从而造成熵减。黑洞是借其强大的引力造成质能集中而产生负熵的①。若将布里渊所修正过的麦克斯韦妖推而广之，冰箱、机器人等耗散结构都可看成是麦克斯韦妖②。

开尔文在麦克斯韦妖提出后不久，就提出了"分门别类的妖精"概念。认为麦克斯韦妖对于物质运动的影响超出了动力学范围。丁有瑚则进一步提出"分门别类的广义的麦克斯韦妖"理念，认为麦克斯韦妖的工作原理不是纯粹机械性的，不仅在纯物理科学中大有用处，在其他学科领域乃至生命科学与社会科学中也大有用处。③

（2）麦克斯韦妖在耗散结构中的角色：开关型界门。当维纳和布里渊解释麦克斯韦妖工作时需要获得信息，例如，照亮粒子而付出能量时，实际上已把小妖视为一种开关型的界门④。开关型界门如何工作？它必须获得关于来自环境向系统里的输入或来自系统里向环境输出的信息，然后将其与界门工作"规则"对比，确定是否许可"进"或"出"。总之，可以把界门视为一种"耗能的麦克斯韦妖"⑤。

从生命科学来说，江大勇教授一直深信生命的本质就是膜结构

---

① 转引自：王身立. 耗散结构理论向何处去 [M]. 北京：人民出版社，1989：85.

② 布里渊. 麦克斯韦妖不起作用 [M]. 统论控制论信息论经典文献选编：庞元正、李建华，编. 北京：求实出版社，1989：640.

③ 丁有瑚. 广义麦克斯韦妖 [J]. 现代物理知识，1995（05）：10.

④ 曹鸿兴认为，界门分为常开型和开关型。常开型是指界门永远开着，如人耳。另一种是开关型，可随时间和条件开或关，如电视机开关，开了有图像，关了就不再有信号输出。参见：曹鸿兴. 系统周界的一般理论——界壳论 [M]. 北京：气象出版社，1997：1-3.

⑤ 曹鸿兴. 系统周界的一般理论——界壳论 [M]. 北京：气象出版社，1997：43.

（类似于界壳论），这样就可以选择性地通过物质和能量，从而维持体系的有序甚至使熵减小。而这种选择行为所需的能量则由外界摄入，所需的信息则由 DNA 遗传提供。这里的 DNA 可以看作为确定许可"进"或"出"的工作规则。①

所以说，要使麦克斯韦妖担负起"守门人"的职责，它必须获得相关的信息或能量，以确定运动粒子的状态，从而准确地完成"开、关门"的任务。

7.3　人力资源管理系统与耗散结构理论

7.3.1　人力资源管理系统的非平衡性

普利高津的耗散系统原理表明："非平衡是有序之源"，这里的非平衡是指系统内部的差异性、分化性、不均等的状态，而均等的状态、平衡的状态使系统内部控制能力下降，将使系统走向混乱和无序的状态。这种观点给我们理解和认识企业人力资源管理系统的结构和功能带来很大的启发。

在过去，"不患穷，只患不均"的观念曾经是我国长期盛行的分配思想，而差异性，即企业内的分工差异甚至脑力劳动和体力劳动的差异，长期受到忽视，似乎只有当所有的状态都达到了均等和平衡时才能满意。

从耗散结构的观点来看，系统的平衡状态，处处均等的状态正是系统结构消退，功能丧失的表现，越是接近这个平衡态，系统的自主控制功能就越差，系统也就越混乱。系统中新的秩序产生必须通过非平衡的差异，通过分化才能产生多种多样的稳定结构，才能实现系统的特定功能。这个过程是平衡性的破坏过程。系统进步的过程中所要建立的是系统内部的有序化、差异性或非平衡，而不是

---

① 张维加等. 麦克斯韦妖的进化——浅析生命体的复杂性演化 [J]. 科协论坛（下半月），2010（07）：53-54.

平衡。

在现代人力资源管理系统中，企业的人力资源应该是多差异的。从薪金管理来讲，薪金的本来目的在于确保、维系劳动力和提高质量以及激发劳动积极性，此外，还包括圆满处理人际关系以及使企业内部劳资双方关系得到安定和谐。以求形成和维持良好的组织秩序。从我国国有企业的薪金管理制度来看，在人们还处于物质匮乏的情况下，固定工资制度还不失为一个较合理的分配方法。而在今天，人们的温饱问题已经基本得到解决，若仍按老办法，人们的收入水平仍与个人的贡献程度不一致，必然大大挫伤劳动者的积极性。

薪金管理的非平衡，要通过按照员工的能力合理分配工作岗位后才能实现，而岗位的分配则要遵循能级层序原理来合理分配。该原理强调员工的能力（能）要与其工作岗位（能位或能级）相适应。能、能位（能级）的概念出自物理学。能，在物理学中表示物体做功的能量；能位（能级）表示事物系统内部按个体能量大小形成的结构、秩序、层次。如物理学中原子的电子层结构，在不同层上的电子具有不同的势能（位能），由于不同能量的电子各在其位，所以才形成了有序的物质结构，这就是能级对应关系。将这一原理引入人力资源管理领域，意指具有不同能力的人，应摆在组织内部不同的职位上，给予不同的权力和责任，实现能力与职位的对应和适应。

为使有限的人力资源发挥出最大的系统整体功能，必须在组织系统中，建立一定的层级结构，并制定相应的标准、规范，形成纵向、横向上严格的组织网络体系，处于组织上、中、下层的不同指望，对人员素质能力的要求差别很大，由于人员的实际素质和能力千差万别，因此，实现能级对应是一个十分复杂艰巨的动态过程。这是由于各种能级的对应不可能一劳永逸。随着时间的推移，事业的发展，各个指望及其要求在不断变化，人们的素质和能力也在不断变化，因此，必须经常性地调整"能"与"级"的关系。

在人们生活水平日益提高的情况下，薪金管理不但是劳动人事管理的一个重要组成部分，而且随着人力资源管理地位的提高和人事费用的上升，正在成为企业经营管理的一个重点研讨领域。

7.3.2　人力资源管理系统的熵观念

前面对熵和负熵问题的讨论，对企业人力资源管理系统的研究很有启发。当一个系统处于封闭状态时，系统必然是增熵的，其演化方向是趋于平衡、无序、结构消失和极度的混乱。因此，一个系统如果是进化的，能够产生耗散结构的，那么它就必须是开放的。观察无数在发生、发展和进化的系统，无一不是如此。如生命系统，当然也包括社会系统。

那么，什么是人力资源管理系统中的熵？表现在哪些方面？又如何度量？应该说，人力资源管理系统与自然界的各类系统在自身的变化过程中的不可逆性是相似的，我们可以借助热力学中的"熵"来定义"管理熵"。许多学者对此进行了研究，从不同的角度对管理熵进行定义。有学者从信息的角度认为管理熵是管理的信息与概念系统在管理信息的传递过程中传递效率与阻力损失的度量。广州大学的钟育三从管理效能的角度认为熵是系统的组织、制度、政策、方法等在相对封闭的系统运动过程中呈现出的管理效能的一种度量，系统熵增加意味着"管理效能"不断减少、不断消耗。[①]

从一个国家来说，显著开放的经济地区要比弱开放的和相对封闭的地区发展得更快。从企业角度上说，信息开放度高的学习型企业更能适应当今的信息社会。但开放系统原理并不是说，系统只要是处于开放状态下，就一定会发生进化。系统的开放是系统与环境之间存在着相互作用关系，是外部的物质、能量、信息对系统的影

---

① 钟育三. 人力资源管理的系统观——基于管理熵、管理耗散结构角度的分析 [J]. 系统辩证学学报，2005（1）：65 – 70.

响，虽然这些条件是耗散结构发生所必不可少的，但系统的新结构的产生主要还是系统内部的种种相互作用造成的。

1. 企业人力资源管理系统的开放性

企业人力资源管理系统首先是一个开放系统。在今天的社会中，任何一个企业组织，小到一个作坊，大到一个巨型企业，与整体的人类社会相比较而言都有着很大的局限性，在知识、文化的积累和科学技术的发展上，都会有自身的缺陷和不足，必须通过与其他的社会组织的不断交往和信息的相互交流来弥补这些不足。对企业的人力资源管理系统来说，如果一个企业在人力资源的输入方面实行"闭关"政策，单纯采用类似原来那种"子女顶替"之类的方法，就会造成在人力资源发展方面的"信息亏损"，使企业发展缓慢，甚至走向衰落。这种情形就好比人的种族繁衍，如近亲的通婚会因为基因信息互补量不足而无法拥有健康的后代，通婚的范围越小，越封闭，后代的优势率越低，而越是远缘通婚，后代的优势率越高。所以，对当代企业人力资源管理来说，必须根据自身情况，结合环境变化，做好企业的人力资源需求计划，及时吸收和聘用相当数量的外来人员到本企业工作，以保持人才的流动性，信息的开放性和思想的互补性。可以这样说，今天，一个组织的开放程度已成了企业发展能力和潜力的重要标志。关于这一点，无论从理论上，还是从实践上，都是不容置疑的。这是因为，现代人力资源管理时刻都离不开它赖以生存和发展的现代科学发展的大环境和社会人文环境。它要通过充分的开放，不断地与外界交换人力资源及其有关信息，进而不断地吸收先进的管理思想、管理方法、管理手段和管理人才，以求得自身的生存和发展。

从外部环境看，随着社会的发展，现代人力资源管理面临着比以往的人事管理复杂得多的局面，首先是人们价值观的变化，年轻一代与年长一代之间，对于职业、家庭、经济、婚姻、金钱的看法往往有明显的差异。另外，科技的飞速发展使企业处在一个前所未有的变化之中，企业的人力资源预测与规划都面临很大的不确定性。从内部环境看，随着竞争的不断升级，分工细化将是今后企业的主要趋势。着必然会导致企业的专业化程度越来越高，这样一来将导致内部员工职业转变困难程度增加。从中国现阶段来看，职工离职现象将会越来越多，如何创建企业自己独特的企业文化，以加强企业员工的凝聚力，也将是未来人力资源管理面临的新课题。现代人力资源管理正是要在这种开放、交流、竞争和挑战中，获得生存和发展的勃勃生机。

现代人力资源管理系统不仅要开放，而且还要充分地开放，与外界交往越多，信息沟通越灵。人们对该企业了解就越多，就越能吸引大量的求职者供其挑选，从而招聘到为企业所用的合适人才。现代人力资源系统的开放，包括对外和对内开放两方面的内容，对外开放的目的，是使企业置身于社会发展的大环境中，促进系统与外界进行人、财、物、信息、技术等方面的交流，在当今知识经济条件下，特别重要的是要促进人才的交流。对内开放的目的，是加强人力资源管理系统内部各部门员工间的相互沟通和联系，保持系统内部各种信息渠道的畅通，以利于互相协调、互相学习、互相促进、互相竞争，增强管理系统的内部活力，实现对内搞活。总之，无论对外开放，还是对内搞活，意义都是十分广泛的，它包含有全方位实行开放的深刻含义。

必须指出，企业人力资源管理系统的开放性，人员的进出只是一个方面。人员的流入，归根结底是包括知识在内的信息的流入。所以，加强企业现有人力资源的学习、培训是组织开放性的另一极为重要的方面。现代学习型组织的兴起，并不是偶然的，而是当代信息社会对企业人力资源管理的基本要求。

有一点必须说明，在说人力资源管理系统的开放性的时候，应该理解为相对开放的系统。事实上，大多数生物有机体和社会组织都是部分"开放"和部分"封闭"的。开放与封闭是个程度问题。企业人力资源管理系统当然是开放系统，它要从其环境中吸收它所需要的人力资源。但是，企业不能接受所有类型的人力资源，它对所需要的人力资源是有所选择的，因此，从这个意义上讲，人力资源管理系统不是完全开放的。反过来，从一个企业一定时期内所能接受的人力资源来看，其数量和质量是受到严格限制的。

2. 人力资源管理具体业务的熵观念

既然人力资源系统是一个有机体，那么它的内部就必然存在着熵自然增加的过程。这是系统存在与发展中无法避免的一种系统内部的趋势。我们到处都会看到熵在增加，系统内部存在着某种看不见的作用使系统自身在自然地、不断地增加着"麻烦"：人员在老化，设备在陈旧，产品在市场上的竞争力总是在自然地降低，还有许多意想不到的外部和内部的意外问题。我们制定了相当不错的制度，但总是有人不执行，总是有人想出办法来钻制度的空子，我们不得不特派一些制度监察人员进行经常性的检查，还要不断地修正制度，这些工作根本不能停息，否则，混乱和麻烦会很快增长和积累。为了抵制和消除熵，或者说，为了引进负熵，在日常人力资源管理活动中，必须不断发布指令，调整制度以至进行改革，使系统保持有序或效率更高的有序态。

具体来说，在人力资源管理的具体业务工作方面，熵和负熵概念给我们的启示是：

（1）人力资源规划的熵观念。制定人力资源规划时，其方向、目标、内容和规模，要适应环境及企业发展的需要，在当前特别要注重使之适应于市场经济体制和现代企业制度的需要，适应于企业自身发展特点与改革深化的需要。人力资源规划要及时地根据变化做出调整，这种调整要以人才的类型结构、才智结构、专业结构、素质结构、年龄结构、观念结构等诸多方面的广泛适应性为基础。而且，还要对规划的执行情况随时进行监督、分析，评价计划质量，找出计划的不足，及时给予适当调整，以确保企业整体目标的实现。

（2）员工招聘的熵观念。对员工的招聘应成为企业的日常工作。一方面，目前员工离职现象越来越普遍；另一方面，随着技术进步速度的加快，产品更新换代时间越来越短，市场竞争的日益激烈，对技术、营销人才的日常需求越来越大。而现在很多企业的招聘工作都是在一年的某个时段集中进行，这自然其中有很多原因，但当我们关注一下那些先进企业时，就会发现，他们把招聘是当作一项日常工作来抓的，如深圳华为公司的招聘活动就是经常性的，从而吸收了大量的优秀人才。经常性的员工招聘，可使应聘者有更多机会了解本公司，并根据自己的能力、兴趣与发展目标来决定是否参加组织，与其共同发展。这对发挥员工的潜能是十分重要的。而公司可从诸多应聘者中从容地选出个人发展与组织目标趋于一致的、并愿与组织共同发展的员工，这样就可更多地保留人力资源，减少因员工离职而带来的损失。另外，经常性的招聘使得组织的知名度得到扩大。大量的招聘广告，使外界能更多地了解本公司，华为公司在我国各大专院校家喻户晓，与其经常性的招聘活动不无关系。

（3）人力资源培训的熵观念。员工要不断地进行培训。现代"终身教育"理论认为，接受过常规教育的人们在工作中随着环境的变化和新职位的要求，以及新科技革命带来的信息膨胀、知识更新，迫切需要他们接受再教育，以实现新旧知识的交替，提高知识水平和管理能力。为此，职工培训要变"一次培训"为"终身培训"。首先，员工的知识水平要适应环境的变化。企业所处的环境在激烈地变化着，电脑芯片每18个月更换一代，十年前的知识90%已老化。原来合格的员工，如果不经常培训，成为不合格的员工几乎是不可避免的事。另外，市场的竞争在不断地升级，从产品竞争到销售竞争到资本竞争，都离不开人力资源的竞争。不重视员工培训的企业在激烈的市场竞争中很难逃脱灭顶的厄运。从员工本身来看，不断的培训也是满足员工自身发展的需要。每个员工都有一种追求自身发展的欲望，这种欲望如得不到满足，员工会觉得工作没劲、生活乏味，最终导致员工流失，尤其是优秀的员工，其自身发展的需要更加强烈。从企业的效益来看，培训不但可以提高企业的短期效益，也可以提高企业的长期效益，在培训中下工夫，通过提高员工的素质来提高企业的效益是一种十分明智的事，许多成功企业的经验反复证明了这一点。

1996 年 1 月在美国《管理新闻简报》中发表的一项调查指出：68%的管理者认为培训不够而导致的低水平技能正在破坏本企业的竞争力，53%的管理者认为通过培训明显降低了企业的支出。①

（4）人力资源管理信息的熵观念。人力资源管理所说的信息主要包括两部分内容。首先，引进人力资源所引起的信息流：一方面，在从外部吸收人力资源的同时，为组织注入了新生力量。从信息的角度讲，若不注意吸收外部的人力资源，就会造成"近亲繁殖"，形成生物学意义上的"基因亏损现象"，企业必然逐步走向衰败。也就是说，外部人力资源的输入，不仅弥补了组织内人力资源供给的不足，还可为组织注入了新的管理思想，带来技术上的重大革新，为企业增添新的活力。另一方面，如前所述，在不断吸收人力资源的同时，大量的招聘活动，为企业宣传自己的形象，提高自己的知名度，提供了一个绝好的舞台，也就是说，把企业的有关信息，在招聘的同时，传达给了大众。其次，随时掌握企业内外有关人力资源方面的信息。只有做到了这一点，才能根据变化的情况，及时做出应对策略，努力消除组织内人力资源管理系统的增熵，或者说，引入负熵，使系统保持有序。

企业内的有关信息，主要包括以下内容：首先，要弄清企业的战略决策。这是人力资源规划的前提。不同的产品组合、生产规模对人力资源会提出不同的要求；其次，要弄清企业现有人力资源的状况。这是制定人力资源规划的基础工作。实现企业战略，首先要立足于开发现有的人力资源，要对本企业人力资源的数量、分布、利用及潜力情况、流动比率等及时进行统计分析和评价。最后，要随时对人力资源计划的执行情况进行监督和分析。找出计划的不足，给予适当调整，以确保人力资源规划的实施及企业整体目标的实现。

企业外的有关信息，主要包括以下内容：首先，技术革新特别是以生物、新材料、信息技术等为代表的技术革命势必对企业的技术构成产生重大影响；企业外部竞争对手的易变性导致社会对企业产品或劳务需求的变化；再就是有关当前社会的就业意识，户籍制度的变化情况，大中专院校应届毕业生、复转军人、技校毕业生、待业人员、其他组织人员的基本情况等。

总之，从对熵及负熵的讨论，我们知道，人力资源管理工作就像是在熵的"河流"里逆水行舟，对人力资源的培训、招聘或是对人力资源信息的收集等工作，是一刻也不能停止的。所有这些活动都是为了提高组织的有序度，是为了抵抗增熵所做的努力，或者说，是为了引进负熵，使人力资源系统这个有机体有序地运转着。使系统内的员工都能愉快地安守工作岗位，发挥自己的聪明才智，进而达到这样一个境界：一方面，人才及其信息源源不断地流动着；另一方面，企业系统又在秩序井然地运转着。

7.3.3 人力资源管理系统的非线性特征

1. 非线性复杂系统的主要特征——"反直观性"

前面提到，开放和非平衡为现代管理系统朝着高度有序的耗散结构发展提供了必要和充分的条件及势能，但系统要达到高度有序，还必须通过系统内部非线性相互作用产生的自组织效应来完成，即通过系统内部非线性机制的调节获得自我完善。因为现代人力资源管理系统大多是具有一定规模的复杂系统，系统内部不仅要素众多，而且要素之间相互制约，彼此联系，关系错综复杂，而且这种关系一般都是非线性的。这种非线性关系不仅决定了人力资源管理系统的复杂性、多变性，而且还决定了系统发展的方向具有多种可能性和选择性。由于人力资源管理系统存在着复杂的非线性相互作用，对其施加一定的影响，并不能导致唯一的结果。也就是说，并不一定能产生施加影响者所期望的结果。

由系统动力学理论得知，非线性复杂系统的首要特性就是"反直观性"：① 一切复杂系统，不论是工程的、生物的、经济的、管理的还是政治的，都表现出反直观的特性。复杂系统远较人们所熟知的简单系统难于琢磨得多。它与简单系统截然不同，但表面看起来却似乎一样。复杂系统往往诱惑人们误入歧途，把系统中某些症状与某一种在时空上贴近的原因联系在一起，而通常它们并无因果关系。例如，在某种情况下，因与果，原因和现象似乎都是明摆着的，但当人们设法采取措施消除该现象后，"原因"却依然如故，那些措施或者无效，或者实际上是有害的。这种情况不乏其例。例如，在现实生活中，很多人"借酒浇愁"，麻醉自己，以暂时逃避工作或生活的压力，这种方法可一时奏效。但长期靠此方法，压力并未解除，现实依然如故，最后却毁了自己的身体。另外，在寻找大中型企业脱困，及解决下岗工人就业的问题中，人们讨论了许许多多的办法，但大都是头痛医头、脚痛医脚，最后效果都不明显。

2. 人力资源管理系统的"反直观性"

我们知道，学习型组织的理论基础是系统动力学，而系统动力学的主要研究领域就是讨论非线性复杂系统问题。在彼德·圣吉所著的《第五项修炼》一书中，作者以系统动力学为理论基础，对各类组织的非线性问题进行了通俗而又引人入胜的分析。对人力资源管理管理理论不无参考价值。在此，本人借用学习型组织理论中的几个"系统基模"来说明人力资源管理系统的非线性特征。

（1）"成长上限"基模。在现实生活中，许多成长的情况都会遇到上限。如农民以增加施肥来提高收成，但当农作物成长超过当地土壤所能滋养的上限时，则成长停止。许多家长希望自己的孩子长高一些，认为吃得越多，长高的可能性越大，但当孩子所吸收的营养超过长高所需时，与家长的愿望相反，孩子不仅开始肥胖，还

---

① 王身立. 耗散结构理论向何处去 ［M］. 北京：人民出版社，1989：86.

容易引发疾病。

在人力资源管理过程中，当提高单件工资水平时，会极大地刺激员工的积极性，劳动生产率就会得到提高，从而使企业获得更多的利益，但劳动生产率不会随着单件工资水平的增加而无限制的增长，工人的体力和精力是有限的，长时期的超强劳动，会使产品质量下降，反而会给企业带来损失。这和管理者起初的愿望是相反的。

（2）"舍本逐末"基模。使用"头痛医头"的线性思维方式来处理问题，在短期内产生看起来立竿见影的效果，但不幸的是，根本问题并没有解决，更有甚者，潜在的问题不仅未得到解决，反而更为恶化，但由于症状已经暂时消失，问题便不再引人注意，使系统因而丧失解决潜在问题的能力。

在我们的日常生活中，这种情况是很多的，如抽烟是一种不良生活习惯，当心里想抽烟时（烟瘾上来），线性思维的解决办法是：赶快抽烟以解瘾，长此以往，烟瘾变得更大，抽烟更频繁。当发现香烟对身体已产生很大危害时，已付出了巨大的健康代价。

"舍本逐末"基模说明了很多看来立竿见影的解决方案，长期看来会将事情弄得更糟，这种立竿见影的诱惑力很大，缓和了当前问题的症状并的确解除了某些压力，但也降低了找出更根本解决方法的念头。更为严重的是，有时"症状解"的副作用有如火上加油，使问题更严重。一段时间之后，会对其越来越依赖，最后，"症状解"渐渐成为唯一的解。问题也越来越不可救药。吸毒是最极端的例子。

在企业人力资源管理中，常常有"舍本逐末"的现象。如对国有企业中的富余人员，根本解决办法其实只有两个：一是彻底分流，使富余人员完全走向市场，从而彻底解除企业在这方面的负担。二是进行人力资源培训，使这部分人员逐渐具备重新上岗的资格或走向社会时有更强的适应能力。但是，对前一种方法，政府和企业都认为有诸多问题，在社会保障机制还未完善之前，不好办。

对第二种方法，很多企业没有真正地去认真进行。现在很多企业的再就业培训中心已名存实亡，而演变为"救济中心"，每月发点钱了事。看起来，暂时安定了这部分人员，其实只解决了表面问题，根本问题始终未得到解决。长此以往，使资金短缺的企业运转越来越困难。

7.3.4 涨落对现代人力资源管理系统的影响

普利高津关于"涨落导致有序"的观点，突出地强调了在非平衡系统具备了形成有序结构的客观条件后，涨落对实现某种序所起的决定作用。应用这一观点来分析现代人力资源管理系统，可以得到很多有用的启示。

1. 人力资源管理系统中组织冲突的涨落性原理

耗散结构理论认为涨落会导致系统结构的突变。相对于人力资源管理系统来说。在组织发展过程中某些小的波动可以变成系统突变的导火线。结果小的冲突可能会导致组织系统的变革形成，新型的有序组织系统。对于这些具有放大效应的小的组织冲突，从积极意义上说，就是要善于利用和发展；以小的冲突使人们认识提高或组织关系发生变化，或使管理体制得到完善。所以，从企业组织系统冲突的积极意义来看，不应一味地压抑或避免冲突，而应利用冲突。此外，当企业组织冲突减少时，应当防止由于信息量的减少和相互交流的萎缩而使企业组织系统向静止状态方向演变，从而最终使企业组织系统失去活力与效率，以及企业组织系统内部惰性与潜在无序性增加。在必要时，管理者要学会制造"冲突"，引入竞争机制和外部压力，增强组织成员的紧迫感、差距感、危机感，并使之转变为企业发展的动力。

尽管冲突在传统的观念里往往给人带来负面的认识，然而，大量的事实表明，较低或中等水平的冲突有可能提高群体的有效性，主要在以下两方面有利于绩效的提高。

（1）决策过程中有意引入冲突，通常可以提高决策的质量。由于决策过程中的冲突允许百家争鸣，使得一些不同寻常或由少数人提出的建议会在重要决策过程中得到重视，消除了集体决议中通常存在的消极、不加考虑的赞同方式，有利于提高决策的质量。研究表明，当由不同的群体来分析由群体成员个人做出的决策时，高冲突水平的群体中的平均改进效果比低冲突水平的群体的改进效果高出73%。而组织行为学家对通用汽车公司的研究发现，该公司在20世纪70年代举步维艰的基本原因在于缺乏正常水平的冲突，他们聘用并提升那些唯唯诺诺的人，这些人对组织忠诚到了极点，以至于从不对公司的任何活动、计划提出质疑。

（2）在实现组织目标过程中，引入冲突有利于创建一种竞争氛围。当员工意识到这种你追我赶的氛围的存在，通常会振奋起来，调动起自己的积极性、主动性与创造性，更加努力，以求得在竞争中能够名列前茅。显然，这时个人或群体绩效的涨落增大了。

当然，当企业组织系统的冲突程度和频率过高时，冲突的破坏作用也会明显增强。这时，企业领导者的任务是如何搞好对不良冲突的处理，及对组织内部冲突水平的控制。即抑制和减弱那些对人力资源管理系统运转不利的涨落。

2. 人力资源整体素质的涨落性原理

人力资源整体素质的涨落主要由两方面引起：一是人力资源的流动水平；二是人力资源的培训水平。

（1）人力资源的流动影响人力资源整体素质的涨落。人力资源的流动从广义上讲，既包括企业内外的流动，也包括企业内部的流动。这里，只讨论企业内外的人力资源交流。具体包括人力资源的流入（主要渠道为员工的招聘）和流出。而且，由于随着我国人力资源的配置机制向市场化迈进，人才流失成了困扰许多企业特别是国有企业的一个重要问题，所以，这里重点讨论人才流失问题。

① 员工的招聘。员工招聘对企业人力资源的整体素质的涨落具有直接的影响。当组织内部的人力资源不能够满足其发展和变化的要求时，就需要根据人力资源规划和工作分析的数量和质量要

求，从外部吸收人力资源，为组织输入新生力量，以提高企业人力资源的整体素质。而且，对高层管理者和技术人员的招聘，可以为组织注入新的管理思想，带来技术上的重大革新，为企业增添新的活力。另外，由于目前员工离职现象越来越普遍，也使得招聘工作更加日常化和重要化了。

　　② 员工的流出。企业的人员流出，大致可分为两类：第一类是人员的正常流出，是指由于专业不对口，无用武之地而辞职，或是不能适应本企业的工作而被辞退等人员流出情况；第二类是指由于企业的制度和管理不能创造合理的使员工满意，或者是由于员工个人原因而导致的，给企业造成一定程度损失的人员的主动退出。正常的人才流动是人力资源配置市场化的必然产物，有利于促进社会人力资源的优化配置，应加以肯定。而企业人才的非正常流出则往往给企业带来一些不利的影响。促使企业人力资源素质的随机涨落向不利于企业发展的方向变化。

　　21世纪，世界将进入知识经济时代，企业竞争将转向人才竞争，谁拥有最优秀的人才，谁就能走在时代的前沿。否则就会落伍。因此，国有企业应从实际出发，加强企业管理，改善企业的工作环境，加强人力资源的开发和管理，避免和减少企业人才流失的发生，并采取确实措施，尽量降低企业人才流失所带来的风险。

　　要留住人才，首先，要用好人才，通过职务分析和对人才的工作能力分析，用其所长，人尽其才，避免出现人才浪费；其次，要注意企业的内部沟通，了解员工的需求与期望，并注重对员工职业生涯的培养；最后，要注重企业文化的培养，使员工的目标和企业的目标达成一致，使之产生认同感，并形成内部团结一致的良好氛围，从根本上消除人才流失的隐患。

　　（2）人力资源的培训影响人力资源整体素质的涨落。员工素质的提高，一方面需要个人在工作中钻研探索，另一方面更需要的是有计划、有组织的培训。日本松下电器公司有一句名言："出产品之前先出人才。"其创始人松下幸之助更强调"一个天才的企业家总是不失时机地把对员工的培训和训练提到重要的议事日程。"①

　　通过对员工的培训，可使其分析能力、创造力、沟通能力及学习能力有所提高，综合素质得到加强，从而可使企业人力资源素质的涨落走向良性循环。当企业人力资源整体素质提高到一定程度，即涨落得到放大并形成一定程度的"巨涨落"时，企业面貌必定焕然一新，从而实现企业整体系统状况的飞跃。在新的基础上达到新的有序态。

　　综上所述，涨落原理对我们的启示是：在处理组织冲突方面，应鼓励有积极作用的冲突，鼓励竞争，鼓励"冒尖"。同时，抑制和减弱有消极作用的冲突。在提高企业人力资源综合素质方面，我们应极度重视招聘与培训工作，同时设法减少人力资源的非正常流出（人才流失）。用耗散结构理论的语言来说，在现代人力资源管理中，要善于掌握涨落的规律，并善于利用这种规律来达到人力资源管理的目的，要积极创造条件，采取措施，促使和扩大某种涨落，增大正反馈，减弱负反馈，使系统通过涨落向着我们所希望的分支跃迁，朝着机制完善的方向发展。

7.3.5　人力资源管理系统与麦克斯韦妖

　　当前，企业人才流失情况相当严重，尤其是中小企业，近几年的人才流失率达30%以上，一些生产企业人才流失率竟达70%②，企业中的中高层人才以及科技人员，在公司的工作年龄普遍较短，一般为2~3年，最长的也不过5年。流失的原因大多在于企业不能人尽其才。之所以会有这种情况，是因为很多中小企业的职务晋升、奖励等没有明确的标准，很大程度上取决于上级和老板的个人判断，随意性较大。使许多人才觉得晋升无望，只好离开。

　　前文中我们提到，麦克斯韦妖的工作原理是：根据所收集的粒

---

① 曹鸿兴. 系统周界的一般理论——界壳论［M］. 北京：气象出版社，1997：44.
② 于慧敏. 如何防止中小企业人才流失［J］. 科技信息，2011（11）：804.

子相关信息，依据相关准则，对粒子运动状态做出准确判断，从而做出"阻挡"或"放过"粒子通过的动作，使系统维持有序状态。

可以说，对"麦克斯韦妖"工作原理对企业人力资源管理的指导作用展开研究，无论是人力资源管理工作的理论或实践，都有其指导意义。

由前面对麦克斯韦妖的讨论可知，要使一个系统保持有序，即有一个"麦克斯韦妖"始终在"履行职责"，放过快分子，截住慢分子。信息的获得是必不可少的。且"妖"自身的开、关门的活动还须消耗能量。

对人力资源管理系统来讲，实际上存在着多个"开关型界门"（麦克斯韦妖）。起着对人力资源进行甄别、调配的作用。从与外界环境的交换来看，存在招聘"界门"和下岗（或辞退）"界门"；从企业人力资源内部管理来说，存在着职称、职务"界门"及所能享受的待遇"界门"等，对进出这些界门的员工，企业人力资源管理部门必须收集有关职位要求及员工能力方面的信息，以努力做到能级相符。此外，人力资源管理系统与其他系统如生产系统一样，其活动也要耗费一定的费用，即从系统外获得资金的支持。

由以上分析可知，企业中人力资源管理工作符合布里渊所述麦克斯韦妖的基本特征，因此，麦克斯韦妖的工作原理对人力资源管理工作有着重要的指导作用。

1. 人力资源的招聘

我们知道，企业的招聘工作必须以人力资源规划为依据，而制定人力资源规划，必须收集有关这方面的信息，简单来讲：

首先，要弄清企业的战略决策及经营环境。这是人力资源规划的前提。不同的产品组合、生产技术、生产规模等对人力资源会提出不同的要求。而人口、文化教育、择业期望等则构成企业外部人力资源供给的各种制约因素。

其次，要做好职位分析等基础性工作，确定每个职位需要做什么，以及每个职位对员工资历、经验、学历等的具体要求。

再次，要弄清企业现有人力资源状况。这是制定人力资源规划的基础工作。实现企业战略，首先要立足点开发现有的人力资源，要采取各种科学的评价分析方法，对本企业人力资源的数量、分布、利用及潜力情况、流动比率进行统计、分析和评价。

最后，根据以上信息，对应聘人员要进行仔细甄别，确保合格人员收进"界门"内，不合格人员挡在"界门"外，在参考其求职简历的基础上，用笔试、面试、体检等方法从德、智体各方面尽可能详细地收集应聘者的信息，以确保"麦克斯韦妖""守门人"职责的正确履行。

2. 企业用工制度

许多国有企事业单位里，在用工制度上，至今还沿用着固定工、合同工、临时工的区别。工种不同，所享受的待遇、面临的风险等自然是不一样的。而最重要的是，固定工永远是固定工，临时工永远是临时工。现在看来，这套制度对于激发劳动积极性起了阻碍作用。

应用麦克斯韦妖的工作原理，我们可否把不同工种之间各设一道"界门"。在充分收集员工个人表现等信息后，根据员工工作具体情况，让干得好的人通过"界门"进入"固定工"系统，干得差的人则通过"界门"进入"临时工"系统，直至辞退。

浙江杭州万向集团的做法印证了这种想法的实际可操作性，他们不仅已将其付诸实施，而且形成了一套颇为完善的用工系统。万向集团称其为阶梯式用工，动态式管理。

所谓阶梯式用工，就是用工采取多种形式，终身员工、固定工、合同工、试用工、临时工同时并存，并且实行阶梯式排列，一级比一级高，每一级的工资收入、福利待遇都不同。

所谓动态式管理，就是五种形式之间，实行流动式管理，可上可下，可高可低。让员工的身份永远处在变化之中。当然，上和下都是有条件的，并且制定条件是以调动人的积极性为依据。条件下发到人，使员工清清楚楚地知道自己做到什么程度会得到晋升；做到什么程度要降级。这样，就使有争先心理的人有了奔头，不断攀上新的台阶。对怀着"不求有功，但求无过"心态的人，也带来极大的触动。

可见，万向集团里各工种的"界门"是随时敞开的。"麦克斯韦妖"就站在每个人面前，它根据每个人的表现，把奉献者、勤劳者留在"高级"系统，享受好的待遇，把平庸者放在"低级"系统，享受相对低一些的待遇，把懒惰者则赶出系统。使企业人力资源整体处于一种动态的井然有序之中。

如前所述，麦克斯韦妖的工作必须有信息输入。这就告诉我们，无论是招聘还是升职等，都必须事先充分做好职位分析工作，使每个职位的职能和录用条件都非常明确，这样，"麦克斯韦妖"工作时就有充分的依据。同时，要使"开关型界门"充分发挥作用，还必须要有一定的能量输入。也就是说，选人、识人工作不是一蹴而就的，需要企业投入一定的精力和资源。现在许多企业的人力资源部是人数最少的部门，且事务缠身。对"麦克斯韦妖"的职能无法充分发挥。如此一来，许多企业不能知人善任、人尽其事，导致军心涣散，人才流失率高，也就不难理解了。

因此，笔者认为，针对"麦克斯韦妖"在人力资源管理系统中的"开关型界门"作用进行探讨，有其理论及现实意义。

综上所述，目前，企业（尤其是中小企业）人才流失问题严重影响到企业的正常生产经营。其主要原因是在人才识别方面缺乏精力投入和信息支持。从而导致企业用人随意性较大，不能做到人尽其才。笔者认为，"麦克斯韦妖"工作原理对人才任用有启发作用。因为在人力资源管理系统中，实际上也存在着多个"开关型界门"。如招聘"界门"、升职"界门"等。要充分发挥这些"界门"的作用，就必须投入人员和精力，做好职位分析等基础性工作，并积极收集人才信息。然后，和"麦克斯韦妖"一样，对相关信息进行对比后，把"快分子"放过去，把"慢分子"挡在门外。只有这样，才能做到人事相宜，从而留住人才。

本章新观点:

1. 从薪酬管理、机构设置等方面阐明了企业人力资源管理的非平衡性。从企业人力资源管理的具体业务出发,论述了人力资源规划、员工招聘、人力资源培训及人力资源管理信息的熵观念。

2. 运用学习型组织理论中的"成长上限"基模与"舍本逐末"基模,阐述了企业人力资源管理系统的非线性特征。从组织冲突、人力资源整体素质等方面,论述了涨落对企业人力资源管理系统的影响。

3. 从人力资源招聘、企业用工制度方面,运用"麦克斯韦妖"工作原理对企业人力资源管理理论进行了新的诠释。

第 8 章

企业人力资源管理的协同理论

8.1　协同学的产生

人力资源管理系统是一个复杂系统，而复杂系统是由多层次的子系统构成的统一体。在各层次、各子系统之间，存在着相互作用。系统内部相互作用的程度和方式，又受着外部因素的影响。外部影响既可能促使系统内部的相互作用处于混乱无规则的状态，又可能促使它产生新的有序结构。当外界控制参量达到一定阈值时，通过子系统之间的相干效应和协同作用，系统能够从无规则混乱状态变为稳定有序的状态。协同学就是研究系统结构转变的共同规律的。

协同学是继耗散结构理论之后产生的又一重要的关于非平衡系统的自组织理论。其创始人是德国著名物理学家哈肯（Hermann Haken）教授。其 1977 年出版的《协同学导论》一书，建立了协同学的理论框架，标志着这一新理论的诞生。1983 年又发表了《高等协同学》，形成了较完整的理论体系。协同学用分析和类比的方法，研究性质不同的系统中自组织的某些共同规律；力图揭示系统内大量子系统之间的协同作用得以产生的条件和过程。正是这种协同作用，引起了系统的自组织。

协同论以信息论、控制论、突变论等现代科学理论为基础，采用统计学同动力学考查相结合的方法，通过分析和类比，对各个学

科领域的系统从无序到有序的过程建立了一整套数学模型。协同学
在物理学、流体力学、化学等领域已得到广泛的应用并被证明是确
有成效的，在生物学、社会学、经济学等领域中的应用也在日益扩
大。① 虽然，由于这些问题本身的复杂性，尚难以运用数学模型进
行较为精确的描述。然而，协同论所揭示的自组织规律，对于我们
研究社会系统包括企业人力资源管理系统的运动变化过程，是具有
重要意义的。

8.2　协同学的基本内容

8.2.1　协同效应

　　协同，即协同作用的意思。协同效应是指在复杂大系统内，各
子系统的协同行为产生出的超越各要素自身的单独作用，从而形成
整个系统的统一作用和联合作用。协同效应原理就是用复杂系统内
各子系统间的相互作用，来说明系统自组织现象的观点、方法和原
则。这一原理指出，系统的有序性是由诸要素的协同作用形成的，
协同作用是任何复杂系统本身所固有的自组织能力，是形成系统有
序结构的内部作用力。

　　子系统的运动状态有两种基本类型：一种是子系统独立的无规
则的运动；另一种是有序的相互关联的运动。当独立运动占主导地
位时，系统处于无序状态，一旦环境控制参数达到某一临界值，子
系统之间的相互关联足以束缚子系统的运动状态，使子系统协调一
致，从而形成具有一定功能的自组织结构。任何系统中自组织现象
的发生，都是子系统之间相互协调一致的结果。

　　哈肯指出：系统有序结构的出现，关键并不在于系统是否处于
非平衡态，也不在于是否远离平衡态，而恰恰在于子系统间的协同

---

　　①　齐振海. 管理哲学 [M]. 北京：中国社会科学出版社，1988：199-200.

作用是任何复杂系统本身所固有的自组织能力。所以，无论什么系统从无序向有序的演化，也不管平衡相变还是非平衡相变，在协同原理看来，都是大量子系统相互作用而又协调一致的结果。协同导致有序，任何系统有序结构的形成无不如此。任何一个含有大量子系统的复杂系统，在与外界环境有物质、能量、信息交换的开放条件下，通过各子系统之间非线性的相互作用，就能产生各子系统相互默契合作的协同现象和相干效应，使系统能够自动地在宏观上产生空间、时间或功能的有序结构，出现新的稳定状态。系统的这种自组织现象，只有在含有大量子系统的复杂系统中才能表现出来。因为只有大量子系统之间才存在着十分复杂的联系，才能产生出系统整体的有序运动。

8.2.2　序参量

一个复杂的系统，其变量可能成千上万，影响系统发展的因素也难以计数，但是，它们在事物发展中所起的作用是不同的。协同论的研究证明，大多数变量在临界点附近阻力大，衰减快，对相变的整个过程没有明显的影响，只有一个或几个变量始终支配着系统的演化进程，这种变量被称为序参量。

序参量是用来表示系统宏观有序程度的量，它是相变热力学中的概念，被哈肯用来描述系统进化中从无序到有序的演化过程。序参量的大小标志着系统宏观有序的程度。当系统处于完全无规则的状态时，其序参量为零。随着外界环境条件的变化，序参量也在逐渐变化，当接近临界点时，序参量增大很快，最后在临界区域，序参量突变到最大值。序参量的突变，意味着新的系统结构的出现。

在不同的系统中，虽然序参量代表的意义有所不同，但是序参量所起的作用对所有的系统都是一样的。

序参量在整个系统的运行中，在其内部和外部的相互作用中是举足轻重的，它具有决定性的作用，居于某种主导地位。序参量支配或规定着各种微观子系统及其参量的存在和行为，支配和规定着宏观系统的有序状态、结构性能以及有序度的变化。

8.2.3 慢变量支配快变量

在系统演化过程中，序参量实际上就是慢弛豫变量。哈肯认为，在一个复杂系统的演化过程中，存在着无数参变量，它们可以区分为快弛豫变量（快变量）和慢弛豫变量（慢变量）。快变量是指在参变量中占大多数，在临界点附近受的阻尼大、衰减快，对系统的状态转化不起明显作用的参变量。慢变量是指那些在参变量中占少数，在临界点附近出现无阻尼现象，并且衰减得很慢，对系统的状态转变起决定作用的参变量。关于二者的关系问题，正是哈肯在支配原理中所要竭力阐明的问题。哈肯在支配原理中明确指出：快变量服从慢变量，或被慢变量所役使，整个系统的有序演化被为数很少的慢变量的行为所决定，成为主导系统演化的序参量。

8.2.4 自组织

自组织原理是协同论的核心，它反映了复杂系统在演化过程中，如何通过内部诸要素的自行主动协同来达到宏观有序的客观规律。协同论正是在研究各类自组织现象所遵从的这种共同规律的基础上产生和发展起来的。这一原理指示，在一定的外部能量流或物质流输入的情况下，系统会通过大量子系统之间的协同作用，在自身涨落力的推动下，达到新的稳定，形成新的时间、空间或时空有序结构。系统演化的这种过程，称为自组织。所谓自组织，哈肯特别强调它是指系统在没有外部指令的条件下，其内部子系统之间能够按照某种规则自动形成一定的结构或功能，它具有内在性和自生性。

哈肯认为，自组织可能发生的必要条件有两个：一个是系统必须是开放的，以保证外界物质、能量和信息的输入，这是自组织发生的外部条件；另一个是系统必须是包含大量子系统的宏观系统，且子系统间的相互作用是非线性的，这是自组织发生的内部条件。

产生自组织的主要途径有这样几种：一是控制参量的变化引起自组织。当我们缓慢改变周围环境对系统的作用，即逐步改变系统的控制参量，在外界控制参量变化到一定的阈值时，系统会在临界点上发生质变，有旧质变为新质。在临界点上，外界对系统的作用只有量的变化，系统却通过自组织发生了质变。二是系统要素的质和量的变化引起自组织。它包括要素质的变化、数目的变化以及要素排列次序的变化引起的自组织。这里，外界控制参量的大小对系统的相变起了决定性的作用。在现实的系统进化中，上述几种自组织方式通常相互作用而规定着整个自组织过程。

8.3 人力资源管理的协同效应原理

8.3.1 问题的提出

当今世界，由于人们价值观的转变及生活水平的提高，激励问题比以往任何时候都难以进行，主要表现在员工个人目标与企业组织目标的统一问题。换句话说，表现在众多员工的个人目标与组织目标的协同问题。

为实现组织目标而控制和协调各个人的活动，是组织的一个本质特征。组织目标是组织存在的价值体现，它为组织中的一切活动规定了方向。从这个意义上讲，组织目标也就是组织的各个成员的共同目标。但是另一方面，组织中的每个人又都有自己的生活目标。由于人们的职业、地位、价值观、受教育程度等方面的不同，各个人的目标具有很大的差别性。

组织目标和个人目标既有相互联系、相互渗透的一面，又有相互排斥的一面。前者表现在：人们之所以参加某一组织，是为了实现个人在组织之外不可能实现的目的，组织目标的实现往往能导致个人目标直接或间接地、部分或完全地得以实现。同时，个人才能的发挥常常需要组织为其提供条件。特别在现代社会中，随着科技的发展，各种实践活动越来越复杂，分工越来越细，各种事业也越来越成为集体的、共同的事业。所以每一个人的才能的发挥和发展，都是以组织提供的条件为基础的，或者说，都须以别人的才能的发挥和发展为条件。都是多人协同的结果。

组织目标与个人目标的相互排斥表现在这样几个方面：首先，组织是根据自己的任务以及价值准则来制定发展目标的，而个人是根据自身条件、个人价值观和愿望形成个人奋斗目标的，所以组织目标与个人目标是不可能完全一致的。因此，两者的冲突就不可避免。其次，组织为了提高工作效率，必须进行专业分工，这样一来，就需要某些组织成员长期重复做某项工作，让人感到枯燥无味和产生厌倦。人们往往有自己的兴趣爱好，希望多方面发展自己。因此，组织的需要和个人的志趣常常会发生矛盾。最后，为了保证整体的一致性，组织需要制定出一系列的规章制度来约束每个人的行为。但是从个人角度看，人们常常会感到这些规章、纪律限制了个人的自主和自由。

组织目标和个人目标之间的矛盾，显然不能用一方克服、取消另一方的方式来解决。因为，如果只讲组织目标，要求每个人都无条件服从组织目标，这不仅仅是不切实际的空想，而且会引起个人的不满，组织目标也就难以顺利实现，如果只讲个人满足，则统一的组织目标就会落空。组织也就难以存续。

当前，在企业人力资源管理实际生活中，还存在一些糊涂认识，主要表现在以下几方面：

1. 注重人力资源的组织价值，忽视人力资源的个体需求

承认人力资源的作用和地位，视人力资源为组织最重要的资本，是许多组织及人力资源管理者的共识。但是，有些组织和人力资源管理者的认识，基本上还是停留于"组织本位论"的水平上。仅仅把人力资源看作是组织运作过程中的投入要素，他们注重的是人力资源作为投入要素对组织的产出和贡献价值。在某些组织及人力资源管理者身上，存在着严重的、单方面的"权力"观念和"恩赐"观念。

事实上，随着社会经济、政治和文化的不断发展，人力资源的来源、构成及其个体的内在需求，都在发生相当的变化。现在，世界范围内不同程度的产业多元化，教育的普及化，社会的信息化带来了就业的双向选择化。在此情况下，人力资源中相当一批个体所追求的已不仅仅是用一份劳动力换一份报酬，他们开始追求在工作环境中实现自己的人生价值。

20 世纪 70 年代中期，以美国为代表的西方曾经盛行过"工作生活质量理论"。这些理论主张要使职工满足参与管理的要求，从事富有意义的工作等。1977 年美国就业人员中脑力劳动者的人数开始超过体力劳动者，而正是这一年，"工作生活质量"的讨论达到高潮。当时的西方国家职工有着与其前辈显著不同的教育背景和价值观，他们并不回避、甚至喜欢工作的挑战性，他们普遍关心自己身心的发展。① 西方国家出现的这一变化，对当前我国企业的人力资源开发和管理，显然是有启迪作用的。

2. 注重人力资源的引进，忽视人力资源培训

在培训问题上，视职工的在职进修和培训为职工的个人需要和个人事项。在这种思想指导下，不少单位见到有职工提出进修要求就厌烦，要求有关人员自己解决经费和时间问题，甚至一开始就声称"完成学业后不会考虑使用"。令有关人员异常失望。

同时，热衷于从组织外部招聘高学历人才，而不考虑组织内有关人员的在职学历提高。其指导思想是，让在职人员提高学历会影响工作，而花钱在外招聘比较方便。某单位一位青年干部找到领导，提出在职攻读 MBA 的请求，领导回答：我们若需要研究生，可以直接去大学招聘。其实，内部人员往往对组织具有更高的忠诚度，他们对组织比较了解，一旦得到培养提高，其作用是无法由一个直接招聘的同等学力人员所能替代的。

在我国的许多国有企业中，由于人力资源管理思想落后于时代

① 王志平．人力资源开发谬误举要［J］．中国人力资源开发，1999（1）．

的发展，企业目标和职工个人目标的差距越来越大，职工与企业离心离德的现象越来越严重。一系列资料表明国有企业职工的劳动积极性正在下降。主要表现在：

（1）动态度和主观能动性发挥的情况不理想。只有 35.8% 的工人回答"愿意"超产，只有 25% 的工人表示愿意接受困难任务。

（2）作责任感普遍不如过去。问卷调查中，回答能高标准地对待产品质量的只有 46%。平时能注意原材料、水、电消耗情况的只有 38%。

（3）主人翁意识趋向淡薄。只有 32% 的人认为"自己对企业兴衰也有责任"；64% 的人不愿关心本企业产品的市场销售情况。之所以出现以上情况，自然有许多方面的原因，笔者认为，主要原因之一在于：国有企业领导对当前人力资源管理的新特点、当前企业职工的价值观等方面重视不够所致。仍沿袭过去的管理传统，将企业员工视为依附于企业的劳动力。员工是被动的，一切听从领导集体的指挥就行。他们只要有碗饭吃就行。工资和奖金是员工生活的全部。

中科院心理所的专家研究发现，工资和奖金因素在工作重要性的排列中列第六、第八位。激励工人的因素并不是高额的奖金，有些企业奖金发得越来越多，但干劲却未见有很大增长的事例并不鲜见。就管理人员来讲，据心理学家研究，他们主要满足的方面依此有：成就感（41% 的提及率）；被赏识（33%）；工作本身（26%）；具有一定的责任（23%）；晋升的机会（21%）；最后才是工资（15%）。很明显，这说明了非金钱因素的重要性。尤其是专业技术人员，在一项"企业各类人员关注的问题"调查中，这些人员并没有把薪酬放在首要位置。①

---

①　董克用. 人力资源管理概论（第三版）〔M〕. 北京：中国人民大学出版社，2011：350.

8.3.2 个人目标和组织目标的协同

1. 个人目标和组织目标的关系

当今世界，由于人们价值观的转变及生活水平的提高，激励问题比以往任何时候都难以进行，主要表现在员工个人目标与企业组织目标的统一问题。换句话说，表现在众多员工的个人目标与组织目标的协同问题。

为实现组织目标而控制和协调各个人的活动，是组织的一个本质特征。组织目标是组织存在的价值体现，它为组织中的一切活动规定了方向。从这个意义上讲，组织目标也就是组织的各个成员的共同目标。但是另一方面，组织中的每个人又都有自己的生活目标。由于人们的职业、地位、价值观、受教育程度等方面的不同，各个人的目标具有很大的差别性。

组织目标和个人目标既有相互联系、相互渗透的一面，又有相互排斥的一面。前者表现在：人们之所以参加某一组织，是为了实现个人在组织之外不可能实现的目的，组织目标的实现往往能导致个人目标直接或间接地、部分或完全地得以实现。同时，个人才能的发挥常常需要组织为其提供条件，特别在现代社会中，随着科技的发展，各种实践活动越来越复杂，分工越来越细，各种事业也越来越成为集体的、共同的事业。所以每一个人的才能的发挥和发展，都是以组织提供的条件为基础的，或者说，都须以别人的才能的发挥和发展为条件，都是多人协同的结果。

组织目标与个人目标的相互排斥表现在这样几个方面：首先，组织是根据自己的任务以及价值准则来制定发展目标的，而个人是根据自身条件、个人价值观和愿望形成个人奋斗目标的，所以组织目标与个人目标是不可能完全一致的。因此，两者的冲突就不可避免。其次，组织为了提高工作效率，必须进行专业分工，这样一来，就需要某些组织成员长期重复做某项工作，让人感到枯燥无味和产生厌倦。人们往往有自己的兴趣爱好，希望多方面发展自己。

因此，组织的需要和个人的志趣常常会发生矛盾。最后，为了保证整体的一致性，组织需要制定出一系列的规章制度来约束每个人的行为。但是从个人角度看，人们常常会感到这些规章、纪律限制了个人的自主和自由。

组织目标和个人目标之间的矛盾，显然不能用一方克服、取消另一方的方式解决。因为，如果只讲组织目标，要求每个人都无条件服从组织目标，这不仅仅是不切实际的幻想，而且会引起个人的不满，组织目标也就难以顺利实现；反过来，如果只讲个人满足，则统一的组织目标就会落空，组织也就难以存续。

2. 个人目标和组织目标的协同途径——职业生涯设计

到底如何才能使企业目标和个人目标取得协同呢？西方现代蓬勃兴起的职业生涯设计思想为我们提供了很好的借鉴。

职业生涯设计是西方人力资源管理理论中一个重要的组成部分，也是西方各企业人力资源开发的一个重要方法。近十几年来，科学技术的迅猛发展使得如今的社会既是一个充满竞争的、迅速变化的社会，又是一个强调个性、尊重个人的社会。企业一方面要运用科学的、适合人性的方法去开发员工的潜能，使自己拥有一支高效的工作队伍；另一方面要尊重员工的个人需要，并为他们提供不断发展的机会，帮助他们实现其个人目标。

个人进行职业生涯设计的原因在于每一个人都希望在自己的职业生涯中，能够最大限度地发挥自己的潜能，有效地实现自我价值，从而保证在事业上取得更大的成就。从马斯洛的需求层次论来看，当人们获得了生理、安全和情感需要的满足后，就要追求自我实现的满足。如今的企业员工，较低层次上的需要一般都能够得到满足，因而自我实现就成为他们在工作中追求的目标。进行职业生涯设计有利于增加员工在工作中的动力，有利于促使他们为实现自己的目标作出有意识的努力。当一个人对自己的职业发展有自己的设想，并能按这个设想完成自己的职业生涯时，就会有很高的成就感和满意度，从而会激发他更有效地工作。

最初，许多组织和个人都倾向于认为职业生涯设计纯粹是个人的事情，但是，人们越来越发现，人力资源管理中最困难的事情就是如何平衡组织和个人需要。而且随着外部环境的变化，组织为确保在需要时可以得到具备合适资格和经历的员工。都促使组织参与到员工职业生涯的设计和管理中去。组织和个人都逐渐发现，一个职业发展计划应该被看作是一个试图去满足员工和组织需要的互动过程，越来越多的组织开始和员工一起，共同制定合适的职业发展道路。实际结果也证明职业生涯开发和管理对组织和员工双方都是有利的，企业从更具有献身精神、更忠诚、更高工作能力的员工所带来的绩效改善中获利，员工则从工作内容更丰富、更具挑战性的职业及自我价值的实现中获得满足。

作为人力资源管理内容的生涯管理，向人们昭示了真正意义上人本管理模式的出现。它可以从两个方面去理解。从组织层面，可以理解为：企业从组织目标和员工能力、兴趣出发，与员工共同制订和实施的一个符合企业组织需要的个人成长与发展计划；从个人层面，可以理解为：员工为寻求个人的发展，而与组织共同制定和实施的既使个人得到充分发展，又能使企业组织目标得到实现的个人发展计划。生涯计划与管理活动的开展，使个人目标与组织目标取得了协同效果。

个人发展计划是协助员工发现专业性挑战及实现个人专长的契机，使员工的素质能符合公司的要求。通过个人发展计划，每位员工对自己目前所拥有的技能、兴趣及价值观进行评估，接着考虑公司的变化需求，使自己的特长及发展方向符合公司变化的需求。每位员工需要设立自己的目标并与自己的主管或经理研讨一套切实可行的计划方案，以发展自己可多方面运用的技能，把自己变成公司未来发展的一员。

必须注意的是，虽然个人发展计划可以提供公司未来需要的工作技能，但是，它并不是着眼于升迁的渠道。它只是提供许多可使职位、专业和财务上满足的契机。如职业生涯管理工作很成功的

GE（通用电气）公司。其员工负责的职业领域较其他公司要更广泛一些，这样就使员工获得了更多的实践与培训机会，非常有利于员工的职业生涯发展，由于该公司的员工都非常关注自己的职业生涯，所以 GE 所有的激励措施都是根据员工的需求制定的，GE 正是通过职业生涯管理来吸引和保留员工。①

深圳中兴通讯公司拥有一支高素质员工队伍，5400 员工平均年龄仅 27 岁，其中，博士、博士后近百人，硕士以上学历的 1400 余人。鉴于这种人才结构，生涯管理在人力资源管理中的地位就显得更加重要。在中兴通讯，人才和企业之间的关系已经突破了一般意义上的雇佣和被雇佣的关系，建立了温馨家园式的相互依存的新型关系。在公司内部，不仅强调"人才是企业最大的财富"，同时更强调"企业是人才成长的摇篮"。在融合个人追求和企业发展的基础上，人才推动企业发展，企业则为员工成材提供机会，为员工搭建充分施展才华的舞台。

中兴通讯为员工设计了三条成才跑道：专家跑道、管理跑道和业务精英跑道，分别鼓励被录用的员工成为技术带头人、高级管理者和业务骨干。员工有什么样的才能，就为其提供什么样的跑道。与此相适应，公司既强调人对岗位的适应，也着眼于对人的个性的充分尊重，突出人才在企业中的充分自主能力。公司为员工提供了多条跑道，并协助员工根据自己的兴趣特点、专长和潜力，在相对固定的时间段中选择自己的方向。在中兴通讯，公司的项目完全按照人才的特长进行资金、项目、岗位、目标、市场等其他要素的配套。毫无疑问，该公司在经营上的非凡业绩，与其出色的职业生涯管理是分不开的。

8.3.3　系统内部各子系统的协同

前面提到，整体性是系统的一个最基本的特征，由系统的定义

① 林明浩. 要做一个有心人 [J]. 中国人力资源开发，2000 (4)：34.

得知，这是由于系统是由相互依赖着的若干组成部分结合成的具有特定功能的有机整体。由于系统内各要素间的相互作用，能够产生出在其孤立的、分散的状态下所没有的新的整体特征。如整体大于其各个孤立的组成部分的总和，就是总体特性的重要表现。但是还必须指出，系统整体在其部分的相互作用中所产生的"非加和性"功能，或者说整体大于部分之总和，并不是绝对的，而是有条件的。只有在合理的结构中，整体才能大于其部分的相加和。在不合理的结构中，由于各组成部分的力量相互摩擦、相互牵扯、相互抵触，整体的功能受到"内耗"，从而使整体的功能小于其部分的相加和。

系统中每一个要素都是系统的有机组成部分。系统和要素是相互制约的，每一要素只有在系统中，它的性质和功能才能得到体现。要素的功能和性质的发挥和体现，受它所在的系统的制约，以系统的状况为转移。同时，要素的功能发挥还取决于与其他要素相互作用的方式。

在企业人力资源管理系统中，各部门、各单位乃至每个人都要与其他部门或个人发生这样那样的联系。从联系方式上看：可分为单向作用和相互作用。这两种不同的联系方式对系统的整体性有着重要影响。当子系统 A 的行为总是控制着子系统 B 的行为，而 B 的行为不能控制 A 的行为时，这种联系方式称为单向作用；当 A 的行为控制着 B 的行为，而 B 也通过某种方式反过来影响 A 的行为时，这种联系方式称为相互作用。单向作用是简单的，系统科学所强调的是复杂的相互作用。而对人力资源管理系统的研究来说，其重点也是放在相互作用上。

从科学管理时代开始到现在，人力资源管理系统始终存在着一个根本性的难题，就是其内部不可避免地会存在着由单向作用形成的自上而下的"树"形网络结构组织，又称"科层组织"或"官僚组织"。这种树形结构系统是单向作用的扩展形式，在总体上表现为一种机械性。这种结构的理论基础实质上就是麦格雷戈所总结的"X"理论。随着当代系统科学的发展及对人性认识的进一步加深，人们越来越认识到：组织中人们之间的相互作用不仅存在，而且对企业的生存发展是至关重要的。在人力资源管理系统中，子系统的相互作用的具体表现形式为上下级的相互作用和横向关系的相互作用。

1. 上下级的协同

上下协同包括了直接上级与直接下级之间的协同和间接上级与间接下级之间的协同。在管理实践中经常大量发生的是直接上级与直接下级之间的关系，该关系对企业人力资源管理的效果有着重要的影响。

由于上级与下级之间的关系是一种领导与被领导，整体与局部之间的关系，上级对其管辖范围内的各种资源拥有支配权与分配控制权。上级权力的运用将对下级的工作环境、工作成效及个人利益有着重大的影响。然而在现实生活当中，上下级之间关系紧张的情况屡见不鲜，这样不仅不利于组织目标的实现，也不利于自身的发展。许多下级将这种状况归结为上级的无能，却很少主动找自身的原因。其实，下级应该意识到与上级关系的重要性，这种关系是由具有不同背景承担不同压力的两个个体之间紧密依赖而形成的，如果关系欠佳，两者都无法有效地工作。再者，现实生活中上级不见得总比下级更聪明和更成熟，下级不能将改善上下级关系的责任全推给上级，应主动地与上级建立并维持良好的关系。

作为下级，首先，应当尊重上级，服从上级的领导，认真执行上级的命令与指示，同时应当系统地了解上级的工作特点与领导风格，并努力适应上级的习惯，以达到良好的沟通。另外，上级尽管社会地位较高，然而也得承担更大的责任与压力，下级应尽可能为上级排忧解难，主动亲近上级，建立融洽的关系。其次，应该看到，上下级关系的另一半是下级，下级应当充分认识自身的优缺点与自身风格，其中最重要的是要了解自身对依赖上级权威的情绪倾向。这种情绪倾向存在两个极端，一种是痛恨上级职权，并竭力干扰上级决策；另一种是忍气吞声，百依百顺，由于这两种极端都不利于建立良好的上下级关系，所以应当端正情绪倾向，为良好的上下级关系奠定坚实的基础。最后，正如学习型组织理论所强调的，上下级之间应建立共同愿景，从而持久地维持良好关系。共同愿景是联系上下级关系的纽带，下级应当了解上级对下级的期望所在。当然，有时精确了解上级的期望是困难的，应学会善于领会上级意图，从上级简单的指示中把握其内涵。同时也应巧妙地争取上级了解并接受你的期望，以建立起共同愿景体系，互相协作，形成良好的相互信赖的关系。下级应意识到良好的关系并非是一旦建立便稳固不变，应当争取用积极行动来维持这种关系。

而作为上级，在处理与下级的关系时，首先，应做到客观公正，公平对待。上级与下级尽管职位有高低之分，但在人格上是平等的，应当扫除旧的等级意识与家长意识，努力建立起和谐、有弹性的上下级关系。上级对所有的下级都应当一视同仁，公平合理地接人待物。然而实际生活中上级由于下属的背景、资历、特长、性格等引起的脱离公正原则的做法屡见不鲜，上级应当有意识地克服这些不良倾向，坚持原则，实事求是，这样才能得到所有下级的信赖与拥护。其次，由于个人的智慧和能力总是有限的，所以在决策时，上级一定要注意集思广益，这不仅仅是有利于提高决策的正确性与可行性，也有利于调动下级的积极性，增强其参与意识。最后，上级应做到知人善任，善于授权。授权是形成上下关系的前提，如何有效地授权无论对上级还是下级都具有重要意义，对上下级关系的好坏也有着很大的影响。有效的授权应当因事择人，这样才能事得其人，人尽其才，并在实施过程中充分信任下属，给予其适当的指导、控制与支持。

2. 横向关系的协同

在处理横向关系问题时，应注意巧妙地处理各种关系，以消除各种可能的阻力。首先，要注意互相尊重、平等共处。每个人都有自尊心，只要互相尊重才能互相信赖，才能形成积极融洽的关系。

尊重不仅是口头上，而且还应当表现在行动中，遇事应主动征求同级意见，虚心向其学习。这样既能取长补短，有能体现出对同级的尊重。同时，不能将自己的观点强加于人，不能强人所难，真正做到以平等的态度与人交往，体现出对别人的体谅谦让。其次，由于横向关系的特点是既分工又合作，应当在注意不干涉别人职权范围内的集中精力干好本职工作的同时，发扬集体主义思想，主动协作，积极配合。

同级共事时意见分歧与利益冲突是难免的，而处理好这些问题的关键是求同存异，努力寻求共同点，冷静处理分歧点，应容忍不同意见，善于倾听别人的见解，仔细分析冲突的原因，在仔细考虑解决分歧的途径。要充分认识到，只有真诚才能打开人们心灵的窗口，在处理横向关系时，应当做到以诚相待，当同事在工作中遇到问题时，应当及时伸出援助之手。这样，就可以消除许多工作中的误会，并能增加许多知己，加深同级之间的理解，促进横向关系的协调。

3. 人力资源管理中的"恶性竞争"基模

在彼德·圣吉的学习型组织理论中，论述了八个"系统基模"，其中之一是"恶性竞争"基模。该基模对我们认识相互作用原理有很大的启发。彼德·圣吉认为：很多组织中存在这种现象，不论小团体或个人，往往都认为要保有自己的利益，必须建立在胜过对手的基础上。这样一来就会产生一个对立情势升高的恶性竞争；只要有一方领先，另一方就会感受到更大的威胁，导致它更加积极地行动，重建自己的优势，一段时间之后，这又对另一方形成威胁，从而升高其行动的积极程度……通常每一方都视自己积极的行为是为了防卫对手的措施；但是每一方的自卫行动，造成逐渐提升到远超过任何一方都不想要的程度。

在企业日常工作中，员工之间有冲突是正常的，但若在感知冲突以后，有了感情的投入，因而体验到负面情绪，如焦虑、紧张、挫折和敌对等。这时候冲突开始显性化。双方对冲突的认识与情感投入的程度，决定了该冲突的性质，因而极大地影响了冲突的可能解决办法。如对事件的消极情绪会降低当事人之间的信任感，当事人往往对对方的言行做出消极的解释，因而更容易采取简单的行为来解决问题。相反，积极的情绪则增加了双方合作的可能性，会以更加开阔的眼光来看问题，采取更圆满的解决问题的方式。如某职员提出要加薪，而老板则希望多获取利润，这种不一致是客观存在的。如果职员将老板的意愿认为是强化剥削，而老板则认为职员是得寸进尺，那么双方就会急剧对立。而如果双方能够以理解的眼光看问题，则可以发现双方仍存在诸多共同之处，则可以有"双赢"的解决方法。如调动起员工的积极性，来获取更多的利润，将"蛋糕"越做越大，双方的分成就会越大。

总之，在解决冲突时，要寻求一个"双赢"政策，将对方的目标也纳入自己的考虑之中。在许多例子中，一方采取积极和平行动，会使对方感觉威胁降低，就能够倒转对立局势升高的形势。最终使双方和平共处。

8.4 人力资源管理系统的自组织原理

根据协同论的自组织原理，系统从无序向有序演化的过程，实质上就是系统内部进行自组织的过程，而协同是自组织的形式和手段。现代人力资源管理系统要想实现自我完善和自我发展，自组织是达到这一目的的根本途径。

8.4.1 人力资源系统的自组织依赖外参量的变化

协同论借助于外参量变化对系统双向演化影响的描述，指出作为外因的外参量对系统的自组织进程所起的重要作用。哈肯认为，只有当外参量引起的协同作用达到一定的阈值时，系统才能自发地由无序的旧质变为有序的新质。改革开放对企业的外部环境带来了极大的变化。人们就业观念的变化，人事制度的改革等，对企业人力资源管理带来的冲击是不言而喻的。随着改革的不断深入，企业的人力资源管理系统也不断地发生变化。招聘、薪金、考评等子系统与改革前相比，已发生了有目共睹的变化。僵化程度减小了，自组织性增加了。

随着知识经济的发展，特别是现代通信技术的发展，对企业人力资源管理从形式到内容都发生了与以往无法相比的变化。高度信息化的社会环境给人力资源管理机构带来的明显变化之一是组织层次的减少，即组织机构的扁平化，毫无疑问，它提高了系统的自组织能力。

8.4.2　人力资源系统的自组织依赖内部流动

现代人力资源管理系统要真正实现自我完善和自我发展，还必须在开放的条件下，着力于系统内部的改革。通过内部改革，理顺各种关系，调动各种积极因素。这种内部改革的过程，实质上就是进行自组织和加强自组织能力的过程。其中包括的内容很多，诸如精简机构，提高办事效率和管理水平；对员工进行培训，不断提高职工素质等。值得一提的是，员工的内部流动对提高人力资源管理的效果，形成高效的有序结构，从而对企业的自组织能力的增强，有着特别重要的意义。

首先，有利于激励职工不断进取。在国有企业中，在用工制度中引进竞争机制，根据业绩进行升降，实行职工能上能下。可以鼓励员工不断完善素质，作出成绩，在实现组织目标和职位要求的同时，实现个人价值。

其次，使职工队伍充满活力。人力资源系统的活力在于新陈代谢，可使职工队伍的知识结构、能力结构进一步合理化、年轻化。

在人力资源管理中，人与事的不适应是绝对的，适应是相对的，从不适应到适应是在运动中实现的，是一个动态的适应过程，这是由于：首先，学用不对的现象普遍存在，用非所学，用非所长的情况在许多人身上都有所体现。尽管在招聘时考虑过这个因素，由于内外环境的变化，仍然会造成人员能级与岗位能级不符的现象。其次，技术工人和专业技术人员比例失调的现象也常常发生，另外，年龄结构、专业（工种）结构，水平结构（不同层次人员比例）失去平衡，造成人才闲置与人才短缺现象并存。最后，由于科学技术和经济的发展，边缘学科和综合学科不断出现，新兴产业及新增生产力的出现，都意味着一些新的职业和新的岗位的涌现，而一些旧的职业和旧的岗位的消失，这也要求对人力资源进行动态调整。

必须指出的是，甚至在一种产品生命周期的不同阶段，亦需要不同的技术和管理型人才。例如，斯泰勃（L. Stybel）根据管理性个性特征分类法①，提出了"人才动态使用"的看法。他认为组织要想利用各类人才的优势，就不应把人才固定在某种特定岗位上。他结合高新技术产品更新换代较快的特点，认为在一项产品生命周期的不同阶段应合理地配备不同类型的管理人才。

和斯泰勃根据产品生命周期动态使用人才的观点不同。赫西（P. Hersey）与布兰查德（K. Blanchard）提出的"动态情景领导论"（或生命周期领导论）则是根据职工的生命周期（职业生涯）来动态地使用人才。此理论注意到职工所处职业生涯发展阶段不同，则"成熟度"不同，应区别对待。当一名职工还处于其职业生涯的早期阶段，此刻于他最有用的是提供指导、培训、方便与援助的"指导型"领导方式；当他渐窥门径，初知业务，跃跃欲试，步入职业生涯早中阶段时，最适合他的是"宣传型"领导，任务与关怀并重，不仅布置工作还需向他解释说明任务的意义与指示的依据。在其职业生涯的中期，他已人到中年，成了业务骨干，经验丰富，积极自觉，工作中已可独当一面。这时领导反而应多征询和尊重他的意见，领导方式宜转为重关系的"参与型"了。在其职业生

---

① 卢盛忠等. 组织行为学——理论与实践［M］. 杭州：浙江教育出版社，1993：89.

涯晚期，成了识途老马，无论在业务上、修养上都已炉火纯青，领导便应转为基本撒手的"放权型"了。

由于"动态情景领导论"强调了领导行为的真正情景性与灵活性，特别强调职工条件的动态性，是最关键的情景性因素，因此深受管理实践工作者的欢迎。[1]

8.5　人力资源管理系统的序参量

8.5.1　人力资源管理系统的序参量——企业文化

笔者以为，企业人力资源管理系统的序参量是企业文化。

彼德·德鲁克曾指出：管理是一种社会职能并植根于一种文化、一种价值传统、习惯和信念之中，植根于政府制度和政治制度之中。管理受到，而且主要受到文化的影响。[2] 企业人力资源管理的风格、模式和差异，是由许多因素造成的，但文化背景是其最基本的要素。

人力资源系统作用的发挥是在特定的组织中进行的，由于各种规则和联系的存在，个体之间形成了具有高度组织协作的整体。在这种由协作所延伸出的协调工作中，无一不与个体所在的组织环境有关，而所有这些都涉及企业文化问题。

企业文化（又称公司文化）概念由美国管理学者彼得斯和沃特曼在合著的《寻求优势：美国最成功公司的经验》一书中正式提出。两位管理专家根据美国最成功企业所做的调查分析，指出：在经营最成功的企业里，居第一位的并不是严格的规章制度和利润指标，更别说计算机或任何一种管理工具、方法、手段，甚至也不是

① 卢盛忠等. 组织行为学——理论与实践［M］. 杭州：浙江教育出版社，1993：131-132.

② Drucker. Management：racks，responsibilities，practices. London. Heinenen. 1974：pp. 314-315.

科学技术，而是"企业文化"。①

现在一般认为，所谓企业文化就是企业的经营理念、价值体系、历史传统和工作作风，表现为企业成员的整体精神、共同的价值标准、同一行为的准则、习惯的沉淀、职业的习惯、一定的道德规范与文化素质。② 企业文化是指一个企业在长期的生存发展中形成的，为组织多数成员共同遵循的基本信念，显然，企业文化构成了组织的软环境，在企业人力资源管理过程中，始终在起作用。

8.5.2　企业文化与人力资源管理

现在，越来越多的大公司，正日益重视建设符合企业经营哲学和经营战略的"企业文化"，以不断加强和改善企业的人力资源管理。创立于 1922 年的电脑信息业顶级公司——IBM 公司，以"尊重人、信任人，为用户提供最优质服务及追求卓越的工作"为企业经营宗旨，这一经营宗旨就是 IBM 的企业文化内核和价值观。③ 他们懂得管理成功的关键在于充分的沟通和交流，懂得理解、尊重员工，懂得协调和发挥员工的想象力、创造力，懂得建立亲密、友善、互助、信任的组织气氛。总之，IBM 公司的企业文化造就了积极的人力资源管理机制，进而积极有效地改善了公司的人力资源管理。

英特尔公司的企业文化页涵盖了人力资源管理的方方面面，其企业文化强调严明的纪律、良好的团队精神以及人人平等、以客户为导向等企业行为取向和价值观。④

总而言之，企业文化在人力资源管理系统中无处不在，无时不

---

① Peters, T. J. and Waterman, R. H. （1982）In Search of Excellence, New York：Harper & Row. pp. 130 – 134.

② ［美］E. 迪尔，A. 肯尼迪. 企业文化 ［M］. 上海：科学技术出版社，1989：4.

③ ［美］C. 艾伯伦，乔治·斯陶克. 企业巨子 ［M］. 北京：经济出版社，1992.

④ Drucker. Management：racks, responsibilities, practices. London. Heinenen. 1974：pp. 314 –315.

在。主要表现在：

1. 企业文化是群体价值观的物质体现

体现群体价值观的厂容厂貌、产品式样和包装、建筑风格、厂旗厂徽等，它们构成了企业文化的具体象征。

2. 企业文化是员工的行为体现

它是组织成员在生产经营、学习娱乐、人际交往中的行为文化，包括经营活动、宣传教育活动、协调人际关系的活动和各种文娱体育活动等。这些活动反映了组织的经营作风、精神面貌、人际关系模式等文化特征，也是企业精神、企业目标的动态反映。

3. 企业文化是人力资源管理的制度体现

制度是外加的行为规范，它约束组织成员的行为，维持组织活动的正常秩序。包括各种制度、规章、组织机构以及组织内部的一些特殊典礼、仪式、风俗等。是企业文化中规范人人皆知的行为方式的部分，从领导制度、组织体系、管理规章等方面的设置反映了组织的价值观和精神风貌。

4. 企业文化是组织深层的精神文化

这是现代企业文化的核心层，指组织在运作过程中所形成的独特的意识形态和文化观念。包括组织目标、组织风气、组织哲学等。精神文化往往是一个组织长期积累和沉淀的结果。

8.5.3　企业文化作为序参量对人力资源管理系统的影响

企业文化一旦形成，就会成为约束组织成员行为的非正式控制规则，而使组织成员放弃一些不适合组织期望的行为和利益取向。由于受到企业文化的熏陶，组织成员取用相同的价值观和道德观，这样，组织内的人际关系将更加融洽，组织的各种矛盾得到缓解，企业文化表现出凝聚、规范和激励等作用。

1. 导向作用

企业文化的导向功能体现在对组织整体和组织成员的价值取向

和行为取向所起的引导作用，使之符合组织所确定的目标。

2. 约束作用

企业文化对组织成员的约束是一种软约束，这种约束来源于企业文化氛围、团队行为准则和道德规范。团队意识、社会舆论、共同的习俗和风尚等精神文化内容，会造成强大的使个体行为从众化的团队心理压力和动力，使组织成员产生共鸣，而产生自我控制。

3. 凝聚作用

当一种价值观被组织成员共同认可后，其文化成为成员的黏合剂，从各个方面把其成员团结在一起，从而产生巨大的向心力和凝聚力，产生深刻的认同感，使组织成员乐于参与组织的事务，为组织目标作出贡献。

4. 激励作用

企业文化具有使组织成员从内心产生一种高昂情绪和奋发进取精神的效应。"以人为中心"的企业文化可以满足成员对尊重等高层次需求的追求，从而激发组织成员从内心深处自觉产生为组织目标拼搏的精神；同时，企业文化通过软约束调整组织成员的不合理需要，形成积极向上的整体力量，使员工自我激励，产生持久的驱动力。

8.5.4 企业文化的继承与发展

1. 企业文化的继承

首先，企业文化的继承是由自复制来完成的。

自复制是系统较为高级的一种自稳定作用，它是指系统产生与自身结构、功能完全相同的系统的运动过程及其机制。自复制过程具有抵抗熵的增加，使系统的结构、信息保持不变的作用。任何一个系统总是内部增熵的，但是如果系统各局部能够不断地复制自身以取代被破坏的部分，它就能保持自身的稳定，从生物学的角度来说，一个物种虽然每个个体很快地死亡，但自复制的后代生生不息便保持了物种的稳定存在。

在社会系统与文化系统的组织管理中，也必须注意到这种系统的自复制作用。在社会中，利用自复制，人类使种族得以繁衍。但在社会系统中，最为重要的还是以教育为中心的社会文化自复制系统。在知识上，先生教出了学生，学生的一部分又成了先生，一代人类文化可以通过一代教育完整地交给下一代。

企业文化的自复制，是从两方面完成的：一是培训，新员工要接受厂规厂史等方面的教育，领会本企业独特的文化。这在企业中已形成了惯例。二是在实际工作中逐渐接受企业文化的熏陶。

2. 企业文化的发展

必须说明的是，超循环理论告诉我们，一个种群的存在和发展，不仅在于它通过正确的复制来维持群体的标准类型，而且还在于它通过一些随机的、不精确的或错误的复制来扩展种群的相似类型和差异类型。而这些"不肖子孙"却对于整个群体的适应环境和发展自身有着更为重要的作用。当环境变化时，只有足够的差异类型和变异频率才能发掘出适应类型，才能跟得上变化速度。

通常人们最容易注意的是保持现状，坚持原则，忽视变化与发展或者对发展没有深刻的理解。其实，进化与发展，就其基本意义来说，就是与原来的系统有所不同，从形式上看就是一种有差异或有"错误"。发展是在多种变化类型中不断地重新选择，而不是永远只有一种选择。

企业文化也是如此，其发展过程不可能只是完全的自复制过程。这是因为，任何组织都存在于特定的社会环境中，企业文化是整个社会文化的一部分。社会文化的变革与发展不可避免地要对企业文化产生影响。也就是说，在企业文化的"复制"过程中，会不断地有"错误信息"的出现。这是不可避免的，也是必要的。当这种"错误信息"达到了一定的"错误阈值"时，企业文化将会发生"突变"，而出现新的理念，作为序参量，也将使企业人力资源管理系统产生变革。如随着人们知识水平和生活水平的提高，企业员工的就业观、价值观等发生变化，更注重于自身价值的实现。相对于原有的企业文化来说，这是一种"变异"或"错误"。与此相适应，企业文化也将发生变化，从单纯关心员工的生活向关心其职业生涯方面发展。这直接导致了企业人力资源管理中"职业生涯管理"理念的出现。

在本章中，在提出现实问题的基础上，论述了职业生涯设计对个人目标和组织目标的协同作用，对系统内部各子系统的协同也做了一定的论述；另外，还论述了外参量的变化及系统内部要素流动对人力资源管理系统自组织的影响；最后，笔者认为企业文化是企业人力资源管理系统的序参量，并论述了其对企业人力资源管理系统的影响。

8.6   当前几种企业人力资源管理的协同理论简介

在过去一些年里，本领域的学者们把研究视角几乎都放在人力资源管理协同理论对组织绩效的影响上，并提出了两种类型的协同理论。第一种类型的协同理论主要聚焦于人力资源管理系统内部和外部因素，包括组织战略、组织的其他功能（如营销）、创新、生产技术等。这种类型的协同理论被阐述为具有垂直适应性、外部适应性或互补性。第二种类型的协同理论主要关注人力资源管理系统各组成部分之间的相互关系。这些组成部分通常是人力资源管理的政策和措施，这种类型的协同理论通常被阐释为具有耦合性、内部适应性、捆绑性、互补性、联合性等。①

人力资源管理协同理论的研究可以说是新兴的一个领域，其从产生到发展也面临着诸多的理论困境和探索。

按照王晓波等学者的观点，当前人力资源管理的协同理论可分

---

① 王晓波等. 人力资源管理系统协同性的理论探究 ［J］. 中国市场，2010（31）：15 – 16.

为以下几种：

1. 模糊协同理论

该理论认为，协同理论就是通过一定的途径和方法使协同增效的结果发生。然而，这些证据只能告诉研究人员协同作用的存在，而不能证明它的工作原理。例如，我们在电视上听解说员说某一个球队的得分一直遥遥领先于对手，但他并没有告诉我们球队是如何赢得比赛的。类似地，要指出的协同理论的效果是"1+1>2"，但我们并不知道它是如何得出的。

2. 错位协同理论

错位协同理论认为，在人力资源管理实践活动中减少较差的成对匹配、创造良好的成对匹配，可以使绩效得以改进。其实，虽然当消除人力资源管理实践活动之间的不匹配或非协同因素可以提高组织的绩效，但这并不能证明组织的协同性。在学术界，对这一问题的理论探讨主要是讨论可能存在的内部错位，并且假设减少内部错位将使组织获得更好的绩效。但目前还没有任何证据可以支持这个假设。

当前，对人力资源管理与组织绩效的研究已经形成了一个非正式的共识，那就是在人力资源管理系统的协同作用下存在"捆绑式工作"。所谓捆绑式工作，就是指在工作任务之间建立起某种默契的联系，从而创造出良好的成对匹配使组织绩效得以改进。捆绑式工作是错位协同理论的基础，同时也是错位协同理论的精髓。

3. 定量协同理论

定量协同理论建立在对人力资源管理系统协同性的可测化研究的基础上。其中最常见的具备可操作性的人力资源管理系统级多元化方法是添加指数法。添加指标的设计是以人力资源管理实践之间的相互作用没有实质性的协同形式为假设条件的，但是这种方法比较保守。此外还有聚类分析法和探索性因素分析法，它们的共同特征是都采用聚类和因子分析等类似的技术来筛选人力资源管理实践中的变量，然后创建一个剩余变量指数相加的列表。

与此相反，一些研究采用的是更倾向于理论的测试，如验证性因素分析。验证性因素分析是依据一定的理论对潜在变量与观察变量间关系做出合理的假设并对这种假设进行统计检验的现代统计方法。验证性因素分析是在对研究问题有所了解的基础上进行的，这种了解可建立在理论研究、实验研究或两者结合的基础上。在验证性因素分析中，研究者可以根据已有的知识与经验来假设一部分因素的负荷或因素相关，唯一性方差为某些指定值，然后来估计剩下的那些未知参数，并进一步检验假设模型成立与否。

本章新观点：

1. 与学习型组织理论相结合，论述了企业人力资源管理中"恶性竞争"基模及其解决思路。

2. 提出企业文化是企业人力资源管理系统的序参量，指出企业文化在人力资源管理系统在存在的普遍性，论述了其对人力资源管理的影响。作为序参量的企业文化，也要随着企业内外环境的变化而变化，从而引起企业人力资源管理理念的变革。

第 9 章

企业人力资源管理的混沌理论

混沌及所对应的英文词"chaos",在中英文中都不是一个新词。古人所用的混沌多指一种混合为一团、模糊不清、不可分辨的状态。不过,作为现代混沌学研究对象的混沌则特指一类广泛存在的动力学现象:一种有非线性作用导致的、可在简单确定性系统中出现的极其复杂、貌似无规的运动。如果我们把自然界中的物质运动形式分为三类:一是严格确定性的,如精确的周期运动;二是彻底的随机性的混乱;三是混沌运动,即介于两者之间的有序的混乱,一种被限制在确定而且稳定的范围内的混乱,另一种与周期运动密切相关的混乱。

混沌是客观而普遍存在着的一类现象,在人类社会的各个领域都有可能遇见,健康人的脑电波、股市行情波动、商品价格变化等都呈现出混沌性。

混沌学发现确定性系统在没有受到外部作用的情况下自身会出现以随机性很强的非周期运动为特征的混沌,这表明混沌是确定性系统内在固有的属性,它所表现的随机性是确定性系统内在的随机性。

9.1 混沌及其特征

9.1.1 混沌是确定性与随机性的统一

过去人们公认,一个系统之所以是确定性的,是因为这个系统中存在着确定的因果关系，系统的状态受确定的规律支配，表现为系统前后状态之间的关系是确定的，后一时刻的状态取决于前一时刻状态，现在的行动决定着未来的行为，系统本身不带有任何随机性的因素。如果用运动方程来表示确定性系统，这个运动方程中应该既无随机作用项，又无随机系数，初值也是确定的，并且方程有而且只有一个唯一的解。而一个系统之所以是随机性的，则是因为系统受到了随机性因素的作用，使得系统前后状态之间的关系具有不确定性，现在与未来之间的因果关系具有随机性，从而导致系统的未来行为不可预测。因此，随机性系统的运动方程或者包含随机作用项或者具有随机系数，或者初值是随机的，方程的解也不是唯一的。

显然，经典的确定性系统和随机性系统的概念是完全对立的，有随机性因素的系统就不是确定性系统，是确定性系统就不能有随机性因素。

然而，混沌学在考察一些极简单的确定性系统时却发现了一种新的随机性。

下面是美国麻省理工学院的气象学家洛伦兹建立的一个描述大气对流的数学模型，称为洛伦兹动力学方程：

$$dx/dt = -a(x-y)$$
$$dy/dt = -xz + rx - y$$
$$dz/dt = xy - bz$$

该方程很简单，因为它只有 3 个变量 x，y，z，分别代表大气对流的速度、温度和温度梯度，而且它不含有任何随机项，三个控制参数 a，r，b 都是确定的，初始值也可以给定。但就是由这个方程所描述的简单确定性系统却出乎意料地出现了不可预测性。其运动轨迹恰像一只蝴蝶（见图 9 - 1）。

在这个奇妙的蝴蝶上确定性和随机性被有机地结合在一起，一方面，系统运动的轨迹以 A、B 两点为中心，不会远离它们而去，这是确定性的，表明系统未来的运动被限制在一个明确的范围内；另一方面，系统运动轨迹缠绕的规则是随机的，每次绕 A 或绕 B 的

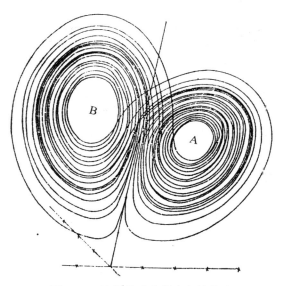

图9-1　洛伦兹动力学方程的轨迹

圈数和圈的大小都是随机的，表明无法准确判定在某一时刻系统究竟是运动到 A 还是 B 附近。这就是说，当你想预测系统未来某一时刻的状态时，你只能知道这个点肯定会在 A 或 B 附近，究竟是 A 还是 B 是不可知的，距 A 或距 B 有多远也无法判断。不可预测性这种随机性系统所具有的特性就这样出现在确定性系统中。

　　混沌学指出，这种系统就是混沌系统，出现在仅有几个变量的简单确定性系统中的随机性是混沌的随机性，它反映了混沌系统的一种根本的、内在的性质，搜集更多的信息也不能使之降低或消失。在混沌系统中确定性与随机性共存，两者同时起着作用，随机性被限制在确定性之中。

9.1.2　混沌系统对初始条件的敏感依赖性——蝴蝶效应

　　处于混沌状态的系统，其长期行为将敏感地依赖于初始条件。

也就是说，从两个极其相近的初值出发的两条轨道，在短时间内其差距可能不大，但在足够长的时间以后会必然性地呈现出显著的差异。按照牛顿力学的观点，确定性系统应是不敏感地依赖于初值的，即从两个相近的初值引出的两条轨道会自始至终相互接近，初值的小差别只会引起轨道的小偏离。长期以来，这一观点已深入到科学家们的内心深处，在分析现实系统时，他们将极小的影响毫不犹豫地忽略，从不认为这样做会造成重大的错误，他们深信，近似的因必然会导致近似的果。

然而，混沌学的研究表明，对于具有内在随机性的混沌系统来说，这一观点是不能成立的，混沌系统虽然是确定性系统，却具有对初值的敏感依赖性。洛伦兹的天气模型就生动地说明了这一点。他运用该模型对天气变化进行数值模拟时，有时计算机会打出完全不同的天气变化模式。为什么在没有改变程序、没有变动初值的情况下，会有相差悬殊的结果？他发现问题出在作为初值输入到计算机的数字上，由于计算机的工作构造，在以不同方式输入初值时会有千分之一的误差，正是这小小的误差带来了完全不同的新模式。这说明天气模型初始条件若有极其微小的变化就会导致结果的巨大变化。比喻的说法就是"蝴蝶效应"：输入一个四舍五入的微小误差，可使系统指数湍流式放大，对输出值产生巨大影响，使结果变得与预料的面目全非，在企业人力资源管理中，这种"蝴蝶效应"是屡见不鲜的。我们常常可以看到，两个各方面素质相当的员工，因某个偶然的原因或机遇，一个青云直上，一个原地踏步。即使是同一个人，因为领导不经意的一句话，有可能倍受鼓舞，也可能从此一蹶不振。

9.1.3 分形的基本概念

分形是 1975 年由美国哈佛大学应用数学教授曼德布罗特（Mandelbrot，Benoit）提出并命名的一个概念。它指的是一类貌似无规、复杂混乱，但又具有自相似性的体系，这类体系最突出的几何特征是其维数可以为分数。自然界中分形结构比比皆是，如蜿蜒曲折的海岸线、枝繁叶茂的大树、人体内的血管体系等。以人体内的血管体系为例，这个从主动脉到毛细血管构成的一个分枝众多、表面积巨大的网，利用分形结构同时满足了人体生理上的两项必需：既有效地保证了人体内每个细胞与血管的距离尽可能的近，又只占用了极小的空间——血管和血液所占体积的总和不到人体体积的5%[①]。这些大自然中的分形是由系统内部的自组织而形成的分形，被称为广义的物理分形。还有一种分形是按严格的数学规则生成的，称为数学分形，如科克曲线（或科克雪花）等（见图9-2）。

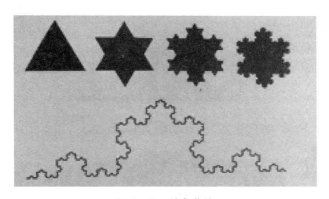

图9-2 科克曲线

从图9-2中我们可以看到，在科克曲线上任取一个局部放大，它的形状特征与整体是一样的；再从这个局部中取一小块放大，看到的形状特征仍与整体完全一样……这种局部与整体的相似和对称，称为自相似性，这种自相似性在各种数学分形和物理分形中不同程度地存在。只不过在数学分形中，自相似是严格的，没有尺度上下限的约束。而在自然界中广泛存在的物理分形却要受到一定的

---

① 李建华、傅立. 现代系统科学与管理［M］. 北京：科学技术文献出版社，1996：105.

限制，在某个尺度范围内，局部与整体有某种相似性；超出这个范围，自相似性便不复存在。

重要的是，自相似性使得分形的结构虽然变化无穷、看起来很复杂，却能够用极少的信息表述出它的全部信息。由此看来，客观世界中的复杂事物可以被分为两种：一种是无规可循的复杂，无序的混乱；另一种是有规律的复杂，这种复杂的事物由于具有分形结构，虽然形式上复杂但本质上简单。混沌学进一步的研究还表明，客观世界中以第二种复杂居多数。[①]

混沌学的研究表明，混沌与分形不可避免地联系在一起，混沌是分形的表现，分形是描述混沌的语言。而分形的重要特征就是自相似。所谓自相似就是局部与整体相似，无论从大尺度还是小尺度来看都不断地产生新花样，是一种标度变换下的不变性，真实世界中的自相似都是统计意义上的自相似，而不是绝对意义上的一模一样。

9.2 企业人力资源管理系统的混沌本质

9.2.1 西方现代企业人力资源管理思想的混沌思维

人力作为一种资源，是动态的，是不可预测的。因为人有自己的意志，人按自己的意志行事，所以人力资源整体表现出一种异常复杂的动态结果。同时人力资源管理对人性的认识由单一性向复杂性的回归决定了人力资源系统是一类复杂系统。人力资源管理系统具有内在随机性、初值敏感性等混沌特征，因此人力资源管理系统是一类混沌系统。

1. 理性和非理性的结合

西方国家经过英国工业革命，在 19 世纪末产生了以泰罗、法

---

① 李建华、傅立．现代系统科学与管理 [M]．北京：科学技术文献出版社，1996：107.

约尔、韦伯等人为代表的经典的科学管理运动和思潮，对生产力的发展起到了重大的推动作用，科学管理运动第一次科学地、理性地把管理纳入了科学的轨道，使得管理成为一门真正的科学。促进了生产力的发展和劳动生产率的提高。但是随着社会、经济进一步发展，人们发现单纯地强调管理的科学性、理性化不能保证管理的持续成功和劳动生产率的持续提高。因为企业的职工，随着生活水平的提高对现实的要求也在不断变化，作为人，他们不仅有理性，更重要的还有感情，不但要求获得经济上的满足，还要获得感情上、社会地位上和自我实现上等方面的满足。只有把两者结合起来才是可行的。

2. 管理中的计划性、程序化等方面与权变性、非程序化方面的结合

古典管理理论和管理科学非常强调管理的系统性、计划性和程序化方面的作用。而行为科学和权变学派强调，如果因为企业内外环境的变化而墨守成规，不顾存在的许多不确定的因素，不顾外部环境的变化，把计划、系统看得一成不变，这样就会造成不应有的损失，他们非常强调管理的灵活性、权变性和非程序化性方面。但是企业本身是一个系统，一个系统要正常地运转，就必须是这两方面的结合。

3. 管理的精确性和模糊性两方面的结合

在精确性方面，管理理论研究已日渐成熟，如管理理论中的运筹学、统计学等方面的发展，是管理的精确性方面越来越高。但是由于任何一个管理过程都是由人来操作的，在人力资源管理过程中存在着大量的不清楚、不确定、不完美的情况。不能只注重精确性，而忽视事物发展的本质，也不能用纯粹模糊的方法来描述管理行为，在管理中，特别是在人力资源管理过程中，只有把两者结合起来，效果才会更好。西方的管理学者们发现，东方文化所形成的管理思想，在人力资源管理过程中对研究不确定、不清楚、不完美情形下的管理行为有着不同凡响的作用，在这一点上，如果东西方

的管理思想也和东西方文化一样相互交融、相互影响、相互促进，人力资源管理思想则可能走向新的辉煌。

9.2.2 企业人力资源管理系统的混沌本质

传统的管理学者认为，按照逻辑原则和理性原则设计出来的组织更有效率，更便于明确职工的责任和规划他们的培训、提升、调动和退休，并且有利于防止争权夺利。不遵循这些原则几乎就无法形成任何组织机构。而混沌论的研究表明，混沌吸引子结构的一个重要特点就是"宏观控制，微观搞活"。即整个吸引子在宏观整体上是稳定有序的，但在微观上吸引子内的轨道可无限地相互接近，但又是呈指数分离的状态，存在着无穷的随机性，具有相当大的自由度和灵活性。宏观上的有序和稳定正是来自微观上的无序和不稳定，反之亦然，这里充满着深刻的辩证法。

人力资源管理系统的混沌特征特别明显。整个人力资源系统在宏观上是一个整体，而要充分调动员工的积极性，就必须把作为微观的职工个人"搞活"。成功领导者对其下属采用的是自组织的管理，而蹩脚管理者采用的是他组织的管理。而只有自组织的管理才符合人力资源管理系统这种高级有序态的本性。采用自组织的管理方法只给整个组织系统提供一个到达混沌状态的条件，而不是将自己的意志作为一个外部指令强加于系统内部中的每一个人。

现代企业，特别是高科技知识型企业，一方面，要求有一个稳定的科研队伍，对市场环境条件下的风浪有较强的抗干扰能力；另一方面，从组织微观即从组织个人来看，员工个人又都是具有相当自由度的，充满朝气、活力和创造欲望。充满自由的个人为什么不致使整个组织一片混乱呢？原因在于有整个组织的目标作为他们行动的指南。采用自组织的管理方式使员工感受到组织内部相当宽松的心理环境和文化氛围，能把整个企业的价值观融合到自己的价值观当中；在工作任务的分配上，领导只给员工一个工作量限额和完成的大致时间，并尽可能从物力、财力、信息等方面支持员工的工作，而对工作方法、手段、程序等不作具体硬性规定，尽可能给员工以自主性，这样才能充分发挥他们的聪明才智和创造力，使他们有满意感，从而最大限度地为组织创造财富。

从人力资源管理史来看，其理论和实践的发展正好体现了人力资源管理方法由他组织走向自组织，从而使人力资源管理系统向一种高级混沌态发展。从人性假设来看，从 X 理论到 Y 理论到 Z 理论。从管理学派来看，从科学管理、行为科学、再到当今的系统权变学派以及企业文化的兴起等。莫不如此。现在西方企业界又出现了给员工更大自由度的岗位分担制、部分工作制、弹性工作制等使员工有更多时间自行处理个人事务、发展个人兴趣爱好以及进修学习等自组织性越来越强的管理方式，事实证明，这些方法比想象的更有效。可见，符合人力资源管理系统混沌本性的自组织管理方向的发展是不可阻挡的趋势。

9.3 人力资源管理系统——确定性中蕴涵着随机性

混沌学的探索为我们描绘了一幅新的世界图景，在混沌的世界图景中，有序与无序、有限与无限、确定性和随机性、稳定性与不稳定性有机地统一在一起。以混沌的眼光看世界，世界既是复杂的，又是简单的，不可避免的复杂性与我们在社会生活中的直观感受相一致，提醒我们应辩证地面对一切事物；复杂性背后存在着的简单规则将为我们认识和管理社会提供帮助。

在现代企业人力资源管理中，确定性和随机性也是常常交织在一起的。正式契约和心理契约并存；刚性管理与柔性管理并举；程序管理和情商管理的糅合，无不体现出浓厚的混沌思辨色彩。

9.3.1 正式（或组织）契约和心理契约

在现代经济生活中，存在着形形色色的契约，如保险、住房、电信服务等，若一方不能履行合同，则可通过正式程序，强制契约的执行，或依法解除契约。

在企业人力资源管理过程中，最显而易见的契约就是企业与员工之间的劳动合同，与上面提到的那些契约一样，最本质的一点就是，它们都是建立在经济关系之上的，即它们都属于经济契约。而在劳动合同（雇佣合同）中，最明显、最核心的特征就是金钱与工作的交换。

人力资源管理活动要求管理者要善于利用组织的人力资源，来实现组织的目标。这就要求他们要将组织的目标传达给被管理者，使其接受和认同这一目标，并形成组织中人力资源的一致性。这也就是说人力资源管理活动既要强调组织的纪律和原则，又要注重符合情理，要认识和了解人们的心理需求，并使其得到满足。如果说前一个内容决定于组织的纪律约束和经济上的契约，而后一个内容则决定于人与人之间的心理契约。尤其在现代人力资源管理过程中，人们既重视自己的经济利益，同时也强调在心理需求上的满足，而恰恰是在后一点上，管理者缺少必要的认识和手段。

与经济契约不同，由于心理契约的条款和条件是非常不正式，也不具体的。迄今为止，还存在着不同的定义。

谢恩（Schein）将心理契约定义为：在一个组织中，每个成员和不同的管理者，以及其他人之间，在任何时候都存在的没有明文规定的一整套期望。[①] 根据谢恩的定义，这些期望可以是对经济内容的要求，如，做了工作就应有工资的回报。但应该注意的是，我们知道，与经济因素相反，心理契约的本质是对无形的心理内容的期望。其内容远没有经济契约具体。换句话说，经济契约主要反映具体的物质内容，而心理契约的规定性则主要反映在精神方面。

卢梭（Rousseau）等人则提出了一个更具体的心理契约的定义。他们认为，心理契约不仅具有期望的性质，也有"对义务的承

① 波特·马金等著，王新超译．组织和心理契约［M］．北京：北京大学出版社，2000：3.

诺与互惠"①。卢梭认为对义务的知觉比期望更强。因此,当这些义务未被履行时,双方所产生的情绪和反应,要比那些较弱的期望被打破时要强得多。换句话说,打破期望会产生失望的感觉,而打破义务则产生愤怒的情绪,并使人们重新评价个人与组织的关系。

由以上对两类契约的讨论可知,员工和企业的契约关系是确定性(经济契约)和随机性(心理契约)的统一。这是由于:一方面,正式契约是相当稳定的,而心理契约随个体、时间等因素的不同而变化,是多变的;另一方面,我们还应知道,这种区别不是绝对的,它们是相互渗透、相互影响的。正如前面所提到的,对心理契约的违反往往会导致对正式契约的重新评价。如某人在公司里觉得受到领导重视,工作起来心情舒畅。换了一位领导后,觉得受到了冷落,工作干劲大减。虽然物质待遇没有什么变化,但他仍可能会考虑"跳槽"问题。

即使从心理契约本身来讲,从一定角度看,其变化发展过程亦具有混沌特性。前面我们说过,心理契约大多是非正式的,并且是隐含的。但我们注意到,在一定条件下,心理契约会向正式契约方向转化。即某些心理契约会变为正式契约的一部分。如在招聘新员工时,除了签订正式契约以外,企业往往还会给出一些承诺,如对员工今后职业发展机会的承诺,这是新员工最为关心的,也是心理契约的主要内容。很多员工都希望在某企业工作能有利于自己今后的职业生涯发展,并期望公司能考虑到这些问题。我们也常见公司领导对新员工说:好好干,会有前途的。但这只是停留在双方"心理期望"的程度上。而随着近年来人本管理的兴起,职业生涯管理已提到许多公司的正式管理议程中,一些公司开始考虑为员工制订了职业生涯发展计划。一些西方企业适应这种变化,允许并帮助员工建立起在本企业内部的发展目标,设计在企业内部的发展道路或

---

① 波特·马金等著,王新超译. 组织和心理契约 [M]. 北京:北京大学出版社,2000:3.

通道，并为员工提供在实现目标过程中所需要的培训、轮岗和提升，通过生涯管理，为员工的"自我实现"提供最有效的帮助，这样一来，就可以持久地、内在地提高员工的积极性，并在全部员工个人目标实现的基础上实现组织的整体目标。

对于我国来讲，由于中国文化本质上具有"混沌"特征。[①]在心理契约问题上尤其如此。在人际行为的情感联结上中国人有自己独特的方式和习惯，它既有传统上的重"情谊"轻"实利"的特点，也具有在商业行为中表面上顾及"情面"，私下里计算"实惠"的特征。总之，在对待"契约"的问题上，我国企业人力资源管理的混沌特征更为明显，也更应受到重视。

9.3.2　人力资源管理中的程序管理与情商管理

所谓程序管理，就是一切按程序办事，其理论基础即泰罗、韦伯等人的传统管理理论。

所谓情商管理，即管理者了解自我情绪，认识他人情绪，通过情绪的控制、调节和转移，来进行人力资源管理。

在人力资源管理实践中，企业往往只注意人力资源管理中的招聘、培训、绩效评估等具体工作，而忽略了比这更重要的情商管理。其实，企业在人力资源管理中因情商管理失败而引发问题给企业和员工带来损失的事常有发生。因此，如何招聘到高情商的人才；如何培养职工奋发向上、积极进取的情商管理能力，从而挖掘出员工的最大潜力，是企业人力资源管理者必须考虑的问题。总之，把程序管理与情商管理两者结合起来的混沌思维方式是搞好人力资源管理关键所在。

从招聘工作来看，学历、智商和专业知识固然是很重要的，但高的情商更是一个成功的员工所必备的。因此在招聘工作中，越来越多的企业开始重视这一道程序的面试。在面试中，从应聘者的面

---

① 袁闯.混沌管理（自序）[M].杭州：浙江人民出版社，1997：2.

相、站姿或坐势，可以看出一个人包括意志、毅力在内的情商控制力；口试中，面试人员可以模拟一些情景，让求职者回答或演讲，然后可以从他谈话的快慢、脸色、表情等，判断其个性、心态和情绪控制力，从中挑选出企业所需要的人才。

从人力资源的培训工作来看，应是工作技能的培训与心理培训相结合。从某种意义上讲，心理的力量比技能的力量更重要，一个人要取得成功，不仅需要一定的技能，更需要积极的心态。在当今瞬息万变、充满竞争的环境中，越来越多的管理者和员工认识到了培训的重要性。但是多数的管理者仅仅着眼于本企业的生存和发展需要什么样的技术而进行相应的培训，而对于员工有些什么样的兴趣和想法，员工要求培训的动机是什么，却一概不予考虑。在培训内容上，大多数企业只考虑专业技术的培训学习，忽略了员工心理健康方面的培训。另外，随着计算机、网络技术、通信手段的日新月异，培训的方式和手段也日趋多样化。不管是通过在线学习、函授教学，还是到高校培训等，都要根据每个员工的兴趣、性格、心理需求及学习的内容作相应的安排。

在员工的绩效考核方面，由于它直接关系到员工的升迁和薪金，所以是最敏感的部分，在评估中，应注意到员工的绩效除了与其能力有关以外，还受到诸如个人感情、人际关系，乃至言谈举止等各种因素的干扰，具有很大的不确定性。传统的人力资源管理中，管理者要么只看员工工作过程中可量化的成绩，要么仅凭管理者或他人的主观评判。而员工的想法、员工绩效和他的情商管理能力如何，尤其是员工取得的绩效和他的情商管理能力的关系如何，一般不会予以考虑。随着以人为本的管理思想的深入，在绩效评估中，企业管理者应越来越关注在考核目标的制定、考核方法和手段的选定、考核结果的反馈上，充分调动员工的自我情商管理能力，消除员工对评估结果的猜疑，从而达到绩效评估的真正目的。

在团队建设中，总有一些问题是企业规章制度所无法包容，甚至难以用量化指标操作的，这就是团队情商。企业的生存和发展离不开全体员工的团队合作。现在国内外许多企业都要求人才必须具有团队协作的能力。国内如联想集团，日本企业更是奉行团队精神优先。

在考虑员工的升迁问题时，也应综合考虑两方面的因素。在市场竞争日益激烈的今天，取得最好成绩的人往往不是具有高智商的人，而是那些能够很好控制情绪的人。美国创造性领导研究中心的大卫·坎普尔及其同事在研究"出轨的主管人员"时发现，这些人失败的原因不是因为技术上的无能，而是因为人际关系方面的缺陷。情商才是影响员工工作发展的最重要因素。因此，在决定是否对一个人进行提升时，除了要考虑其工作绩效（硬件）外，还要考虑一个人的情商（软件）。

9.3.3 现代平面网络式知识型组织的最佳管理思想——刚柔相济

在即将来临的知识社会中，知识日益上升为人类社会最重要的资源，以知识的选择、应用和创新为首要活动的知识型企业正在蓬勃发展，组织范式正在从工业社会的金字塔式集权组织向知识社会的平面网络式知识型组织转化。在金字塔式集权组织中，组织成员的行为受到强制性的他组织力的支配。随着工作目标的复杂化和分工的细致化，不可避免地出现了组织层次增多，管理成本上升，官僚主义盛行以及中下层成员的主动性、创造性受到抑制等弊端，为了克服这些弊端，在新兴的以知识创新和传播为核心目标的知识型组织中，组织的社会协同化和平面网络化成为其基本发展趋势。

管理大师德鲁克认为，在知识社会中，从事知识创新和传播的知识工作者自己拥有最关键的生产资料，即知识；同时，由于分工的细化，知识工作者拥有专业性的自主决策权。由此，知识工作者比传统的产业工人具有更大的自由度，知识型组织不再是金字塔式的集权组织，而成为由知识工作者组成的平面网络式自由联合体。因此现代知识型组织不可能是一种完全自上而下的他组织系统，这有悖于知识型劳动固有的创造性；另一方面，知识型组织也不可能是一种完全自下而上的自组织系统，这会导致系统目标缺失，也无法体现效率。因此知识型组织应该是一种拥有组织目标吸引力，且组织成员具有较大自由度的混沌系统。

现代知识型组织强调自我管理，站在历史的宏观角度看，是知识社会发展的需要，而从微观层面上看，既有实践的需要，也有哲学依据。在哲学上，这种影响来自个体有对其工作承担更多责任的能力和信念，而在实践上，其原因有三方面：第一，如果个体承担了更多的责任，就会减少对管理者寸步不离的依赖。第二，可以增强个体的自主性程度，从而提高他们的工作满意感，并使他们产生组织主人翁的行为。第三，无论一个管理者有多么强的能力，若陷入事务堆中，将会一事无成。从心理契约的角度来看，授权和自我管理会使心理契约发生一个较大的变化，从个体的角度来看，这是一个增强自主性的机会，也是自己提高对工作控制的可能性的机会。这不仅是实现较高层次需求满足的机会，也是增加责任的机会。对于组织来讲，是能够获得更高的激励水平，并使劳动者更加投入的契机。在一些先进企业，这种思想已得到了实际应用，如美国3M公司的"工程师自主研究"的激励机制①。近年来美国3M公司实行了一项名为"工程师自主研究"的制度。该制度规定：本企业的工程师具有15%～30%的自主研究时间，他们可以在实验室中进行自己感兴趣的专项研究和新产品开发。又如，英国罗福汽车集团已对汽车生产线上的工作，给予了相当大的授权。这包括在必要时停止生产线运行的权力，在几年前要做这种决定肯定要被开除的。②

---

① 曾毓敏. 企业人力资源开发制度创新经典 [J]. 郑州：行政与人事管理，2000：28.

② 波特·马金等著，王新超译. 组织和心理契约 [M]. 北京：北京大学出版社，2000：394.

9.4　人力资源管理系统——对初值的敏感依赖性

从混沌学的观点看，社会系统多是混沌系统，其行为具有对初值的敏感依赖性，因而其长期行为是不可预测的。这就对传统的管理预测与决策过分依赖理性的模式提出了严重的挑战。传统模式在进行预测和决策时，总是先根据过去的经验、情况总结出一些规律，然后提炼出模型，企图一劳永逸地向其输入数据来预测企业未来发展方向和市场走向。并据此制订出精确的人力资源需求计划。结果造成了一些管理人员过分依赖模型企图精确地分析形式进行管理和决策。从而在管理实践中放弃了凭直觉进行决策的艺术而走纯理性的极端化。在这一点上，我国亟待改变一些不正确的偏颇的观点，在引进国外先进管理方法的同时也存在着把管理预测决策方法等同于数学方法和烦琐的技术方法的倾向，似乎越理性越先进，越多数学分析越高级，而一提到直觉式的管理就认为是狭隘的经验主义。甚至连正式的教科书中也这样认为，只强调理性，而忽略了直觉的一面。事实上，从混沌学的观点看，对社会系统来讲，理性的决策模式在较短时间内可以是正确的、可预测的，但在长时期内则完全近乎随机性。

9.4.1　理性与直觉

1. 如何理解人力资源管理中的理性与直觉

所谓直觉式的管理思维实际上是一种混沌思维。它是一种在人力资源管理系统内部环境以及系统周围环境的大量信息包围中，在决策者与信息的非线性相互作用及信息本身非线性相互作用的缠绕中，凭着一种顿悟式的感觉进行预测与决策，这时候的直觉是一种动态的直觉，是掌握充分信息基础上的直觉，是随着企业内外环境的变化而不断发展和深化的，这正是混沌中的有序，体现了混沌思维的特点。

　　事实上，尽管现代管理理论是建立在理性思维基础上的，并对管理实践产生了巨大影响，然而整个企业界到处充满着非理性的感情用事的人，或者说他们是通过直觉在进行管理和决策的，许多研究显示，有经验的领导者相当重视直觉，许多企业家是通过直觉来进行重大的决策的，当然他们并不排除理性和数学的分析，但主要是凭着他们的天才的企业家的直觉来进行的。① 正如美国著名管理学大师托马斯·彼得斯所说："只有直觉的飞跃才能解决这个复杂世界所面临的问题。"②

　　直觉在人力资源管理上的应用，被刻意忽视好长一段时间后，近来日益受到注意和接受，有些管理学院甚至开设直觉与创造性解决问题的课程。但是在管理中朝向重现整合直觉与理性的路上，我们还有很长的路要走。③

　　我们知道，直觉常是非线性的思考，通常不包括因与果在时空上非常接近的情况。这也正是为什么传统管理理论觉得直觉不合理。而有经验的管理者，对于人力资源这样的复杂系统，大多有他们无法说明的丰富直觉。直觉告诉他们，因果在时空上并不接近，不加深思熟虑的解决办法弊多利少，短期对策会产生长期问题。而直觉常无法用简单的直线式因果语言来说明。他们往往只好说："只要这么做就行，会有效的。"

　　长期以来，人们一直以为在解决问题的方法上，理性与直觉是不可融合的。换句话说，即直觉是无法解释的。其实，当我们深入领会学习型组织的精髓后就会发现，当管理者能够自如地运用系统思考为语言时，将会发现自己的许多直觉变成能够加以说明。系统思考的一项重大贡献便是，重新整合理性与直觉。④

　　①　郭咸刚. 西方管理思想史［M］. 北京：经济管理出版社，1999：282.
　　②　［美］J·彼得斯、H. 沃特曼. 追求卓越［M］. 沈阳：辽宁大学出版社，1988：74.
　　③　［美］彼得·圣吉. 第五项修炼［M］. 上海：三联书店，1994：194.
　　④　［美］彼得·圣吉. 第五项修炼［M］. 上海：三联书店，1994：195.

2. 理性与直觉在人力资源管理实践中的综合运用——失效的长期计划和"可能有效"的短期计划

事实证明，企业人力资源规划已经成为人力资源管理活动中最为迅速发展的部分，并且得到了普遍的重视。研究表明，人力资源计划对后期的人力资源管理活动至关重要。然而，人力资源计划也有一定的风险性，人力资源的预测结果常常是不确定的，预测期限越长，这种不确定性也就越大。传统的思维可能会使人们认为一个更好的预测模型和对初始条件更准确的描述，将会得到一个更为确定的预测结果。混沌理论中的"蝴蝶效应"说明，为了获得更为确定的预测结果而建立更为复杂、更为精确的模型，其所得的回报可能很小。① 这是因为初始条件的细微差异受到系统的非线性反馈的不断放大和缩小，最终会导致完全不同的结果。因此，结果与原因之间的关系随着时间的推移而消失了，长期的计划和长期的预测变得不再实用。企业很难有效地制订长期的人力资源计划，所以企业不需要花费大量的资源来做长期预测，而是要注重于对未来可能出现的各种情形的分析。

虽然混沌系统是不稳定、不可长期预测的，但混沌系统具有的内在确定性规律，使得短期预测成为可能。对于一个复杂的系统，如果精确地定义了初始条件并细致地构造了模拟模型，就可以做出短期有用的预测。那么，当企业人力资源计划模型是按月或按年构造时，就可在几个月或几年的时间尺度上做出有用的预测。现代人力资源管理的倾向是在运用数量分析的同时，加入质量分析，即请第一线经理人员参与计划的制定，对数量分析的结果进行修正，给单纯的数字测算赋予实际的内涵，这种结论能够经受多种复杂因素的考验，它的短期预测结果比较合乎实际要求。也就是说，理性与直觉的结合才是提高人力资源规划准确性的有效途径。

---

① 王宁、王文思. 混沌理论对企业人力资源管理的启示 [J]. 科技进步与对策，2006（02）：169 - 171.

9.4.2　渐变与突变

混沌论给我们的另一个启示是，要注意在管理系统中分辨混沌区和敏感点，严防小失误造成大危害。在人力资源管理过程中有时会出现下述情况，系统的组织结构、管理体制、管理规则及控制方式均没有大的改变，却会因为某个微不足道的事件导致系统的失控甚至崩溃。这种情况并不是孤立的，它出现在系统进入混沌区后，或者处于敏感点之时，出现于人力资源管理系统稳定性与不稳定性相互转化的过程之中。我们已经知道，在混沌系统的演化进程中，其行为在有序区中有敏感点（分岔点），在混沌区则处处敏感，此时，系统行为会由于某些微小的原因而产生显著的后果。如果管理系统恰好处于这种关节点上，小的失误就会导致不可收拾的结局。虽然很多时候我们在事后才能意识到问题的严重性，但是，混沌学提示我们，对一个貌似稳定的系统一定要关注其不稳定的征兆。

我们知道，人力资源管理系统是一个动态性复杂系统，而处于有序区的动态性复杂系统都是处于缓慢渐变的过程，极不易察觉，即使察觉了，不是为时已晚，就是不知如何有效处理。想想看，水质是突然恶化的吗？交通是突然堵塞的吗？健康是突然变差的吗？孩子都是突然变坏的吗？杰出的企业是突然转弱的吗？如此等等。而对企业人力资源管理系统来讲，对我们威胁最大的，笔者认为，多属于这种缓慢渐变的过程。在系统研究中，我们发觉导致许多公司失败的原因，常常是对于缓慢而来的致命威胁习而不察。《第五项修炼》的作者彼德·圣吉形象地用一则"煮青蛙"的寓言来说明以上情况：如果你把一只青蛙放进沸水中，它会立刻试着跳出。但是如果把青蛙放进温水中，不去惊吓它，它将待着不动。现在，如果你慢慢加温，它仍然若无其事，甚至自得其乐。可悲的是，当温度慢慢上升是，青蛙将变得越来越虚弱，最后无法动弹。虽然没有什么限制它脱离危险，它仍留在那里直到被煮熟。为什么会这样？因为青蛙内部感应生存威胁的器官，只能感应出环境激烈的变化，而不能感应出缓慢、渐进的变化。这则寓言给我们的启示是，企业领导者应时时处于一种"忧患意识"的状态下，时刻注意到企业内外环境的变化。"居安思危"才能"防微杜渐"。

近年来方兴未艾的学习型组织理论，为我们处理类似问题建立了良好的理论基础。财经杂志（Fortune）曾经指出："抛弃那些陈旧的领导观念吧！今后最成功的公司，将是那些基于学习型组织的公司。"壳牌石油公司企划主任德格说："唯一持久的竞争优势，或许是具备比你的竞争对手学习的更快的能力。"① 未来真正出色的企业，将是能够设法使各阶层人员全心投入，并有能力不断学习的组织。只有不断学习，才能时刻洞察企业内外环境（就业环境及其他人文、经济环境）的变化，从而最大限度地提高企业人力资源管理系统对环境的适应能力。及时发现自己的不足和管理危机，防患于未然。

让我们再来看看我国国有企业的人才流失问题，优秀人才是突然流失的吗？曾几何时，国有企业握有我国最精英的人才，不管从数量、质量来看都是如此。当市场经济大潮扑面而来，人心思动时，企业并没有采取有效措施进行人才的挽留，结果人们通过停薪留职等多种渠道一个又一个离开了国有企业。而对暂时留下来的人员，其人力资源管理方式仍没有根本上的转变。而且，在职工升资上也缺乏激励性，只要企业有效益，职工干好干坏都能升资；对员工的业绩考评，更是情高于法，激励作用荡然无存。这就促使更多的优秀人才离开企业。当国有企业惊呼人才短缺时，很多企业已经一蹶不振了。

9.5 人力资源管理系统的分形理论

作为复杂性科学理论之一的分形理论，解决并说明了一些传统

---

① ［美］彼得·圣吉. 第五项修炼［M］. 上海：三联书店，1994：1-2.

科学不能解决和说明的社会现象，同时有些学者已将其应用到了企业管理领域。但能否把分形理论应用于企业人力资源管理领域，至今还没见到相关文献。笔者一方面用分形的有关概念来说明企业人力资源的特征；另一方面将分形理论应用于人力资源管理领域，以为读者提供一种新的观察视角。

企业的制度和决策从根本上讲，取决于人的意志、思想、态度、价值观等方面的理性与感性，而人的理性及感性是复杂且非线性的。因此，企业人力资源在本质上是非线性的复杂系统，这就需要引入复杂系统理论来分析和指导企业人力资源的管理活动。

分形是相对于整形而言的。整形是传统的欧几里得几何描述的对象。欧氏几何的整形观念也深深地渗透到了人类创造的人工客体中。传统的管理组织设计总是将组织设计得轮廓分明、线条清晰，上自最高管理者到基层职工统一直线控制、甚至直接控制的现象相当普遍。这种整形设计导致组织内部僵化，整个结构缺乏弹性，不能随着外界的变化而表现出灵活性。这一点在我国计划经济体制下表现得特别明显，以致在市场经济的今天，这种组织设计的思路仍然具有相当的惯性，至今仍是国有大中型企业改革的一个关键。

在现实世界中，欧氏几何意义上的整形是极为罕见的，正如前面所说的，分形却是广泛存在的。所以分形是自然界中竞争的一条真实而又普遍的原则。因此，企业要能适应内外环境的复杂性和多变性，在激烈的竞争当中生存和发展，其组织结构应按分形的原则进行设计和改造。

9.5.1　企业人力资源的分形特征

企业人力资源是一个演化着的复杂非线性系统，分形是该系统的主要特性。刘娜等人认为：企业人力资源中存在的结构分形、过程分形及功能分形特征[①]。

---

① 刘娜等. 企业人力资源的分形管理研究 [J]. 中国商贸，2011 (17)：40-41.

1. 企业人力资源的结构分形

企业是由大量不同层次、不同类型人员相互作用构成的，从不同角度可将其分成不同层次结构。按企业的物流、资金流、信息流建立人员结构分形单元，强调团队建设和合作，减少管理层级并使结构呈现扁平化下。其中，在物流上，从系统化生产流程角度对员上结构进行优化；在资源和产品分类上，建立部门和岗位的自治单元；在资金流上，引入人力资源成本预算体系，由单元对预算、成本直接控制；同时，人员在企业发展过程中不断地学习对其层次结构进行完善，组织内部人员之间共同演化进步。因此，企业中人力资源的结构分形是自组织的，能改变自身，形成符合并有利于企业总目标实现的新的分形单元。

2. 企业人力资源的运行分形

在企业人力资源系统中，不仅存在着体现职能分上的结构分形，还存在着健全有效的运行机制。企业员工结构表现为复杂的层级结构，使得其实施过程也同样表现出层次的相似性，这表现为员上行为在不同层次的具体执行。因此企业人力资源的运行分形来源于其自身的结构分形。此外，由于人的有限理性和认知特性，使得人在过程实施中带有强烈的个体了倾向。特别是现代企业通过法律法规、经济技术等外部环境相互作用和影响，进行人员交换，使得企业和其他组织之间存在着人员可渗透、可连续变化的边界和接口。这样，企业不断通过自组织作用，进行人力资源规划，使之向着有利于战略实现的有序化发展。

3. 企业人力资源的功能分形

系统的功能就是系统与外部环境相互作用中表现出来的性质、能力和功效，是系统内部相对稳定的联系方式、组织次序及时空形式的外在表现形式。随着企业人员的结构分形，其运行结果就是各分形单元正常执行功能并实现其目标。在企业中，员工一方面进行自我强化和自我稳定的调节，体现出战略人力资源调整的"路径依赖特征"。另一方面进行不断适应环境的协调行为及战略变革中的学习机制，在企业人力资源系统中表现为各种功能性的增减．通过非线性功能作用机制最终产生新的人员安排。

结构分布是运行过程在空间上的表现，受到企业生产布局及功能特征的制约，同时运行方式取决于人员的结构，运行结构保障功能的实施，并向结构层级系统反馈信息以促进人员结构的优化。在形成结构分形与过程分形的前提下，才能真正实现功能分形，而后者才是企业人员安排的最终目的。结构分形决定着运行分形，二者一起决定着功能分形，这三种分形就构成了企业人力资源分形。（见图9-3）。

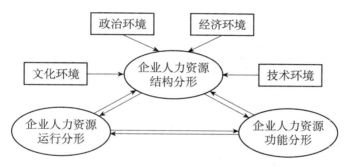

图9-3　企业人力资源系统分形关系

资料来源：刘娜等．企业人力资源的分形管理研究．中国商贸．2011（17）：40.

9.5.2　分形与组织设计

分形式的组织结构要求组织能根据环境的变化不断地调整自身，向着最有利于组织本身的方向发展，有内部结构自组织的能力要做到这一点，关键是要做到把权力真正下放到基层管理者中，最高层领导只履行最高层领导的职责，进行宏观决策，实行分级管理、分层调控。特别是对于高新技术企业以及大型公司制企业尤其如此。近年来兴起的适应性特别强的所谓自由式组织即是典型的分形式组织形式。它的主要特点是不受部门划分及职位层级的束缚，在经营上给各方面主持人以充分的自由，各层级各部门的负责人可放手做其所当做的工作，高层决策者只在稀有资源分配、利润上缴这两点上对经理人进行控制。应该注意到，当今企业组织网络化、扁平化发展趋势正是分形组织结构竞争力的体现。

迄今为止，最成熟、最有影响的管理组织形式是金字塔式、自上而下的科层组织结构，必须承认，其在人员素质较低的条件下和平稳的管理环境中具有较高的效率，但对外界环境变化的响应迟缓和压抑组织成员自身的全面发展。当今，面对急剧变化的不确定的市场，需要针对市场和顾客的需要与要求，对人力资源管理工作的开展过程重新予以组织，企业要从"再造"中获得新生。与此相适应，企业组织的构成单位就势必从专业化的职能部门转变为以任务为导向充分发挥个人能动性和多方面才能的过程小组，从而使企业组织形态从高耸形（构筑在职能部门之上）向扁平形（构筑在过程小组之上）转变，扁平化的网络组织结构将取代金字塔式的科层组织结构。新型的网络组织结构由多个创造性团体组成，可以看到，扁平形的网络组织结构具有鲜明的分形结构特征。

9.5.3 分形与委托—代理理论

现代委托—代理理论对企业组织的解释也证明了企业组织的分形特征。该理论认为：

首先，现代企业的投资者和经理人员的关系，实际上是一种委托—代理关系。企业投资者可以利用经理人员的"企业家才能"以实现其利益，而承担经理人员在委托合同规定的"自由空间"内自主决策和行动所产生的一切风险。一般来说，经理人员的目标函数同投资者的目标函数是相冲突的，而投资者和经理人员之间存在明显的不对称信息，经理人员因有隐蔽信息和隐蔽行为而有信息上的优势；再者，企业经营业绩仅仅取决于经理人员的决策和行动，如此，经理人员完全可以把由决策和行动导致的偏低的企业经营业绩，归因于一些外生的不可控因素，从而推卸责任。在监督成本较高的情况下，经理人员甚至会采取不正当的手段追求其私利。这就是经济学所谓的委托—代理问题。因此，以所有权和经营权相分离为特征的现代企业制度，必须设计和建立可行的对经理人员进行激励和约束的机制，以实现投资者和经理人员间的激励相容。

其次，企业经理人员与生产人员之间的关系，实际上也是一种委托—代理关系。

古典的资本主义企业是股东主权的企业，因为，股东的利益主宰着企业的经营决策，并且，企业的利润被股东垄断。工人作为企业生产人员，是不能分享企业利润的，他们只有服从命令的权利，随着生产过程的智能化，企业的经济效益在越来越大的程度上依赖于工人的技能和创造性，而这些都要求工人进行长期的专用资产关系投资以形成相应的人力资本。可以说，在现代社会，人力资本比物质资本更稀缺，工人对企业的贡献也大于股东的贡献，而工人承受的风险，如进行专门用途的人力资本投资的风险，失业的风险等，也远甚于股东（股东可以通过资本市场分摊和转移风险）。另外，生产过程的智能化，也使得工人在同企业经理人员的关系中，因其具有的隐蔽信息和隐蔽行为而具有信息上的优势。因此，在经理人员和生产人员之间同样存在着因不对称信息而产生的委托—代理问题，对工人的激励和约束同样成为制约企业经济效益高低的关键。

可见，企业，特别是现代企业，由上到下各阶层均存在着由于信息不对称而产生的委托—代理问题，也就是说，存在着比较严格意义上的自相似性，是一个典型的分形结构。

企业人力资源管理分形理论及其实践还是一个新的尝试，还需要对此进行更加深入的研究，从而为人力资源管理理论与实践提供借鉴。

本章新观点：

1. 指出了企业人力资源管理系统的混沌本质。

2. 从人力资源管理的正式契约和心理契约、程序管理与情商管理的辩证关系出发，指出知识型组织的最佳管理思想是刚柔相济的混沌管理思想。

3. 从理性与直觉、渐变与突变等辩证关系出发，阐述了企业人力资源管理系统对初值的敏感性。

4. 从组织设计的角度，指出了现代企业人力资源管理系统的分形特征。

第 10 章

总结及研究展望

10.1 全书总结

本书以系统理论、人力资源管理理论为基础，综合运用组织行为学、社会学、管理史学以及哲学等多学科理论与方法，结合实地调查所获资料及一些参考资剖，对企业人力资源的招聘、培训、内部流动等方面进行了分析。论证了现代系统直论在企业人力资源管理理论和实践中的应用。

作者的创新性工作有：

（1）用现代系统理论对中国古代有关人力资源的管理思想进行了新的诠释。

（2）以西方管理思想史为基础，结合西方哲学、西方经济学等学科，力图整理出西方有关人力资源管理系统思维的清晰发展脉络。

（3）综合运用一般系统理论、超循环理论、价值工程理论、学习型组织理论等，对企业人力资源管理系统从有序忄生、边界性、超系统、结构与功能等诸方面进行了分析。

（4）运用现代耗散结构理论，研究了非平衡原理在薪酬管理、岗位分工等方面的作用；通过对熵的讨论，指出人力资源规划的环境适应性、员工招聘的日常性、培训的"终身"性等内容；结合学习型组织理论，探讨了人力资源管理系统的"反直观性"；就涨落对人力资源管理系统的影响方面，则从组织冲突、整体素质等方面进行了阐述；运用"麦克斯韦妖"的工作原理，对人员招聘、企业用工制度进行了分析。

（5）运用现代混沌理论，指出了企业人力资源管理系统的混沌本质；从人力资源管理的正式契约和心理契约、程序管理与情商管理的辩证关系出发，指出企业人力资源管理系统是确定性和随机性的统一，提出知识型组织的最佳管理思想是刚柔相济的混沌管理思想；从理性与直觉、渐变与突变的辩证关系出发，论述了企业人力资源管理系统对初值的敏感依赖性；从组织设计的角度，指出现代人力资源管理系统的分形特征。

（6）提出职业生涯设计是个人目标与组织目标的协同途径。与学习型组织理论相结合，论述了企业人力资源管理中"恶性竞争"基模及其解决思路，提出企业文化是人力资源管理系统的序参量，指出企业文化在人力资源管理系统中存在的普遍性，论述了其对人力资源管理的影响。最后，结合超循环理论，分析了作为序参量的企业文化继承和发展的辩证关系，及其对企业人力资源管理理念的影响。

10.2 研究展望

本书结合多学科理论对企业人力资源管理的系统理论进行了研究。笔者力图将系统理论的最新成果运用到本项研究中去，但由于系统理论牵涉到物理学、生物学、数学、哲学、通信技术等诸多自然科学和社会科学成果，在有限时间内，难以进行全面而深入的研究。另外，虽然系统科学文献和人力资源管理的有关文献较多，但前者多从哲学角度进行研究，后者主要从具体业务角度出发进行研究，将两者结合起来的文献则很少见，而将现代耗散结构理论、现代混沌理论、现代协同理论与企业人力资源管理相结合的文献更是凤毛麟角，所以，研究的难度很大。加之笔者的水平有限，文中的一些观点肯定有许多偏颇甚至幼稚之处，有待笔者今后进一步研究。

在今后的研究中，笔者拟继续以下的工作：

（1）将信息论、控制论相结合，研究现代企业人力资源管理系统中的信息传递、信息控制、信息反馈等问题。

（2）鉴于系统科学是一门与数学密切相关的学科，在今后的研究中加强定量分析。

（3）选定一些代表性企业进行深入调查，使实证分析更充实一些。

（4）对当代虚拟企业、知识联盟、网络组织等新企业形式中的人力资源管理问题，运用系统理论进行更加深入的研究。

参 考 文 献

［1］［南非］保罗·西利亚斯著，曾国屏译．复杂性与后现代主义——理解复杂系统［M］．上海：世纪出版集团，2006．

［2］北京大学西方哲学史教研室．古希腊罗马哲学［M］．北京：三联书店，1957：19．

［3］［美］贝塔朗菲．一般系统论［M］．北京：社科文献出版社，1987．

［4］［美］本尼斯．组织发展与官制体系的命运［M］．西方管理学名著提要［C］．南昌：江西人民出版社，1995．

［5］［美］彼得·圣吉．为人类找出一条新路．第五项修炼（中文版序）［M］．上海：三联书店，1994．

［6］波特·马金等著，王新超译．组织和心理契约［M］．北京：北京大学出版社，2000．

［7］布里渊．麦克斯韦妖不起作用：信息与熵［M］．载：庞元正，李建华编．系统论控制论信信息论经典文献选编．北京：求实出版社，1989．

［8］［美］C.艾伯伦，乔治·斯陶克．企业巨子［M］．北京：北京经济出版社，1992．

［9］蔡昊．人力资源信息系统的演进及其展望［J］．西北工业大学学报（社会科学版），2006（6）．

［10］蔡厚清等．企业人力资源管理系统思维的理论框架［J］．企业经济，2006（10）．

［11］蔡文．可拓集合和不相容问题［J］．科学探索，1983（1）．

［12］曹鸿兴．系统周界的一般理论——界壳论［M］．北京：气象出版社，1997．

［13］陈元生．简述信息论，控制论，系统论在现代企业人力资源管理中的应用［J］．时代经贸，2007（6）．

［14］陈志良．非系统理论（上）［J］．人文杂志．1986（5）．

［15］陈忠、盛毅华．现代系统科学学［M］．上海：上海科学技术文献出版社，2005．

［16］程德俊、赵曙明、唐翌．企业信息结构、人力资本专用性与人力资源管理模式的选择［M］．北京：中国工业经济，2004（1）．

［17］［美］丹尼尔·A. 雷恩．管理思想的演变［M］．北京：中国社会科学出版社，2000．

［18］丁有瑚．广义麦克斯韦妖［J］．现代物理知识，1995（05）．

［19］董克用．人力资源管理概论（第三版）［M］．北京：中国人民大学出版社，2011．

［20］董丽苹．我国古代军队系统管理的基本特征［J］．社会科学，2001年（5）：第75－78页．

［21］［美］E. 迪尔，A. 肯尼迪．企业文化［M］．上海：科学技术出版社，1989：4．

［22］樊友平等．信息技术对人力资源管理模式的影响［J］．企业经济，2011（8）．

［23］高逸文、谢宇翔：现代媒介传播对人力资源管理的影响［J］．新经济，2014（3）．

［24］顾英伟主编．现代人力资源开发与管理［M］．北京：机械工业出版社，2000：152．

［25］郭咸刚．西方管理思想史［M］．北京：经济管理出版社，2004．

［26］郭咸刚．西方管理思想史［M］．北京：经济管理出版

社，1999.

[27]［美］哈罗德·孔茨. 管理学［M］. 北京：经济科学出版社，1993.

[28]［美］哈罗德·孔茨. 再论管理理论的丛林［M］. 西方管理学名著提要［C］. 南昌：江西人民出版社，1995：48.

[29]［美］赫伯特·西蒙. 管理行为［M］. 北京：机械工业出版社，2007.

[30] 胡君辰等. 人力资源开发与管理［M］. 上海：复旦大学出版社，1999.

[31]［美］J. 彼得斯、H. 沃特曼. 追求卓越［M］. 沈阳：辽宁大学出版社，1988.

[32] 姬志洲等. 中国古代管理哲学思辨及其当代论域［J］. 东南学术，2015（3）.

[33] 凯瑟琳·米勒. 组织传播［M］. 袁军译. 北京：华夏出版社，2000.

[34]［德］克劳斯·迈因策尔. 复杂性中的思维［M］. 北京：中央编译出版社，1999.

[35]　［美］克劳德·小乔治著，孙耀君译. 管理思想史［M］. 北京：商务印书馆，1985.

[36]［美］利克特. 管理的新模式［M］. 西方管理学名著提要［C］. 南昌：江西人民出版社，1995.

[37] 雷卫中. 基于信息技术的人力资源管理虚拟化［J］. 南京财经大学学报，2006（2）.

[38] 黎红雷. 儒家管理哲学［M］. 广州：广东高等教育出版社，1997.

[39] 李建华、傅立. 现代系统科学与管理［M］. 北京：科学技术文献出版社，1996.

[40] 梁玉芬. 中国古代系统治国管理思想探微及借鉴［J］. 中国特色社会主义研究，2003（1）.

［41］廖飞．基于灰色系统理论的人力资源预测研究［J］．商场现代化，2009（12）．

［42］刘长林．中国系统思维［M］．北京：中国社会科学出版社，1990．

［43］刘存柱．混沌理论在企业人力资源管理中的应月研究［J］．科学管理研究，2004（6）．

［44］刘娜等．企业人力资源的分形管理研究［J］．中国商贸，2011（17）．

［45］刘娜等．企业人力资源的分形管理研究［J］．口国商贸，2011（17）：第40－41页．

［46］刘晓英．人力资源管理理论发展历程的回顾［J］．甘肃省经济管理干部学院学报，2008（06）．

［47］刘仲文．人力资源会计［M］．北京：首都经济贸易大学出版社，1997．

［48］卢盛忠等．组织行为学——理论与实践［M］．杭州：浙江教育出版社，1993．

［49］罗岩石、兰玉杰．国外跨文化管理研究综述［J］．安徽工业大学学报，2013.09．

［50］［美］梅奥．工业文明的社会问题［M］．西方管理学名著提要［C］．南昌：江西人民出版社，1995．

［51］孟凡松．西方跨文化管理研究述评［J］．商业经济，2010（8）．

［52］［加］明茨伯格．经理工作的性质［M］．西方管理学名著提要［C］．南昌：江西人民出版社，1995．

［53］潘琦华．心理契约视角下新生代员工敬业度研究［J］．企业经济，2012（8）．

［54］庞元正、李建华编．系统论控制论信信息论经典文献选编［M］．北京：求实出版社，1989．

［55］彭新武．西方管理名著赏析［M］．北京：高等教育出版

社，2008.

[56] [比利时] 普利高津. 复杂性的进化和自然界的定律 [J]. 自然科学哲学问题，1980（3）.

[57] 齐振海. 管理哲学 [M]. 北京：中国社会科学出版社，1988.

[58] 钱学森等. 论系统工程 [M]. 长沙：湖南科学技术出版社，1982：5.

[59] 钱学森等. 一个科学新领域——开放的复杂巨系统及其方法论 [J]. 自然杂志，13卷1期.

[60] 乔治·T. 米尔科维奇，杰里·M. 纽曼. 薪酬管理（第九版）[M]. 北京：中国人民大学出版社，2008.

[61] 秦杨勇：平衡计分卡与薪酬管理 [M]. 北京：中国经济出版社，2007.

[62] 邱林. 国外工作家庭冲突研究综述 [J]. 华南理工大学学报（社会科学版），2012（6）.

[63] [法] 让·巴蒂斯特·萨伊著，陈福生、陈振骅译. 政治经济学概论 [M]. 北京：商务印书馆，1963.

[64] [古希腊] 色诺芬. 经济论·雅典的收入 [M]. 北京：商务印书馆，1961.

[65] 思峰. 灰色系统理论及其应用（第七版）[M]. 北京：科学出版社，2014.

[66] 斯蒂文·小约翰. 传播理论 [M]. 陈德民译. 北京：中国社会科学出版社，1999.

[67] 孙彦玲、张丽华. 雇佣关系研究述评：概念与测量 [J]. 首都经济贸易大学学报，2013（1）.

[68] 唐建荣等. 中国古代管理哲学与西方现代管理理论的差异及互鉴 [J]. 吉首大学学报（社会科学版），2014.09.

[69] 王宁、王文思. 混沌理论对企业人力资源管理的启示 [J]. 科技进步与对策，2006（2）.

[70] 王宁、王文思．混沌理论对企业人力资源管理的启示 [J]．科技进步与对策，2006（2）．

[71] 王其藩．高级系统动力学 [M]．北京：清华大学出版社，1995．

[72] 王身立．耗散结构理论向何处去 [M]．北京：人民出版社，1989．

[73] 王晓波等．人力资源管理系统协同性的理论探究 [J]．中国市场，2010（31）．

[74] 王志平．人力资源开发谬误举要 [J]．中国人力资源开发，1999（1）．

[75] 乌杰．系统辩证论 [M]．呼和浩特：内蒙古人民出版社，1988．

[76] 邬焜．古代哲学中的信息、系统、复杂性思想 [M]．北京：商务印书馆，2010．

[77] 吴学谋．数学方法论丛书——泛系理论与数学方法 [M]．杭州：江苏教育出版社，1990．

[78] 吴照云等．中国古代管理思想的形成轨迹和发展路径 [J]．经济管理，2012（7）．

[79] 向佐春等．管理集成——企业管理发展的必然趋势 [J]．科技进步与对策，2000（3）．

[80] 向佐春．"麦克斯韦妖"工作原理对企业人才任用的启示 [J]．系统科学学报，2013（4）．

[81] 向佐春．企业人力资源管理系统的熵观念 [J]．系统辩证学学报，2002（10）．

[82] 向佐春．儒家有关人力资源管理的多样性思维 [J]．系统辩证学学报，2001（4）．

[83] 向佐春．儒家有关人力资源管理的混沌思维 [J]．五邑大学学报（社会科学版），2003（2）．

[84] 向佐春．儒家有关人力资源管理的混沌思维 [J]．五邑

大学学报（社会科学版），2003（2）.

[85] 向佐春. 试论西方人力资源管理思维方式的沿革——从线性思维到复杂思维 [J]. 南开管理评论，2000（5）.

[86] 向佐春、唐张文. 用系统论的思想指导薪酬管理的实施 [J]. 人力资源管理，2011（2）.

[87] 向佐春. 西方古近代人力资源管理思想述评 [J]. 技术经济与管理研究，2013（2）.

[88] 向佐春. 西方人力资源管理思想中的系统思维 [J]. 洛阳工学院学报（社会科学版），2000（12）.

[89] 向佐春. 西方有关人力资源管理的信息论思维 [J]. 武汉理工大学学报（信息与管理工程），2001（6）.

[90] 向佐春. 系统思维：西方人力资源管理史上永恒的思维模式 [J]. 科技进步与对策，2000（9）.

[91] 向佐春. 用系统论的思想指导薪酬管理的实施 [J]. 人力资源管理，2011（2）.

[92] 向佐春. 中国古代有关人力资源管理的耗散观 [J]. 系统辩证学学报，2002（7）.

[93] 向佐春. 中国古代有关人力资源管理的朴素系统观 [J]. 湖北教育学院学报（社会科学版），2001（5）.

[94] 肖惠海. 应用系统动力学理论 对大型企业人力资源战略规划的探讨 [J]. 商场现代化，2007（10）.

[95] 薛定谔. 生命是什么 [M]. 载：庞元正，李建华编. 系统论控制论信信息论经典文献选编. 北京：求实出版社，1989.

[96] [古希腊] 亚里士多德. 政治学 [M]. 北京：商务印书馆，1997.

[97] 杨红明、廖建桥. 员工敬业度研究现状探析与未来展望 [J]. 外国经济与管理，2009（5）.

[98] 杨宏玲等. 员工信息隐私关注对组织人力资源管理实践的影响 [J]. 预测，2013（5）.

[99] 杨家珍、王飞鹏. 信息技术与人力资源管理 [J]. 中国劳动, 2001 (2).

[100] [意] 马基雅维利. 君主论 [M]. 北京: 商务印书馆, 1985: 80.

[101] 袁闯. 混沌管理 [M]. 杭州: 浙江人民出版社, 1997.

[102] 袁颖. 信息时代的企业人力资源管理 [J]. 市场论坛, 2004 (2).

[103] [美] 詹姆斯·格莱克. 混沌: 开创新科学 [M]. 北京: 高等教育出版社, 2004.

[104] 战殿学等. 管理新论——无为管理学 [M]. 大连: 东北财经大学出版社, 1997.

[105] 张维加等. 麦克斯韦妖的进化——浅析生命体的复杂性演化 [J]. 科协论坛 (下半月), 2010 (7).

[106] 张文昌、于维英. 东西方管理思想史 [M]. 北京: 清华大学出版社, 2007.

[107] 张文焕. 控制论·信息论·系统论与现代管理 [M]. 北京: 北京出版社, 1990.

[108] 张霞. 企业等级层次制效率研究 [J]. 企业活力, 2004 (9).

[109] 赵春清. 胜任素质模型理论在人力资源管理中的应用 [J]. 商场现代化, 2007 (23): 第 297 - 298 页.

[110] 赵佩华. 熵理论的几个基本问题研究述评 [J]. 系统辩证学学报, 2000 (1).

[111] 赵曙明. 人力资源管理理论研究新进展评析与未来展望 [J]. 外国经济与管理, 2011 (1).

[112] 钟育三. 人力资源管理的系统观——基于管理熵、管理耗散结构角度的分析 [J]. 系统辩证学学报, 2005 (1).

[113] 周文霞. 人力资源管理的理念基础: 人性假设 [J]. 南开管理评论, 1999 (5).

[114] 左仁淑等. 试论人力资源管理理论发展的阶段性 [J]. 软科学, 1999 (3).

[115] Blatonis Opera, 5vols. J. Burnet. Oxford (1899 ~ 1906) (especially Politeria, Politikos); Cf. Cross, R. C/Woozley, A. D.: Plato's Republic. A philosophical Commentary. London (1964).

[116] Chesler Barnard: Organization and Management, Houston: Gulf Publishing co., 1948.

[117] Chesler Barnard: The functions of the Executive, New York: The Free Press, 1938.

[118] Dary. I. R.. Corner (2000), Managing at the Speed of Change (New York: Villard), p. 23.

[119] Dele, E., The Rreat Organizers, McGraw-Hill, 1960.

[120] Drucker. Management: racks, responsibilities, practices. London. Heinenen. 1974.

[121] Forrester J. W. Industrial Dynamics. Combridge. Mass: The MIT Press. 1961.

[122] Forrester J. W. Industrial Dynamics. Combridge. Mass: The MIT Press. 1961.

[123] Harold Koontz: The management Theory Jungle, Journal of the Academy of Management, Vol. 5, No. 2, 1980.

[124] Helga Drummond (March 1993), "Measuring Management Effctiveness", Personnel Management, pp. 27 – 45.

[125] Herbert A. Simon: The New Science of Management Decision, Prentice Hall, Inc. 1977, p. 103.

[126] Jay Lorsch: Structural Design of Organization, Oxford Univ. Press, 1996.

[127] Kahn R L, Wolfe D M, Quinn R P, et al. Organizational stress: Studies in role conflict and ambiguity [M]. New York: Wiley, 1964.

[128] Kast, F. E. And Rosenzweig, J. E. , Organization and Management, New York: McGraw-Hill, 1979.

[129] M. A. Huselid (July 1995), "The Impact of Human Resource Practices on Turnover, Productivity, and Corporate Financial Performance", Academy of Management, pp. 20 – 31.

[130] Mayo, Elton, The HumanProblems of an Industrial Civilization, New York: Macmillan, 1933.

[131] Nicolis, G. and Prigogine, I. (1989) Exploring Complex. New York: Freeman and Co.

[132] Perter, Makin, Cary. Cooper and Charles Cox, Organizations and the Psychological Contract. New York: McGraw-Hill, 1996.

[133] Peters, T. J. and Waterman, R. H. (1982) In Search of Excellence, New York: Harper & Row.

[134] Richard calhoun, "Justice: The Leader's Job" (March 1998), Success, pp. 27 – 45.

[135] Shore, L M, Tetrick, L E, Lynch, P, and Barksdale, K. Social and economic exchange: Construct development and validation [J]. Journal of Applied Social Psychology, 2006, 36 (4).

[136] Tom Peter (1992), Liberation Management, (New York: Knopf), pp. 185 – 190.

[137] Weber. The theory of Social and Economic Organizationlull. New York: Free Press. 1947.

[138] Weber. The theory of Social and Economic Organizationlull. New York: Free Press. 1947.

后　　记

　　本书在编写过程中，参考和阅读了大量国内外学者的相关文献，笔者在本书中提及的许多思想，或直接来源于这些学者，或受到这些学者思想的启发，笔者以在参考文献中提名的方式向他们表示衷心的感谢！

　　感谢我的博士生导师李必强教授，他在系统理论方面深厚和渊博的学识，以及严谨细致的学风，让我受益匪浅，这笔无形的财富，直到多年过去，仍然给予我学术道路上源源不断的思想源泉！

　　同时对广东江门融合农商银行的唐张文先生谨致谢忱。尤其感谢五邑大学对本书出版的鼎力资助。

　　由于本人学术水平有限，其中缺憾和不当之处在所难免，恳请读者、学术前辈及同仁不吝赐教，不胜感激！

作者

2018 年 3 月